Knapp / Kucharz / Gasteiger-Klicpera
Sprache fördern im Kindergarten

Sprache fördern im Kindergarten

Umsetzung wissenschaftlicher Erkenntnisse
in die Praxis

Verfasst von Werner Knapp, Diemut Kucharz und
Barbara Gasteiger-Klicpera

Gefördert von der

Stiftung Ravensburger Verlag

Beltz Verlag · Weinheim und Basel

Dr. paed. *Werner Knapp,* Professor für Sprachwissenschaft und
Sprachdidaktik an der Pädagogischen Hochschule Weingarten

Dr. phil. *Diemut Kucharz,* Professorin für Erziehungswissenschaft
an der Pädagogischen Hochschule Weingarten

Dr. phil. habil. *Barbara Gasteiger-Klicpera,* Professorin für Pädagogische
Psychologie an der Pädagogischen Hochschule Weingarten

© 2010 Beltz Verlag · Weinheim und Basel
www.beltz.de
Druck: Druck Partner Rübelmann, Hemsbach
Umschlagfoto: © iStockphoto.com / Damir Cudic
Printed in Germany

ISBN 978-3-407-25526-6

Inhaltsverzeichnis

Einleitung

In den letzten Jahren ist ein hohes Bewusstsein für die Notwendigkeit entstanden, dass Kinder – *alle* Kinder – beim Eintritt in die erste Klasse über gute Kompetenzen in der deutschen Sprache verfügen *müssen*. Chancengleichheit in Schule und Gesellschaft hängt maßgeblich von der Sprachkompetenz ab, die für den Erwerb des Lesens und Schreibens sowie für alle anderen Lernbereiche von Bedeutung ist und damit die schulische Laufbahn der Kinder entscheidend beeinflusst. Sowohl für Kinder mit Migrationshintergrund als auch für Kinder aus sogenannten bildungsferneren Familien ist mangelnde Sprachkompetenz häufig ein Grund für eine ungünstige Bildungslaufbahn. Sich im Alltag verständigen zu können, reicht nicht aus, um in der abstrakten und komplexen Sprache des Unterrichts angemessen kommunizieren zu können.

Sprachdefizite können bei Kindern mit Deutsch als Familiensprache sowohl aufgrund nicht ausreichender Sprachanregung im Umfeld entstehen als auch aufgrund spezifischer Sprachentwicklungsverzögerungen. Bei Kindern mit Migrationshintergrund rühren die Sprachdefizite in der Regel von der im Vergleich um drei Jahre kürzeren Kontaktzeit mit der deutschen Sprache her, denn sie erwerben häufig die deutsche Sprache erst nach ihrer Erst- oder Familiensprache. Allerdings zeigt sich ein differenziertes Bild, da Kinder mit Migrationshintergrund bis zum Eintritt in den Kindergarten bereits über ganz unterschiedliche Erfahrungen sowohl mit der deutschen als auch mit ihrer Familiensprache verfügen. All diese Kinder stehen im Fokus der Sprachförderbemühungen.

Mehrsprachigkeit gewinnt weltweit an Bedeutung: Ca. 70 Prozent der Weltbevölkerung spricht täglich mindestens zwei Sprachen, ca. 50 Prozent der Kinder sprechen in der Schule eine andere Sprache als zu Hause. In Deutschland jedoch scheint Mehrsprachigkeit eher als Belastung empfunden zu werden. In einem weitgehend monolingualen Bildungssystem wird die Bereicherung durch kulturelle und sprachliche Vielfalt noch wenig gesehen. Kinder mit einer anderen Erstsprache als Deutsch sollen nicht nur Deutsch lernen, sondern es geht auch darum, ihre Erstsprache positiv wahrzunehmen und nach Möglichkeit weiterzuentwickeln.

Mehrere Studien der letzten Jahre konnten zeigen, dass die bei Eintritt in die Bildungsinstitutionen bestehende Chancenungleichheit im deutschen Schulsystem später kaum ausgeglichen wird. Aus diesem Grund wurden in den vergangenen Jahren zahlreiche Bemühungen unternommen, die Sprachkompetenz besonders benachteiligter Kinder zu fördern. Förderprogramme, Sprachmaterialien und Projekte wurden auf den Weg gebracht und der Bereich Sprache spielt in allen neu entstandenen Bildungs- und Orientierungsplänen für den Elementarbereich eine zentrale Rolle. Doch obwohl die Bedeutung dieses Bildungsbereiches nahezu unbestritten ist, wissen wir noch zu wenig darüber, welche Form von Sprachförderung für die Kinder gewinnbringend ist.

In der umfangreichen wissenschaftlichen Begleituntersuchung des Sprachförderprogramms der Landesstiftung Baden-Württemberg »Sag' mal was – Sprachförderung für Vorschulkinder« (Gasteiger-Klicpera/Knapp/Kucharz 2009) konnten wir viele Erfahrungen sammeln über Vorgehensweisen in der Sprachförderung – über mehr oder weniger geeignete, um die Sprachkompetenz der Kinder deutlich zu steigern. Konsequenzen aus der Begleituntersuchung und den zahlreichen Gesprächen mit Erzieherinnen[1] und anderen Fachleuten zum Thema haben wir in diesem Buch zusammengefasst. Es soll theoriegeleitete und empiriegestützte Hinweise geben, wie Sprachförderung im Kindergarten erfolgreich durchgeführt werden kann. Dazu werden in den einzelnen Kapiteln verschiedene Themenbereiche näher beleuchtet:

Zu Beginn wird aus der Praxis der Sprachförderung berichtet; Erkenntnisse aus der Analyse von aufgezeichneten Sprachfördereinheiten werden dargelegt und besprochen.

Im zweiten Kapitel geht es um die Frage, welche Kinder für die Förderung ausgewählt werden. Es werden Verfahren vorgestellt und diskutiert, mit denen der Sprachstand der Kinder ökonomisch und dennoch aussagekräftig diagnostiziert werden kann.

Im dritten Kapitel wird gezeigt, wie aufgrund der Hinweise aus der Sprachstandserhebung eine gezielte und individuelle Förderung entwickelt und daraus eine Planung der Sprachförderung für die jeweiligen Kinder aufgebaut und konzipiert werden kann.

Das vierte Kapitel ist der pädagogisch-didaktischen Gestaltung der Sprachförderung gewidmet. Hier geht es um die Frage, wie für die nach Alter, Sprachstand und Herkunft unterschiedlichen Kinder die Förderung so geplant und durchgeführt werden kann, dass sie jedem Kind gerecht wird. Es werden Möglichkeiten eines zielgerichteten und dennoch spielerischen und situationsorientierten Vorgehens aufgezeigt.

Von den verschiedenen Förderkonzepten, -programmen und -materialien, die auf dem Markt sind, werden im fünften Kapitel beispielhaft einige analysiert, um den Erzieherinnen eine geeignete Auswahl zu erleichtern.

Im letzten Kapitel wird schließlich besprochen, wie die Eltern mit ins Boot geholt werden können, und es werden verschiedene Konzepte und Programme zur Kooperation mit Eltern und zur Elternbildung vorgestellt und diskutiert.

Die verschiedenen Kapitel beziehen sich jeweils aufeinander, sind jedoch so konzipiert, dass sie auch einzeln gelesen werden können.

Mit diesem Buch möchten wir das bereits unübersichtlich gewordene Angebot an Materialien und Handreichungen zur Sprachförderung nicht um ein zusätzliches Werk erweitern. Unser Anliegen ist es vielmehr, den Lesern einerseits Kriterien an die

---

[1] Da im Elementarbereich immer noch fast ausschließlich Frauen arbeiten, verwenden wir den Ausdruck »Erzieherinnen«; männliche Erzieher sind selbstverständlich mitgemeint.

Hand zu geben, mit deren Hilfe sie einen Überblick über das reichhaltige Angebot bekommen können, und andererseits Hilfestellung für eine Sprachförderung anzubieten, die für die Kinder, die Erzieherinnen und die Einrichtung sinnvoll ist. Das vorliegende Buch versucht, wissenschaftliche Erkenntnisse aufzugreifen und für die Praxis fruchtbar zu machen. Dabei haben wir uns an den Erzieherinnen und Sprachförderpersonen orientiert, denen wir im Laufe der wissenschaftlichen Begleituntersuchung begegnet sind und deren hohes Engagement für ihre Arbeit uns beeindruckt hat.

Mit unseren Ausführungen möchten wir die Erzieherinnen, die die anspruchsvolle Aufgabe haben, Sprachförderung mit Kindern unterschiedlicher Voraussetzungen und Biografien zu betreiben, in dieser Tätigkeit unterstützen und sie für die zahlreichen Möglichkeiten und Situationen der Sprachförderung auch im Kindergartenalltag sensibilisieren.

Zustande kommen konnte das Buch nur durch die freundliche finanzielle und ideelle Unterstützung der Stiftung Ravensburger Verlag, bei der wir uns herzlich bedanken, insbesondere bei ihrer Vorsitzenden, Frau Dorothee Hess-Maier. Unser ganz besonderer Dank gilt Julia Ricart Brede, die umsichtig und kompetent für die Fertigstellung des Manuskripts sorgte. Nicht zuletzt möchten wir uns bei allen Erzieherinnen bedanken, mit denen wir in den vergangenen Jahren einen konstruktiven Dialog zur Sprachförderung führen konnten.

1 Szenen der Sprachförderung im Kindergartenalltag

1.1 Übersicht über das Kapitel

Im ersten Kapitel des Buches beschäftigen wir uns konkret mit der Praxis der Sprachförderung. Wir sehen uns dazu Szenen der Sprachförderung an und diskutieren anhand der praktischen Beispiele, welche Vorgehensweisen lernförderlich sind. Dazu greifen wir auf Ergebnisse unserer wissenschaftlichen Begleituntersuchung zu »Sag' mal was – Sprachförderung für Vorschulkinder« der Landesstiftung Baden-Württemberg zurück, bei der wir Videoanalysen von Sprachfördereinheiten durchführten.

Der Spracherwerb der Kinder findet in der Interaktion mit Erwachsenen statt. Zuerst skizzieren wir, wie Kinder eine Sprache erwerben – und wie Erwachsene sie dabei beeinflussen. Daraufhin beschreiben wir, wie einzelne durch Erzieherinnen oder andere Personen inszenierte Sprachlernsituationen aussehen, aus denen Sprachfördereinheiten zusammengesetzt sind. Wir unterscheiden verschiedene Aktivitäten, Sozialformen und Sprachbereiche, die thematisiert werden. Nach einer Beschreibung unserer Untersuchungsmethode stellen wir in den folgenden Abschnitten jeweils Ergebnisse unserer wissenschaftlichen Untersuchung vor und diskutieren mit deren Hilfe, welches Vorgehen in der Sprachförderung lernförderlich ist. Dazu geben wir zunächst einen Überblick über den Aufbau der von uns untersuchten Sprachfördereinheiten. Daraufhin befassen wir uns mit der Vermittlung von Wortschatz und grammatischen Strukturen, dem Umfang kindlicher Äußerungen in der Sprachförderung, der Sprache der Erzieherin, dem Erzählen, dem dialogischen Vorlesen und mit der Nutzung organisatorischer Sequenzen. Zuerst klären wir einige Begriffe, die wir in unseren Untersuchungen und folglich auch in diesem Buch verwenden, wobei wir uns auf die Sprachförderung »Sag' mal was – Sprachförderung für Vorschulkinder« beziehen, die von der Landesstiftung Baden-Württemberg finanziert wurde.

Sprachfördereinheit
Zu einer Sprachfördereinheit werden etwa drei bis zehn Kinder aus der Gesamtgruppe des Kindergartens herausgenommen, um mit ihnen Sprachförderung durchzuführen. Die Sprachfördereinheit dauert etwa 30 bis 60 Minuten.

Sprachförderperson
Die Sprachförderperson ist die Person, welche die Sprachförderung durchführt. Es kann die Erzieherin der Gruppe oder eine andere Erzieherin der Einrichtung sein. Manchmal wird die Sprachförderung von einer außenstehenden Person durchgeführt, die ebenfalls eine Erzieherin, aber auch eine pensionierte Sonderschullehrerin, Sozialarbeiterin, Studentin etc. sein kann.

Inszenierte Sprachlernsituation
Das ist eine Situation, die von der Sprachförderperson inszeniert wird, um die Sprache der Kinder im Kindergarten zu fördern. In ihr kann erzählt, ein Sprachspiel oder eine andere Aktivität durchgeführt werden. In einer inszenierten Sprachlernsituation herrscht eine Aktivität vor. Eine Sprachfördereinheit besteht aus mehreren inszenierten Sprachlernsituationen.

Sequenz
Eine Sprachfördereinheit kann man in mehrere Sequenzen unterteilen. Die einzelnen Sequenzen sind meist inszenierte Sprachlernsituationen. Es gibt aber auch organisatorische Sequenzen.

1.2 Wie erwerben Kinder eine Sprache – und wie beeinflussen Erwachsene dies?

Eine spannende Frage in der Spracherwerbsforschung ist, wie Kinder sprechen lernen, wie sich Kinder eine Sprache aneignen. Insbesondere interessiert, welche Rolle die Bezugspersonen, vor allem die Mütter, beim Spracherwerb spielen. Wie beeinflusst die Mutter den Spracherwerb des Kindes?

Verschiedene Forscher untersuchten die Kommunikation zwischen Babys bzw. kleinen Kindern und Müttern bzw. anderen Bezugspersonen. Dabei wurde festgestellt, dass Mütter (und andere Erwachsene) mit Babys und kleinen Kindern anders sprechen als mit Erwachsenen. Bereits Kinder, selbst wenn sie noch nicht einmal in die Schule gehen, sprechen mit Babys anders als mit Erwachsenen oder mit anderen Kindern. Sie tun dies intuitiv, um »klar zu kommunizieren und Zuneigung auszudrücken« (Szagun 2006, S. 191). Die an kleine Kinder gerichtete Sprache von Erwachsenen weist folgende Charakteristika auf:

»Merkmale der Prosodie:
- langsamere Sprechgeschwindigkeit
- klare Segmentation von Wörtern und Silben
- Sprechen in höherer Tonlage
- breiterer und stärker variierender Frequenzbereich
  Inhaltliche Merkmale:
- viele Inhaltswörter (Nomen, Verben)
- inhaltliche Wiederholungen
- geringer Abstraktionsgrad der Nomen
- Bezug auf die Gegenwart
  Merkmale der grammatischen Form:
- geringe Äußerungslänge, auch Einwortäußerungen
- wenig komplexe grammatische Strukturen: weniger Hilfsverben, weniger Adverbien, weniger Konjunktionen
- einfache Sätze, weniger Satzgefüge
- viele Fragen

- viele Aufforderungen
- Wiederholungen von ganzen Sätzen und Satzteilen« (Szagun 2006, S. 174).

Von manchen dieser Merkmale weiß man, dass sie sich auf den Spracherwerb förderlich auswirken, dazu gehören zum Beispiel Fragen oder Erweiterungen (Expansionen) unvollständiger kindlicher Sätze (Szagun 2006, S. 191).

1.3 Wie sehen inszenierte Sprachlernsituationen aus?

Eine der zentralen Aufgaben der vorschulischen Erziehung in Institutionen, also in Kindertageseinrichtungen, stellt die Förderung der sprachlichen Bildung dar. Wahrscheinlich werden in jeder Einrichtung Situationen geschaffen, in denen es direkt oder zumindest indirekt darum geht, den Spracherwerb der Kinder zu unterstützen. Solche Situationen nennen wir *inszenierte Sprachlernsituationen* (vgl. Knapp et al. 2006, S. 104 ff.; Knapp et al. 2008). Dazu gehören zum Beispiel:

Anschauen eines Bilderbuches und Gespräch darüber: Die Erzieherin schaut sich mit den Kindern gemeinsam ein Bilderbuch an und führt mit ihnen ein Gespräch darüber, was auf den Bildern zu sehen ist und welche Vorgänge in den Bildern dargestellt werden. Viele Bilderbücher sind so gestaltet, dass sie Gesprächsanlässe und -impulse bieten.

Lernspiele: Die Erzieherin führt mit den Kindern gemeinsam ein Lernspiel durch, das, wie der Name schon sagt, zum Zweck hat, dass die Kinder spielerisch etwas lernen. Bei vielen Lernspielen steht das Lernen sprachlicher Strukturen im Vordergrund.

Erzählen: Erzählen ist eine Form der sprachlichen Kommunikation, die häufig mit Kindern durchgeführt wird, weil Erzieherinnen und Lehrerinnen davon ausgehen, dass man durch Erzählen sprachliche Kompetenzen erwirbt. Erzählen dient dem Mitteilen von Erfahrungen und dem Ausdrücken von Gefühlen und stellt die Möglichkeit dar, sich gemeinsam über vergangene Ereignisse zu verständigen und eine gemeinsame Sicht auf diese Ereignisse zu gewinnen.

Sprechen eines Gedichts oder Singen eines Liedes: Neben anderen Gründen werden Gedichte und Lieder auch zur Sprachförderung gesprochen, gesungen und gelernt. In den Gedichten und Liedern werden oft typische sprachliche Muster präsentiert, die sich die Kinder durch Singen und Sprechen aneignen.

Wortschatzarbeit: Die Erzieherin lenkt die Aufmerksamkeit der Kinder auf einen bestimmten Wortschatz, der vermittelt werden soll. Es kann sich dabei um eine reale Situation handeln, zum Beispiel beim Zubereiten eines Obstsalates, wenn dabei immer wieder die Namen der Obstsorten genannt werden. Als Medien für die Wortschatzarbeit dienen auch Bildtafeln, Bildkärtchen oder Bilderbücher.

Sprachübungen: Während beim Erzählen, Singen eines Liedes oder Sprechen eines Gedichtes sprachliche Strukturen erworben werden sollen, ohne dass dies im Mittelpunkt der Aufmerksamkeit stünde, geht es bei Sprachübungen darum, bestimmte sprachliche Strukturen gezielt zu vermitteln. Dabei wird die zu lernende sprachliche Struktur oft häufig wiederholt und auswendig gelernt.

Solche und ähnliche Situationen werden inszeniert, um das Lernen der Sprache zu fördern. Deshalb werden sie inszenierte Sprachlernsituationen genannt. Sie können in den Kindergartenalltag integriert sein, so dass das sprachliche Lernen »nebenher« geschieht, wie zum Beispiel beim Zubereiten eines Obstsalates. Auf der anderen Seite können aber auch bestimmte Kinder zusammengefasst werden, mit denen gezielt sprachliche Strukturen geübt werden. Zwischen diesen beiden Polen gibt es viele andere Formen inszenierter Sprachlernsituationen.

Bei einer inszenierten Sprachlernsituation kann man die Aktivität bestimmen, die darin vorkommt. Für jede Sprachlernsituation kann außerdem bestimmt werden, in welcher Sozialform sie stattfindet. Weiterhin kann man ihr einen oder mehrere sprachliche Bereiche zuordnen, die darin thematisiert werden.

Sprachlernsituation		
Aktivität	Sozialform	Sprachbereiche

Abb. 1: Komponenten einer Sprachlernsituation

In unserer Untersuchung verschiedener Sprachfördereinheiten (Ricart Brede et al. 2009a, S. 27) konnten wir folgende Aktivitäten identifizieren:

- »Begrüßung/Verabschiedung
- Organisatorisches (wie Bereitstellen von Material, Ändern der Sitzordnung, Erklären der nächsten Aktivität; wird erst ab einer Dauer von mindestens 30 Sekunden als eigenständige Aktivität kodiert.)
- Aufgabe ohne Spielcharakter (formale Aufgaben wie Benennungen oder Fragerunden)
- Aufgabe mit Spielcharakter (gemeint sind Spiele wie »Memory« oder »Ich packe meinen Koffer« sowie Aktivitäten, bei denen eine Aufgabe innerhalb einer spielerischen Rahmenhandlung arrangiert ist, die für die formale Erfüllung der Aufgabe nicht notwendig wäre, sondern die der Erhöhung der Motivation der Kinder dienen soll. Dazu zählen beispielsweise Fragerunden/Benennungsaufgaben, die durch das Werfen eines Balles beim Ansprechen einer Person aufgelockert werden.)
- Motorisch bestimmte Tätigkeit (z. B. Turnen, Basteln, Kochen)
- Mündliche Kommunikation (z. B. Erzählkreis, Gesprächsrunde)
- Arbeit mit Text/Bild/Bilderbuch
- Vers/Lied«.

Jede Aktivität findet in einer Sozialform statt. Sie kann in der Gesamtgruppe stattfinden, in der die Sprachfördereinheit durchgeführt wird, also mit allen drei bis zehn Kindern, die zur Sprachförderung zusammengefasst werden. Diese Gesamtgruppe kann aber auch in Teilgruppen aufgeteilt werden, in denen Partner- oder Kleingruppenarbeit stattfindet. Schließlich ist auch eine Einzelarbeit möglich, wenn z. B. jedes Kind eine besondere Aufgabe bekommt.

Da es in Sprachfördereinheiten um die Förderung sprachlicher Kompetenzen geht, kann man unterscheiden, welcher sprachliche Bereich in einer inszenierten Sprachlernsituation besonders gefördert werden soll. Folgende sieben sprachliche Bereiche kommen dabei vor allem vor (vgl. Knapp et al. 2008, S. 284 f.):

Sprachbereiche, die gefördert werden sollen	Beispiele
Phonologische Bewusstheit Übungen und Spiele, mit denen die phonologische Bewusstheit gefördert wird. Ziel: Die Wahrnehmung der Lautstruktur der Sprache (z. B. Silbenstruktur; an welcher Stelle des Wortes befindet sich ein bestimmter Vokal oder ein bestimmter Konsonant; Reime) wird verbessert.	Kinder klatschen Wörter nach Silben; Kinder bestimmen, an welcher Stelle sich der Laut »t« in einem Wort befindet (Anfang, Mitte oder Ende); Kinder sprechen einen Auszählvers, der sich reimt, wie z. B.: Eins zwei drei – vorbei; vier, fünf, sechs, sieben – tschüss, ihr Lieben; acht, neun, zehn – kommt wir geh'n; Kinder singen ein Lied, wobei die einzelnen Silben deutlich voneinander abgegrenzt werden.
Wortschatz Übungen und Spiele, mit denen der Wortschatz erweitert und gefestigt werden soll.	Kinder benennen Gegenstände/Dinge, die sie in der Realität oder auf einem Bild sehen; Kinder singen ein Lied oder sprechen einen Spruch, in dem bestimmte Wörter wiederholt vorkommen; der Wortschatz, der in einem Lied oder in einem Spruch vorkommt, wird handelnd umgesetzt, z. B. indem man auf Körperteile deutet oder sie berührt; in einem Gespräch, mit dem eine Aktivität begleitet wird, wenden die Kinder einen bestimmten Wortschatz verstärkt an, z. B. beim Kochen die Lebensmittel oder die Küchengeräte.
Grammatik Sprachliche Formen (z. B. verschiedene Artikel, Pluralendungen, Fälle wie Akkusativ oder Dativ, Wortendungen wie -keit oder -lich) und Satzstrukturen (z. B. Wortstellung im Aussagesatz oder Fragesatz, Nebensätze) werden vermittelt und geübt.	Kinder werden nach Artikeln gefragt, z. B.: »Wie heißt das: ›der‹, ›die‹ oder ›das‹? Und wie heißt das, wenn es mehrere sind?«; Kinder werden gefragt: »Wie heißt das bei einem Jungen? ›Ihr Schuh‹ oder ›sein Schuh‹?«; bestimmte Sätze oder Satzteile werden mehrfach wiederholt; Kinder sprechen analoge Sätze. Erzieherin zeigt auf einen Kuscheltierhund und sagt: »Ich wünsche mir einen Hund.« Das Kind zeigt auf eine Kuscheltiermaus und sagt: »Ich wünsche mir eine Maus«; in einer Erzählrunde wird gezielt die Vergangenheitsform (Präteritum) angewendet.
Gespräch	Mit den Kindern wird ein Planungsgespräch geführt, z. B. darüber, wie man eine Collage anfertigen will; Kinder führen eine Aktivität wie Malen, Turnen oder Basteln durch und begleiten diese sprachlich; Kinder beschreiben einen Vorgang;

	mit den Kindern wird ein Gespräch über Ereignisse oder Vorgänge geführt, die auf einem Bild oder in einem Film zu sehen sind.
Erklären	Gemeinsam mit den Kindern wird erklärt, wie ein Spiel gespielt wird; es werden Tänze oder sportliche Übungen erklärt; es wird erklärt, wie ein Blatt Papier zu falten ist.
Erzählen	In einem Erzählkreis darf jedes Kind erzählen, was es gestern Nachmittag gemacht hat; Kinder erzählen anhand von Bildern eine Geschichte.
Vorlesen	Die Erzieherin liest den Kindern eine Geschichte vor; die Erzieherin liest vor, dazwischen wird über die Geschichte gesprochen.

Abb. 2: Sprachbereiche, die in inszenierten Sprachlernsituationen thematisiert werden

Für jede inszenierte Sprachlernsituation kann also bestimmt werden, welche Aktivität in ihr durchgeführt wird, in welcher Sozialform diese stattfindet und welcher Sprachbereich thematisiert wird. Zum Beispiel kann die Aktivität eine Aufgabe mit Spielcharakter sein, die in der Sozialform der Gesamtgruppe durchgeführt wird und bei der als Wortschatzübung die Körperteile benannt werden.

1.4 Videoanalysen von Sprachfördereinheiten

Im Rahmen der wissenschaftlichen Begleituntersuchung von »Sag' mal was – Sprachförderung für Vorschulkinder« der Landesstiftung Baden-Württemberg untersuchten wir auch die Gestaltung von Sprachfördereinheiten. Um lernförderliche Vorgehensweisen zu bestimmen, zeichneten wir in unserem Forschungsprojekt Sprachfördereinheiten auf, die in verschiedenen Kindergärten von verschiedenen Sprachförderpersonen durchgeführt wurden. Sie hatten einen Umfang von jeweils etwa 30 bis 60 Minuten. Für die Aufzeichnung wurden zwei Kameras eingesetzt, von denen eine auf die Sprachförderperson und die andere auf die Kindergruppe gerichtet war. In mehreren Schritten werteten wir die Videoaufzeichnungen mithilfe eines Beobachtungssystems wissenschaftlich aus (Knapp et al. 2008; Ricart Brede et al. 2009c).

Im ersten Schritt werden die aufgezeichneten Sprachfördereinheiten sequenziert, das heißt in überschaubare Teilabschnitte eingeteilt. Immer wenn eine neue Aktivität vorkommt (z. B. Spiel, Aufgabe, Vorlesen), wird eine neue Sequenz gebildet. Es wird gemessen, wie lange jede Sequenz dauert. Damit können wir beschreiben, welche Aktivitäten in welcher Häufigkeit vorkommen und wie viel Zeit für die einzelnen Aktivitäten aufgewandt wird.

Der zweite Schritt gehört auch zur Sequenzierung. Für jede Sequenz wird angegeben, in welcher Sozialform sie stattfindet.

Auch der dritte Schritt gehört zur Sequenzierung. Es wird bestimmt, welche sprachlichen Bereiche in einer Sequenz thematisiert werden. Somit lässt sich bestimmen, welche Sprachbereiche in welcher Häufigkeit thematisiert werden und wie viel Zeit sie einnehmen.

In einem vierten Schritt wird mithilfe eines bestimmten Verfahrens (Knapp et al. 2008; Ricart Brede et al. 2009c) die Aufmerksamkeit der Kinder erfasst. So kann man feststellen, bei welchen Aktivitäten, in welchen Sozialformen und bei welchen Sprachbereichen die Kinder wie aufmerksam sind. Man kann auch feststellen, wie sich die Aufmerksamkeit während der Sprachförderung verändert.

In einem fünften Schritt analysieren wir einzelne Sequenzen. Dazu wird die Sequenz transkribiert. Eine Beispielanalyse findet man in Knapp et al. (2009). Ein besonderes Verfahren, das wir dazu entwickelt haben, ist die kontrastive Analyse (Ricart Brede et al. 2009b), bei der wir zwei verschiedene inszenierte Sprachlernsituationen miteinander vergleichen.

1. Schritt	Sequenzierung nach Aktivitäten.
2. Schritt	Bestimmung der Sozialform, in der die Sequenz abläuft.
3. Schritt	Bestimmung der Sprachbereiche, die in der Sequenz thematisiert werden.
4. Schritt	Erfassung der Aufmerksamkeit.
5. Schritt	Analyse einzelner Sequenzen, u. a. mit kontrastiven Analysen.

Abb. 3: Fünf Schritte bei der Videoanalyse von Sprachfördereinheiten

1.5 Wie sind Sprachfördereinheiten aufgebaut?

Mit den ersten drei Schritten der Videoanalyse gewinnen wir ein Bild, wie Sprachfördereinheiten aufgebaut sind. Im Folgenden werden Ergebnisse der Auswertung von 15 Sprachfördereinheiten referiert (vgl. Ricart Brede et al. 2009a, S. 30 ff.; die Ergebnisse der Auswertung von weiteren Sprachfördereinheiten finden sich in Ricart Brede 2010).

Der erste Schritt der Auswertung der Sprachfördereinheiten bestand darin, sie in einzelne Sequenzen zu gliedern. Dazu wurden die Sprachfördereinheiten nach den Aktivitäten unterteilt, die in ihnen vorkommen. Für jede Aktivität wurde eine Sequenz gebildet. In den 15 Sprachfördereinheiten kommen insgesamt 196 Sequenzen vor. Eine einzelne Sprachfördereinheit umfasst zwischen sechs und 22 Sequenzen, durchschnittlich besteht eine Sprachfördereinheit aus etwa 13 Sequenzen. Eine spannende Frage ist nun, welche Aktivitäten besonders häufig vorkommen und welche Aktivitäten nur selten zu beobachten sind. Hierzu fanden wir folgende Ergebnisse heraus:

Art der Aktivität	Häufigkeit des Vorkommens	
	absolut	prozentual
Organisatorisches	77	39%
Aufgabe mit Spielcharakter	25	13%
Mündliche Kommunikation	21	11%
Begrüßung/Verabschiedung	19	10%
Lied/Vers	17	9%
Arbeit mit Text/Bild	14	7%
Aufgabe ohne Spielcharakter	12	6%
Motorisch bestimmte Tätigkeit	11	6%
Gesamt	196	100%

Abb. 4: Arten der Aktivitäten und Häufigkeiten ihres Vorkommens

Auffällig ist, dass die organisatorischen Sequenzen weitaus am häufigsten vorkommen. Sie machen 39 Prozent aller Sequenzen aus. Dagegen verteilen sich die übrigen 119 Sequenzen ziemlich gleichmäßig auf die anderen Kategorien, die zwischen sechs und 13 Prozent der Sprachfördereinheiten ausmachen. Die Auswertung nach der Häufigkeit der Sequenzen ergibt allerdings kein vollständiges Bild der Sprachfördereinheiten. Es wird nämlich noch nichts darüber ausgesagt, wie lang die einzelnen Sequenzen sind. Es könnte ja sein, dass die organisatorischen Sequenzen alle sehr kurz sind und andere Sequenzen deutlich länger. Deshalb werteten wir in einem zweiten Schritt auch die zeitliche Länge der einzelnen Sequenzen aus. Daraus ergeben sich folgende Ergebnisse:

Art der Aktivität	Durchschnittliche Dauer	Zeitl. Umfang in allen Sprach-fördereinheiten	Zeitl. Anteil an allen Sprach-fördereinheiten
Organisatorisches	1 min 49 sec	139 min 36 sec	19,06%
Begrüßung/Verabschiedung	1 min 21 sec	25 min 35 sec	3,49%
Aufgabe ohne Spielcharakter	4 min 49 sec	57 min 45 sec	7,89%
Aufgabe mit Spielcharakter	7 min 13 sec	180 min 20 sec	24,63%
Motorisch bestimmte Tätigkeit	10 min 27 sec	115 min 0 sec	15,70%
Mündliche Kommunikation	2 min 50 sec	59 min 28 sec	8,12%
Arbeit mit Text/Bild	5 min 54 sec	82 min 42 sec	11,29%
Lied/Vers	4 min 14 sec	71 min 50 sec	9,81%
Gesamt	4 min 50 sec	732 min. 16 sec	100,00%

Abb. 5: Arten der Aktivitäten und Dauer ihres Vorkommens

Wir sehen deutlich, dass unsere Vermutung zutrifft. Tatsächlich sind die organisatorischen Sequenzen, ebenso wie die Begrüßungs- und Verabschiedungssequenzen, sehr kurz. Sie dauern durchschnittlich keine zwei Minuten. Deshalb haben die organisatorischen Sequenzen nur noch einen Anteil von 19 Prozent, die Begrüßungs- und Verabschiedungssequenzen einen Anteil von 3,5 Prozent an der Gesamtzeit der Sprachfördereinheiten. Wenn eine Sprachfördereinheit 60 Minuten lang dauert, bedeutet dies, dass ca. zwölf Minuten für die Organisation verwendet werden, wenn die Sprachfördereinheit 30 Minuten dauert, sind es immer noch sechs Minuten.

Schon oben wurde festgestellt, dass jede zweite oder dritte Sequenz organisatorischer Art ist. Dies ergibt sich dadurch, dass zwischen zwei Aktivitäten oft eine organisatorische Aktivität eingeschoben wird, in der erklärt wird, was als Nächstes zu tun ist. Man kann also einen Wechsel zwischen kürzeren organisatorischen und längeren inhaltlichen Aktivitäten als üblich bezeichnen. Insofern gewinnen wir ein typisches Ablaufschema einer Sprachfördereinheit (Ricart Brede et al. 2009a, S. 32):

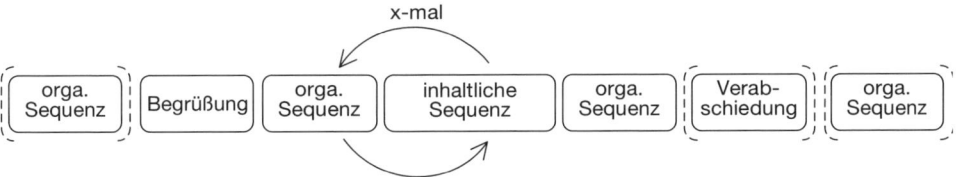

Abb. 6: Typisches Ablaufschema einer Sprachfördereinheit

Eine Sprachfördereinheit beginnt meistens mit einer Begrüßung und endet häufig mit einer Verabschiedung. Oft geht der Begrüßung bereits eine organisatorische Sequenz voraus. Dies erklärt sich aus den Erfordernissen des Alltags in einem Kindergarten. Man muss die Kinder für die Sprachförderung zusammenfassen und je nachdem, ob man sie zuvor schon gesehen hat, begrüßt man sie. Bevor mit einer Aktivität begonnen werden kann, muss man den Kindern oft noch etwas erklären. Häufig müssen auch Materialien bereitgestellt werden. Ob es eine Verabschiedung gibt oder nicht, liegt daran, ob die Sprachförderperson die Kinder später noch einmal sieht oder nicht, d. h., ob die Sprachförderung von einer Erzieherin durchgeführt wird, die sowieso in der Gruppe arbeitet, oder von einer anderen Person, die auch extern sein kann.

Eine erste Folgerung aus der Sequenzierung besteht darin, dass bewusst auf die organisatorischen Sequenzen geachtet werden sollte. Sie sollten möglichst kurz gehalten werden – oder vielleicht besser so gestaltet werden, dass sie selbst der Sprachförderung dienen. Vorschläge dazu finden sich in Kapitel 1.11.

Was wird aber am häufigsten in der Sprachförderung gemacht? Es sind Aufgaben mit Spielcharakter, die etwa ein Viertel der Zeit der Sprachförderung ausmachen. Durchschnittlich dauern diese Spielsituationen etwas mehr als sieben Minuten. Auch motorisch bestimmte Aktivitäten nehmen mit 16 Prozent relativ viel Zeit in Anspruch. Bei ihnen fällt auf, dass die Dauer mit durchschnittlich über zehn Minuten besonders lang ist. Das bedeutet, dass sie nur selten eingesetzt werden; wenn sie aber eingesetzt werden, gehen sie lange. Die meisten anderen Aktivitäten dauern etwa vier bis sechs Minuten und werden etwa in ähnlichem Umfang durchgeführt. Ein auffälliges Ergebnis stellt dar, dass die mündliche Kommunikation zwar relativ häufig vorkommt, dass die entsprechenden Sequenzen aber mit durchschnittlich unter drei Minuten sehr kurz sind. Nur Organisatorisches und Begrüßung/Verabschiedung sind kürzer. Daraus lässt sich schließen, dass die Möglichkeit, sich in einer kleinen Gruppe intensiv mit den Kindern zu unterhalten, wenig genutzt wird. Gerade in der mündlichen Kommunikation wäre es aber möglich, dass die Kinder viel zu Wort kommen und im Dialog mit anderen sprachliche Muster hören, erwerben und anwenden.

Ein aufschlussreiches Bild ergibt sich, wenn man ähnliche Aktivitäten gruppiert. Es bietet sich an, drei Gruppen zu bilden, wie man in Abb. 7 sieht (Ricart Brede et al. 2009a, S. 32).

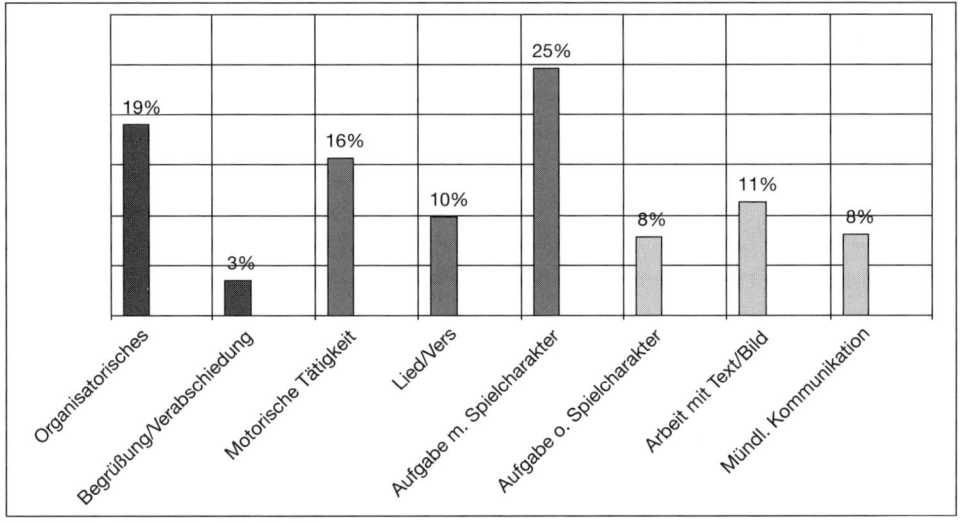

Abb. 7: Gruppen von Aktivitäten

Begrüßen/Verabschieden sowie Organisatorisches kann man als formale Aktivitäten bezeichnen, durch die die Sprachförderung organisiert wird. Sie nehmen zusammen etwa 22 Prozent der Zeit in der Sprachförderung ein. Die dabei geäußerten Sprechakte sind hochgradig ritualisiert und wiederholen sich sehr häufig; das gilt insbesondere für die Begrüßungs- und Verabschiedungs-Kommunikation. Für Kinder mit geringen Deutschkenntnissen ist dies vorteilhaft, weil sie sich die Sprechakte bzw. sprachlichen Muster durch häufiges Wiederholen imitierend aneignen können. Kinder, die schon besser Deutsch können, lernen allerdings in Begrüßungs- und Verabschiedungssituationen kaum noch neue sprachliche Strukturen.

Gut zusammenfassen kann man motorische Tätigkeiten, Lieder/Verse und Aufgaben mit Spielcharakter. Mit diesen Aktivitäten wird eine Lernumgebung geschaffen, die durch Spiel, Bewegung und Musik charakterisiert werden kann. Das spielerische

Lernen kann als typisch für den Kindergarten bezeichnet werden. Seit Fröbel, der den Kindergarten begründet hat, betrachtet man spielerisches Lernen als die geeignete Form, in der Kinder vor Eintritt in die Schule lernen. Zusammen machen solche Aktivitäten etwa 51 Prozent der Zeit in der Sprachförderung aus.

Für die dritte Gruppe kann man Aktivitäten zusammenfassen, die eher kognitiv geprägt sind. Hierzu zählen Aufgaben ohne Spielcharakter und Arbeiten mit Texten/ Bildern, im weiteren Sinne auch mündliche Kommunikationssituationen. Diese Aktivitäten werden seltener inszeniert als die spielerischen und machen etwa 27 Prozent der Sprachförderzeit aus.

Zusätzlich zu den Aktivitäten, die in der Sprachförderung vorkommen, untersuchten wir auch, in welchen *Sozialformen* sie stattfinden. Die Ergebnisse sind in Abb. 8 (Ricart Brede et al. 2009a, S. 33) aufgeführt.

Sozialform	Absolute Häufigkeit (Anzahl der Kodierungen)	Prozentualer Anteil bezogen auf Anzahl der Kodierungen	Zeitumfang	Prozentualer Anteil bezogen auf Zeit
Gesamtgruppe$_{Dialog}$	154	78,57%	574 min 47 sec	78,49%
Gesamtgruppe$_{Monolog}$	30	15,31%	45 min 44 sec	6,25%
Partner-/ Kleingruppenarbeit	3	1,53%	17 min 33 sec	2,4%
Einzelarbeit	9	4,59%	94 min 12 sec	12,86%
Gesamt	196	100%		

Abb. 8: Sozialformen in der Sprachförderung

Wir sehen eine deutliche Dominanz der Sozialform »Gesamtgruppe« mit 85 Prozent der Zeit. Dies erscheint nachvollziehbar, weil für die Sprachförderung Kinder aus der Kindergartengruppe herausgegriffen und in einer kleineren Gruppe (die hier mit Gesamtgruppe gemeint ist) zusammengefasst werden. Meist findet die Sprachförderung in dialogischer Form statt, gelegentlich in monologischer Form, wozu das Vorlesen durch die Erzieherin und das Erzählen durch die Erzieherin gehören. Zu überlegen wäre, ob eine verstärkte Partner- oder Kleingruppenarbeit in der Sprachförderung hilfreich ist. Dies müsste in einzelnen Gruppen ausprobiert werden.

Schließlich untersuchten wir noch, welche Sprachbereiche in der Sprachförderung in welchem Umfang thematisiert wurden. Die Ergebnisse werden in Abb. 9 (Ricart Brede et al. 2009a, S. 35) präsentiert. Dabei ist zu beachten, dass beim Durchführen einer Aktivität mehrere Sprachbereiche thematisiert werden können. In den 196 Sequenzen wurde insgesamt 333-mal ein Sprachbereich thematisiert. Das heißt, dass in jeder Sequenz in der Regel ein oder zwei Sprachbereiche im Mittelpunkt stehen. Bei sechs Sequenzen konnte kein Sprachbereich identifiziert werden, der thematisiert wurde. Diese Sequenzen waren fünfmal organisatorischer Art und einmal eine Begrüßungsrunde.

Sprachbereich	Absolute Häufig-keit (Anzahl der Kodierungen)	Prozentuale Häufigkeit bezogen auf die 333 Kodierungen	Prozentuale Häufigkeit bezogen auf die 196 Sequenzen
Wortschatz	95	28,53%	48,47%
Gespräch	94	28,23%	47,96%
Erklären	48	14,41%	24,49%
Phonologische Bewusstheit	44	13,21%	22,45%
Vorlesen/Rezitieren	28	8,41%	14,29%
Grammatik	14	4,2%	7,14%
Erzählen	10	3%	5,1%
Gesamt	333	100%	

Abb. 9: Thematisierte Sprachbereiche in der Sprachförderung

Das Bild ist deutlich. Am häufigsten stehen die Sprachbereiche Gespräche und Wortschatzarbeit im Mittelpunkt der Förderung. Wenn diese 95 bzw. 94 Kodierungen aufweisen, heißt das, dass in etwa jeder zweiten der 196 Sequenzen der Wortschatz gefördert wird und dass außerdem in etwa jeder zweiten der 196 Sequenzen Gespräche geführt werden. In etwa jeder vierten Sequenz kommt das Erklären vor. Eine besondere Rolle spielen auch Übungen zur phonologischen Bewusstheit, die etwa 22 Prozent der inszenierten Sprachlernsituationen ausmachen. Auffällig ist, dass das Erzählen nur in fünf Prozent der Sequenzen vorkommt. Es spielt in der Sprachförderung offensichtlich eine marginale Rolle, was nicht leicht nachzuvollziehen ist, weil im Allgemeinen davon ausgegangen wird, dass Kinder in Erzählsituationen gut sprechen (und zuhören) lernen können.

Um die Ergebnisse zu den Aktivitäten und Sprachbereichen besser deuten zu können, untersuchten wir auch den Zusammenhang zwischen Aktivitäten und Sprachbereichen. Die Frage war, bei welchen Aktivitäten welche Sprachbereiche thematisiert werden. Die Ergebnisse werden in Abb. 10 (Ricart Brede et al. 2009a, S. 36) vorgestellt.

	Organisatorisches	Aufgabe ohne Spielcharakter	Aufgabe mit Spielcharakter	Motorisch be- stimmte Tätigkeit	Lied/Vers	Arbeit mit Text/Bild	Mündliche Kommunikation	Begrüßung/ Verabschiedung	Summe	Summe ohne Organisatorisches
Phonologische Bewusstheit	2	1	9	0	13	3	3	13	44 (13,21%)	42 (17,8%)
Wortschatz	10	12	23	5	10	11	12	12	95 (28,53%)	85 (36,02%)
Grammatik	0	6	6	1	0	0	1	0	14 (4,2%)	14 (5,93%)
Gespräch	40	4	14	11	2	6	16	1	94 (28,23%)	54 (22,88%)
Erzählen	0	0	1	0	0	2	7	0	10 (3%)	10 (4,24%)
Vorlesen/Rezitieren	1	0	3	1	12	6	0	5	28 (8,41%)	27 (11,44%)
Erklären	44	2	2	0	0	0	0	0	48 (14,41%)	4 (1,69%)
Gesamt	97	25	58	18	37	28	39	31	333 (100%)	236 (100%)

Abb. 10: Zusammenhang zwischen Aktivitäten und thematisierten Sprachbereichen in der Sprachförderung

Besonders aussagekräftig ist diese Auswertung für den Sprachbereich »Gespräch«. Es zeigt sich nämlich, dass Gespräche vor allem in den (kurzen) organisatorischen Sequenzen stattfinden. Weiterhin verteilen sie sich auf verschiedene Aktivitäten, bei denen sie aber kaum im Vordergrund stehen. Wir haben bereits festgestellt, dass die mündliche Kommunikation als Aktivität eine geringe Rolle in der Sprachförderung spielt. Damit wird ein Ergebnis, das bereits dargestellt wurde, noch unterstrichen. Es zeigt sich, dass der Sprachbereich »Wortschatz« in der Sprachförderung sehr dominant ist. Die Erzieherinnen, die Sprachförderung durchführen, scheinen der Vermittlung von Wortschatz eine besondere Bedeutung beizumessen. Deshalb ist die Frage besonders wichtig, wie die Vermittlung von Wortschatz am besten gelingen kann.

Interessant ist auch der Befund zum Erklären. Erklärt wird nahezu ausschließlich in organisatorischen Sequenzen. Das bedeutet, dass in der Sprachförderung besonders darauf geachtet werden sollte, wie in organisatorischen Sequenzen erklärt wird. Geschieht dies so, dass dadurch die sprachlichen Kompetenzen der Kinder auch gefördert werden? Es ist wichtig, die Potenziale in den organisatorischen Sequenzen zu nutzen, damit nicht ein Fünftel der Förderzeit verloren geht. Wie Abb. 10 zeigt, kommt es hier vor allem auf die Art der Gesprächsführung und auf die Art des Erklärens an.

Zudem zeigt die Sequenzierung der Sprachfördereinheiten, dass komplexe Kommunikationssituationen selten geschaffen werden. Das Erzählen kommt nur wenig vor und die mündliche Kommunikation ist auch selten. Hier scheint es noch erhebliche Potenziale für die Sprachförderung zu geben, die in Kapitel 1.9 aufgezeigt werden sollen.

1.6 Die Vermittlung von Wortschatz und von grammatischen Strukturen

Die Analyse von Sprachfördereinheiten (siehe Kapitel 1.5) ergab, dass der sprachliche Bereich, der am meisten berücksichtigt wird, die Vermittlung des Wortschatzes ist. Deshalb wird im Folgenden auf Chancen und Probleme der Wortschatzarbeit detailliert eingegangen. Wir beziehen uns dabei auf die Ergebnisse einer kontrastiven Analyse, in der wir zwei verschiedene inszenierte Sprachlernsituationen vergleichen, in denen Wortschatz vermittelt werden soll (Ricart Brede et al. 2009 b, wo auch Auswertungsergebnisse berichtet werden, die hier nicht referiert werden).

In der Sprachlernsituation A sitzen Kinder in einem Stuhlkreis, in dessen Mitte ein zugedeckter Korb mit Obst und Gemüse steht. Die Erzieherin fordert das erste Kind auf, in den Korb zu greifen, eine Frucht auszuwählen und diese zu benennen. Danach wird das zweite Kind aufgefordert usw. Es handelt sich um eine Aufgabe ohne Spielcharakter. Die analysierte Sequenz dauert neun Minuten und 18 Sekunden.

In der Sprachlernsituation B geht es um die Bezeichnung von Körperteilen. Die Kinder sitzen in einem Kreis auf dem Boden. In der Mitte liegt ein Kind. Begleitend zu einem Singvers legt ein anderes Kind ein Massagesäckchen auf das liegende Kind. Das liegende Kind soll erspüren, auf welchem Körperteil das Säckchen liegt. Es handelt sich um ein Rätselspiel, also um eine Aufgabe mit Spielcharakter. Die analysierte Sequenz dauert elf Minuten und 23 Sekunden.

Im Folgenden stellen wir Transkriptauszüge aus den beiden inszenierten Sprachlernsituationen vor, wobei die Basis der Auswertung die vollständigen Sequenzen darstellen, die hier aus Platzgründen nicht abgedruckt werden können. Bei der Transkription wurden folgende Zeichen verwendet:

..	kurze Pause (ca. zwei Sek.)
…	längere Pause (ca. drei Sek.)
/	Abbruch eines Wortes bzw. eines Satzes
kursiv	betont gesprochen
fett	gedehnt gesprochen
[ ]	Kommentar
___	gleichartig Unterstrichenes wird gleichzeitig gesprochen

Transkriptauszug aus inszenierter Sprachlernsituation A

Beteiligt sind:

SFP	Sprachförderperson
T	Junge, 6 Jahre und 10 Monate, kroatisch
A	Junge, 6 Jahre und 10 Monate, italienisch
P	Mädchen, 6 Jahre und 8 Monate, deutsch
M	Mädchen, 6 Jahre und 7 Monate, türkisch
F	Mädchen, 6 Jahre und 5 Monate, türkisch
S	Junge, 6 Jahre und 3 Monate, italienisch

152	SFP (51)	S, nimm mal **du** noch eins.
153	S	[nimmt einen Blumenkohl]
154	SFP (51')	Was ist das?
155	P (22)	**Iih!**
156	S (18)	Das kenn ich nich.
157	SFP (52)	Kennsch du nich?
158	P (23)	Ich kenn es.
159	SFP (53)	Was isch des?
160	P (24)	Ähm, des hei/..
161	SFP (54)	Wie heißt des?
162	P (25)	Ähm ..
163	SFP (55)	Ja?
164	P (25')	weil mir schmeckt des gar nich.
165	S (19)	Ach so.
166	SFP (56)	Schmeckt dir gar nich. Und wie heißt's?
167	A (10)	Mir auch nich.
168	P (26)	Äh
169	SFP (57)	Jemand hat schon vorher angefangen: Blumen/
170	M (11), T (12), P (27)	Kohl.
171	SFP (58)	Gut. M, du darfsch noch was nehmen.
172	P (28)	Iih!
173	M	[nimmt Kirschen]
174	SFP (59)	Was sind das?
175	M (12)	De/ Ki/ Kir/ Kirschen

176	SFP (60)	Kirschen. Gut, legschs da. A.
177	A (11)	[nimmt eine Zucchini] Hä?
178	SFP (61)	Was ist das? Kennst du des?
179	A (12)	N/ ja
180	P (29)	Gurke?
181	SFP (62)	Ähnlich.
182	T (13)	Hä? **Hä? Gu-ke**?
183	SFP (63)	So ähnlich wie ne Gurke. Kennsch es vielleicht?
184	M (13)	Kleine G<u>ur</u>/
185	SFP (63')	<u>Ita</u>liener machen des glaub gern zum Essen.
186	S (19)	Ah <u>ja.</u>
187	SFP (63")	[schaut zu S:] <u>Zucch</u>/ Zucch/ Wer weiß es? Zucchini? [nickt]
188	S (20)	**Ja**, Zucchini.
189	SFP (64)	Kennsch? Gut. Hier hin. T!
190	T (14)	Mh. [nimmt Rotkohl]
191	SFP (65)	Was ist das?
192	T (15)	Weiß ich nich.
193	SFP (66)	Weiß nich. Wer weiß es?
194	P (30)	<u>Ich</u> nicht.
195	A (13)	<u>Salat?</u>
196	SFP (67)	Nein.
197	S (21)	*Kohl*.
198	SFP (68)	**Kohl**, gut. Und was für ne Farbe hat der?
199	M (14)	[leise:] Rot.
200	S (22)	Lila und schwarz.
201	SFP (69)	*Lila*. Also so Blau- oder Rotkohl kann man dazu sagen, gell [schwäbisch für »nicht wahr«]? Gut.
[...]		
241	SFP (82')	Wer weiß was des isch?
242	Kind	Äh/
243	F (10)	***Zwiebel***
244	SFP (83)	Sehr gut. Wer weiß was des isch [hält einen Rettich hoch]?
245	T (20)	<u>Hä?</u>

246	A (15)	<u>Karotte.</u>
247	SFP (84)	Nein.
248	T (21), M (18), A (16)	Nein.
249	SFP (84')	… Rettich.
250	einige Kinder	Rettich.
251	SFP (85)	Ja. Und wie heißen die Kleinen dazu? [hebt Radieschen hoch]
252	P (38)	[leise:] Ah.
253	S (27)	Zwiebel.
254	P (39)	*Nein, ich weiß wie.*
255	T (22)	[leise:] Rettich.
256	P (39')	Irgendwie **Ra/**
257	SFP	[nickt]
258	P (39")	**Ra/**
259	SFP (86)	**Radie/**
260	A (17)	Chen
261	A (17'), P (40), F (11)	Radieschen.
262	SFP (87)	Gut. Und das sind [hält Kartoffeln hoch]?
263	alle Kinder	Kartoffeln.
264	SFP (88)	Kartoffeln. Und das ist ein?
265	alle Kinder	Apfel.
266	SFP (89)	Genau.

Transkriptauszug aus inszenierter Sprachlernsituation B

Beteiligt sind:

SFP	Sprachförderperson
N	Mädchen, 5 Jahre und 9 Monate, deutsch
D	Junge, 5 Jahre und 6 Monate, bosnisch
E	Junge, 5 Jahre und 3 Monate, türkisch
L	Junge, 5 Jahre und 10 Monate, deutsch
J	Junge, 4 Jahre und 9 Monate, deutsch
T	Mädchen, 5 Jahre und 2 Monate, türkisch

97	SFP (33)	[zu L:] Jetzt kommsch du dran.[singt:] Auf die T, auf die T legen wir ein Säckchen. Sag uns T, sag uns T, sag uns, wo es liegt.
98	L	[legt das Säckchen auf Ts Kopf]
99	T (13)	Auf 'm Kopf.
100	SFP (34)	Auf/ [unterbricht, weil L das Säckchen noch zurechtrückt:] Und jetzt? … Dr [der] L hat's verrutscht. Wo liegt's jetzt?
101	T (14)	Ohr.
102	SFP (35)	Auf dem *Ohr*, genau [lacht]. *okay*. Wer möchte noch?
103	D (8)	Ich [hebt die Hand]
104	L (1)	Ich [hebt die Hand]
105	SFP (36)	D, okay.
106	E (11)	[streckt] Oh ja, nie **i**!
107	SFP (37)	Ja du kommsch noch dran, E.
108	T (15)	Ich hab nicht mal gespickelt.
109	SFP (38)	[nickt] Nicht mal gespickelt, genau. Möchtsch du deine Brille wieder?
110	T (16)	**Hm**, ja.
111	SFP (39)	Bitte schön.
112	J (17)	[murmelt vor sich hin:] Des so
113	SFP (39')	So, wer möchte draufliegen?
114	T (17)	**Ich.**
115	Kind	Ich.
116	SFP (40)	[verteilt die Säckchen:] J, T, E.
117	SFP (40')	Auf den D, auf den D legen wir ein Säckchen. Sag uns D, sag uns D, sag uns wo es liegt.
118	J (18)	Nicht D .. Püppchen … D .. liegt
119	SFP (40")	[flüstert zu T:] Jetzt du. [vor sich hin:] Immer drei nehm' 'mr sonscht wer' mr nicht/
120	J (19)	Hey, rutscht.
121	SFP (41)	*Vor*sichtig draufliegen.
122	D (9)	Kopf.
123	SFP (42)	Auf den Kopf, genau. [beginnt zu singen:] Auf den D, auf den D legen wir ein Säckchen. Sag uns D, sag uns D, sag uns wo es liegt.

124	T (18)	D, auf den D . wir ein Säckchen .. Sag uns D
125	T (19)	[flüstert zu L:] Wieso verrutscht du immer die Sachen bei [unverständlich mir/ ihm/ Bein?]
126	L (2)	[flüstert zurück:] Ja.
127	J	[legt das Kissen auf Ds Bein]
128	SFP (43)	[flüstert auch:] **Ah**, jetzt isch ne neue Stelle.
129	D (10)	Auf'm Fuß.
130	SFP (44)	Auf's *Bein*, mh [soll ja heißen]. Und was isch des Teil vom Bein? Wie heißt des?
131	J (20)	Ich weiß was ..
132	SFP (45)	Du weisch es?
133	J (20')	Ich sag's nicht.
134	SFP (46)	Du sagsch's *nicht*?
135	J (21)	Äe [soll nein bedeuten].
136	SFP (47)	Wer weiß es noch? Wie heißt denn des Stückle hier? [SFP zeigt auf die Wade]
137	E (12)	Knie
138	T (20)	Knie
139	SFP (48)	Mme [nein]. Knie isch hier. Auf/
140	D (11)	Ne
141	Kind	***Bein***
142	SFP (49)	*Ja*, des gehört zum Bein. Auf die *Wade*/
143	J (22)	Aber's is was anderes.
144	SFP (50)	Ja, auf die *Wade* hat's der J gelegt, ge?
145	J (23)	Ups
146	SFP (50')	[singt:] Auf den D, auf den D legen wir ein Säckchen
147	E (13)	Chen
148	SFP (50")	Sag uns D, sag uns D, sag uns, wo es liegt.
149	E (14)	Da ganz Füße.
150	SFP (51)	[legt den Finger auf die Lippen:] Psch. Des muss der D spüren. Spür' mal!
151	D (12)	Auf die Füße.
152	J (24)	Füße
153	SFP (52)	**Auf** die Füße. Ganz unten auf die Fußsohle, *ge*?

154	D (13)	Ja
155	SFP (52')	hat's der E gelegt. *Ja toll.*
156	Kind	Cool
157	SFP (52")	So, der E wollte, ge?
158	E (15)	Ja
159	SFP (53)	Ja, möchtesch?
160	J (25)	[nimmt der SFP die Kissen aus der Hand] Ich gib die/ Ich gib die Kissen aus.
161	SFP (54)	Du teilsch se aus? Okay. Immer drei, ge? Gut.

In einer ersten Analyse untersuchten wir die Gesprächsanteile der beteiligten Personen. Sprachförderung soll dazu beitragen, dass die Kinder aktiv mit der Sprache umgehen. Das heißt, dass sie besser verstehen lernen, was andere Personen sagen, aber
auch, dass sie sich selbst der Situation entsprechend ausdrücken können. Im eigenen
Sprechen können sie ihre sprachlichen Kompetenzen ausprobieren und weiter entwickeln. Deshalb sollten Kinder in inszenierten Sprachlernsituationen möglichst viel
sprechen. In den folgenden Abb. 11 und 12 wird dargestellt, wer wie viel spricht. Dabei
werden die geäußerten Wörter in der gesamten Sequenz (einschließlich Wortabbrü-
chen, Lachen und Gesprächspartikeln) gezählt.

Kategorie / Person	Gesprächsanteile (geäußerte Wörter einschließlich Wortabbrüche, Lachen und Gesprächspartikeln) in der gesamten Sequenz	
	absolute Anzahl	prozentualer Anteil
SFP	663	62,08%
Kinder gesamt	405	37,92%
P	128	11,99%
S	71	6,65%
M	65	6,09%
T	57	5,34%
F	38	3,56%
A	32	3%
Kind (unklar wer)	14	1,31%
Gesamt	**1068**	**100%**

*Abb. 11: Anzahl und Verteilung der gesprochenen Wörter in der inszenierten Sprachlernsitua-
tion A*

	Kategorie	Gesprächsanteile (geäußerte Wörter einschließlich Wortabbrüche, Lachen und Gesprächspartikeln) in der gesamten Sequenz	
Person		absolute Anzahl	prozentualer Anteil
SFP		1258	75,6%
Kinder gesamt		406	24,4%
J		128	7,69%
T		95	5,71%
E		81	4,87%
D		52	3,13%
N		22	1,32%
L		18	1,08%
Kind (unklar wer)		10	0,6%
Gesamt		**1664**	**100%**

Abb. 12: Anzahl und Verteilung der gesprochenen Wörter in der inszenierten Sprachlernsituation B

Die Deutung dieser Ergebnisse ist nicht ganz einfach. Man muss dabei berücksichtigen, dass

- die inszenierte Sprachlernsituation B länger dauert;
- die Kinder in der inszenierten Sprachlernsituation A deutlich älter sind als diejenigen in B;

In beiden Situationen spricht die Erzieherin alleine wesentlich mehr als alle Kinder zusammen. Dabei sprechen die Kinder mit 405 bzw. 406 Gesprächsanteilen etwa gleich viel. Wenn man berücksichtigt, dass Situation B zwar länger dauert, aber später in der Sprachfördereinheit angesiedelt ist und die Kinder jünger sind, entsprechen sich die Werte etwa. Dass der prozentuale Redeanteil der Erzieherin in B deutlich höher liegt, ist darin begründet, dass sie selbst mehr spricht als die Erzieherin in A. Für weitere Ausführungen zu den Redeanteilen siehe Abschnitt 1.7.

Uns interessiert allerdings nicht nur, wie viel die einzelnen Personen sprechen, sondern auch, wie sie sprechen. Dazu untersuchten wir in einer weiteren Analyse die Länge der einzelnen Gesprächsbeiträge. Diese kann man messen, indem man die Morpheme jeder einzelnen Äußerung zählt. Morpheme sind die kleinsten Wortbausteine, die eine Bedeutung enthalten. Das Wort *Gurke* enthält ein Morphem, das Wort *Gurke/n* mit der Pluralendung dagegen zwei Morpheme. Nachdem man die Morpheme für jede Äußerung bestimmt hat, berechnet man den Durchschnittswert der Morpheme pro Äußerung. Das Ergebnis nennt man MLU (mean length of utterance; durchschnittliche Länge einer Äußerung). Für die beiden hier kontrastierten inszenierten Sprachlernsituationen ergeben sich folgende Werte für die MLU:

Person	SFP	P	S	T	M	A	F	Kind (unklar welches)
Geäußerte Morpheme insgesamt	808	143	92	65	72	32	49	16
MLU	9,08	3,40	3,17	2,71	3,6	1,68	3,7	2,67

Abb. 13: MLU pro Person in der inszenierten Sprachlernsituation A

Person	SFP	J	T	E	D	N	L	Kind (unklar welches)
Geäußerte Morpheme insgesamt	1681	159	126	92	63	20	17	8
MLU	18,47	3,53	4,2	3,83	3,15	2	2,125	5

Abb. 14: MLU pro Person in der inszenierten Sprachlernsituation B

Die Kinder weisen in den beiden inszenierten Sprachlernsituationen etwa dieselben Äußerungslängen auf. In A liegen sie bei ca. drei Morphemen pro Äußerung, in B bei etwas 3,5 Morphemen pro Äußerung. Auffällig ist dagegen, dass die Erzieherin in der Situation B deutlich längere Äußerungen produziert als die Erzieherin in A. Die Erzieherin spricht also nicht nur mehr (in etwa der gleichen Zeit bei etwa gleichen Sprechanteilen der Kinder), sondern sie spricht auch komplexer. Damit gibt sie den Kindern einen reichhaltigeren Input.

Die Art, wie die Erzieherin und die Kinder sprechen, untersuchten wir zudem mit einer weiteren Analyse, bei der auch die Komplexität der Sprache berücksichtigt wurde. Dazu untersuchten wir die Nominalphrasen, also die Teile der Sätze, in deren Zentrum ein Nomen steht. Eine solche Nominalphrase kann nur aus einem einzigen Wort bestehen, z. B. Hund. Sie kann aber auch aus mehreren Wörtern bestehen, wobei die anderen Wörter in der Regel vor dem Nomen stehen. Deshalb spricht man in der Linguistik hier von linksständigen Erweiterungen in Nominalphrasen. Dabei werden folgende Typen unterschieden:

Umfang der linksständigen Erweiterung	Beispiel
nichts	Hund
ein Wort	den Hund
zwei Wörter	den kleinen Hund
drei Wörter	neben den kleinen Hund

Je mehr linksständige Erweiterungen realisiert werden, umso mehr Kompetenz benötigt der Sprecher. Um *den Hund* sagen zu können, müssen das Genus (das grammatische Geschlecht) und der Kasus (der Fall) von *Hund* beherrscht werden. Um *den kleinen Hund* sagen zu können, muss darüber hinaus auch die Deklination von *klein* beherrscht werden können. Um *neben den kleinen Hund* sagen zu können, muss man außerdem die richtige Präposition (*neben*) auswählen und wissen, welchen Kasus (Fall) sie fordert. Hier muss man also wissen, dass es richtig *neben den kleinen Hund* (etwa in dem Satz: *Er legt den Knochen neben den kleinen Hund*) mit Akkusativ heißt und nicht falsch *neben dem kleinen Hund*. Darüber hinaus erfordern längere linksständige Erweiterungen auch die Kenntnis von Satzbauregeln.

Je umfangreicher die linksständigen Erweiterungen sind, die eine Erzieherin in der Sprachfördersituation äußert, desto mehr Muster für die Bildung von Nominalphrasen bietet sie den Kindern an. Je umfangreicher die linksständigen Erweiterungen sind, die Kinder realisieren, desto mehr können sie ihre grammatischen Kompetenzen ausprobieren und anwenden.

Folgende Ergebnisse zu den linksständigen Erweiterungen konnten festgestellt werden:

Linksständige Erweiterung durch	nichts	ein Wort	zwei Wörter	drei und mehr Wörter
absolute Häufigkeit	9	37	6	2
prozentuale Häufigkeit	16,67%	68,52%	11,11%	3,70%

Abb. 15: Umfang linksständiger Erweiterungen in Nominalphrasen in der inszenierten Sprachlernsituation A

Linksständige Erweiterung durch	nichts	ein Wort	zwei Wörter	drei und mehr Wörter
absolute Häufigkeit	26	48	62	1
prozentuale Häufigkeit	18,98%	35,04%	45,26%	0,73%

Abb. 16: Umfang linksständiger Erweiterungen in Nominalphrasen in der inszenierten Sprachlernsituation B

Der Anteil an Nomen, die ohne linksständige Erweiterung verwendet werden, ist in beiden inszenierten Sprachlernsituationen etwa gleich groß. In beiden Fällen sind die Nomen überwiegend in Nominalphrasen eingebettet. Ein entscheidender Unterschied liegt allerdings darin, wie umfangreich die Nominalphrasen sind. In der inszenierten Sprachlernsituation A wird das Nomen nur in 15 Prozent der Fälle durch mehr als ein Wort erweitert. In B dagegen werden 46 Prozent der Nomen durch mehr als ein Wort erweitert. Damit lässt sich in der inszenierten Sprachlernsituation B ein größerer Umfang der linksständigen Erweiterungen in Nominalphrasen feststellen.

Aufschlussreich ist darüber hinaus ein Vergleich der absoluten Zahlen. In der inszenierten Sprachfördersituation A kommen insgesamt nur 54 Nominalphrasen vor. Dagegen sind es in B 137 Nominalphrasen, also etwa zweieinhalbmal so viele. In einer weiteren Analyse stellten wir fest, dass in A insgesamt nur 32 deklinierbare linksständige Elemente in Nominalphrasen vorkommen, in B dagegen 142. Das heißt, dass in Situation B wesentlich mehr Angebote zum Lernen grammatischer Regeln gemacht werden als in der Situation A. Die Lernumgebung, die in B geschaffen wird, ist damit zum Lernen grammatischer Formen in Nominalphrasen besser geeignet als die Lernumgebung, die in A geschaffen wird.

Wortschatzvermittlung kann nicht unabhängig von der Vermittlung grammatischer Strukturen gesehen werden, weil Wörter in der alltäglichen Kommunikation stets in Sätzen eingebunden und damit gegenüber der Grundform verändert, also konjugiert oder dekliniert werden. Dieser Aspekt sollte bei der Wortschatzvermittlung beachtet werden. Deshalb ist es sinnvoll, Wörter in Sätzen zu gebrauchen und die Lernumgebung für die Wortschatzvermittlung so zu gestalten, dass möglichst Sätze verwendet werden, die eine gewisse Komplexität aufweisen.

In diesem Zusammenhang wollen wir auf die Problematik der Benennungsübungen hinweisen, die wir in manchen Sprachfördereinheiten beobachteten. Bei vielen Benennungsübungen werden reale Gegenstände oder Gegenstände auf Bildern (Bildtafeln, Bildkarten) gezeigt. Die Erzieherin fordert die Kinder auf, die Gegenstände zu benennen. Dies führt zu Dialogen nach dem Muster:

(i)	
Erzieherin:	Was ist das?
Kind:	Gurke.
(ii)	
Erzieherin:	Was ist das?
Kind:	Eine Gurke.

In dem oben abgedruckten Transkriptauszug aus der inszenierten Sprachfördersituation A findet man einige entsprechende Beispiele. Solche Benennungsübungen haben mehrere Nachteile (vgl. Knapp 2007, wo eine linguistisch begründete Auseinandersetzung mit Benennungsübungen geführt wird):

- Der Wortschatz wird nicht realitätsgerecht verwendet. Wir sagen im Alltag nicht Sätze wie *Das ist ein Pferd*, sondern *Ich freue mich, weil ich bald wieder auf einem Pferd reiten darf.*

- Stattdessen wird durch die Benennungsübungen das Hervorbringen von Ein-Wort-Äußerungen provoziert. Die Kinder lernen damit nicht, wie Wörter in Sätze eingebaut werden und wie man sie dazu verändern (deklinieren oder konjugieren) muss.

- Benennungsübungen eignen sich fast nur für die Vermittlung von Nomen, und zwar von Konkreta, also von gegenständlichen Nomen, wie *Katze* oder *Teller*. Andere Nomen wie beispielsweise *Freundschaft* oder *Gemeinde* können auf diese Weise nicht vermittelt werden. Manche Verben oder Adjektive können noch auf Bildkarten dargestellt werden, aber die meisten Wörter der anderen Wortarten können nicht in der Art vermittelt werden, dass man auf sie zeigt und fragt, was das ist. Man stelle sich dies beispielsweise bei folgenden Wörtern vor: *schnell, vergehen, vielleicht, wenn, neben, was.*

- Wenn die Kinder den richtigen Begriff nicht kennen, werden sie zum Raten verleitet, wie sich in folgendem Beispiel zeigt (Knapp 2007, S. 174):

SFP	Der Papa * und wie heißt der Papa bei den Enten?
Kind 3	Äh * Papi [die Kinder und die SFP lachen]
SFP	Theobald wie heißt der Papa von den Enten? …
Kind 4	[fragend] Papa
SFP	( ) schon ganz oft gesagt .. E . Er . Er . **Er . pel der Erpel** * der ist immer so bunt

- Ein zusätzliches Problem entsteht, wenn die Kinder zum Nomen den richtigen Artikel hinzufügen sollen. Entweder kennen sie den richtigen Artikel, dann ist diese Übung trivial. Oder sie kennen ihn nicht, dann führt dies zum »heiteren Artikelraten«, das sicher nutzlos ist, wie folgendes Beispiel zeigt (Knapp 2007, S. 179):

SFP	(…) Und kannst du mir auch noch sagen, was für ein kleines Wort zu dem Pferd gehört? … die, das oder der?
Augusta	Der Pferd
Marc	[schüttelt mit dem Kopf]
SFP	[verzieht Gesicht] … (…)
Marc	Ah, ich weiß es … [sagt Augusta ein, indem er ohne Stimme spricht: das]
SFP	Fallt dir nicht ein? (…) Marc, kannsch du helfen?
Marc	Das Pferd
SFP	Das Pferd, genau, prima

- Oft sind die Benennungsübungen auch langweilig, was in Videoaufzeichnungen daran sichtbar wird, dass die Kinder vom Stuhl fallen, sich aus dem Sitzkreis entfernen oder andere Formen der Unaufmerksamkeit an den Tag legen.

1.7 Die Kinder zu Wort kommen lassen

Wie in Abschnitt 1.6 schon festgestellt, ist es ein wichtiges Ziel der Sprachförderung, dass die Kinder zu Wort kommen und sie viele Gelegenheiten zum Sprechen erhalten. Die Kinder wollen und sollen neu entdeckte Wörter und sprachliche Strukturen ausprobieren und im Gespräch anwenden. Wenn sie darauf bestätigende Rückmeldungen erhalten, werden sie ermutigt, diese weiterhin anzuwenden und zu festigen. Rückmeldungen, in denen korrekte Muster angeboten werden, regen die Kinder dazu an, ihr Wissen über die Sprache umzustrukturieren und sich die der Zielsprache entsprechenden Formen anzueignen. Voraussetzung dafür ist aber, dass in der Sprachförderung eine Lernumgebung geschaffen wird, die sprachliche Äußerungen der Kinder intensiv fördert. Die Untersuchung der Gesprächsanteile der Kinder, die in Abschnitt 1.6 referiert wurde, zeigt allerdings, dass die Kinder in der Sprachförderung nur wenig sprechen. In der inszenierten Sprachlernsituation A haben alle Kinder zusammen einen Gesprächsanteil von 38 Prozent, in der Situation B einen Gesprächsanteil von 24 Prozent. Besonders auffällig ist dies, wenn man die Kinder betrachtet, die am wenigsten sprechen. In den etwa zehn Minuten andauernden Sequenzen sprechen vier Kinder jeweils weniger als 40 Wörter. Und dies bei Gruppengrößen von jeweils sechs Kindern. Obwohl ausreichend Zeit vorhanden wäre, kommen manche Kinder kaum zu Wort. Für sie gibt es keine Möglichkeiten, neu wahrgenommene Wörter und Strukturen auszuprobieren und anzuwenden. Die Konsequenz daraus muss sein, dass in der Sprachförderung stärker darauf geachtet wird, eine Lernumgebung zu schaffen, welche die Kinder zur eigenen Sprachproduktion anregt (siehe Kapitel 1.8).

1.8 Die Sprache der Erzieherin

Bezüglich der Sprache der Erzieherin gehen wir auf drei Aspekte ein. Der erste sind Expansionen, mit denen die Erzieherin kindliche Äußerungen wiederholend aufnimmt und erweitert. Der zweite Aspekt sind offene Fragen und Impulse, mit denen die Kinder zum Sprechen angeregt werden. Als dritten Aspekt wollen wir diskutieren, wie korrekt die Sprache von Sprachförderpersonen sein sollte. Die Sprache der Erzieherin sollte möglichst an das Kompetenzniveau der Kinder angepasst werden. In der Spracherwerbsforschung wurde festgestellt, dass die Erwachsenen in einer bestimmten Sprache mit kleinen Kindern sprechen (siehe Kapitel 1.1 und 4.4.2.2). Von einigen Aspekten dieser an das Kind gerichteten Sprache weiß man, dass sie sich auf den Spracherwerb förderlich auswirken. Dazu gehören Fragen und Erweiterungen kindlicher Äußerungen (Expansionen). Eher nicht förderlich wirken dagegen zum Beispiel Imperative (Szagun 2006, S. 191). In einer exemplarischen Videoanalyse (Knapp et al. 2009) untersuchten wir die Quantität von Expansionen. Sie werden in der Sprachtherapie gezielt eingesetzt (Dannenbauer 1999; Motsch 2006). Mit einer Expansion wird eine unvollständige (und von der Zielsprache abweichende) Äußerung wiederholt und dabei zu einem vollständigen und korrekten Satz expandiert. Beispiele für Expansionen sind:

(i)	
Kind:	Das fühlt sich wie Schwein an.
Sprachförderperson:	Es fühlt sich wie ein Schwein an?
(ii)	
Kind:	Eine Kuh?
Sprachförderperson:	Des ist eine Kuh.

In unserer Beispielanalyse registrierten wir in einer etwa sechsminütigen Sequenz mit 63 Äußerungen der Sprachförderperson neun Expansionen. Wir schließen daraus, dass die Sprachförderperson Expansionen aktiv gebraucht und somit den Kindern korrekte, vollständige und elaborierte sprachliche Muster präsentiert. Dies ist ein positives Beispiel dafür, wie Sprachförderpersonen durch ihr Verhalten in der Kommunikation mit Kindern den Spracherwerb fördern können.

Neben den Expansionen sind auch Fragen förderlich für den Spracherwerb. Allerdings kommt es darauf an, wie gefragt wird. Man unterscheidet offene und geschlossene Fragen. Die Wirkung geschlossener Fragen erkennt man in folgendem Transkriptauszug einer Erzählsequenz (Ricart Brede 2007, S. 140):

120	E (5)	Draußen hab ich dann in Schnee.
121	SFP (54)	Auch im Schnee. [nickt:] Mh. Was hast du gemacht?
122	E (6)	… Ins Fenster geworfen.
123	SFP (55)	Mh. Prima. Also ihr habt alle entweder auf das Hausdach oder auf das Haus oder auf's Fenster geworfen. Mh. Hast du auch mit deiner Schwester Schneeballschlacht gemacht?
124	E (7)	Ja.
125	SFP (56)	Ja? Und, hast du sie getroffen?
126	E (8)	Ja.
127	SFP (57)	Ja? Prima. Sonst noch etwas zu erzählen, E?
128	E (9)	[schüttelt den Kopf].
129	SFP (58)	Nein. Dann darfst du den Stein an O weitergeben.

Unschwer ist zu erkennen, dass die geschlossenen Fragen das Kind dazu anregen, nur mit »Ja« zu antworten. Obwohl es in dieser inszenierten Sprachlernsituation darum geht, dass die Kinder erzählen, wozu ein Erzählstein von einem Kind zum anderen wandert, liegt der Gesprächsanteil der Sprachförderperson bei 55 Prozent; alle Kinder zusammen kommen auf einen Gesprächsanteil von 45 Prozent (Ricart Brede 2007, S. 137). Mit offenen Fragen und Impulsen kann man Gesprächsanlässe schaffen und damit Kinder zu Wort kommen lassen. Weitere Hinweise dazu werden in Kapitel 1.9 gegeben.

Bezüglich der Sprache der Erzieherin wollen wir noch auf einen dritten Aspekt eingehen: Wie korrekt sollte die Sprache der Sprachförderperson sein? Damit hängt die Frage zusammen, ob die Sprachförderperson mit den Kindern im Dialekt, in der Umgangssprache oder in der Standardsprache sprechen soll. Bevor wir näher auf diese Fragen eingehen, sollen zuerst die Begriffe geklärt werden.

Unter der *Standardsprache* (auch »Hochsprache«) versteht man die »überregionale, mündliche und schriftliche Sprachform der sozialen Mittel- bzw. Oberschicht« (Bußmann 2002). Die Standardsprache dient als öffentliches Verständigungsmittel und ist durch Normen sehr stark geregelt, was vor allem für die Aussprache, die Rechtschreibung und die Grammatik gilt. Im öffentlichen Raum, in den Medien und in den Bildungseinrichtungen wird die Standardsprache gebraucht und damit auch vermittelt. Aufschlussreich in unserem Zusammenhang ist, dass der Lexikoneintrag von Bußmann mit folgendem Satz endet: »Die Beherrschung der Standardsprache gilt als Ziel aller sprachdidaktischen Bemühungen« (Bußmann 2002).

Mit dem Begriff *Umgangssprache* kann man die Sprache bezeichnen, die zwischen der Standardsprache und den Dialekten liegt. Sie weist dialektale Färbungen auf, orientiert sich aber doch an der Standardsprache, so dass Sprecher anderer Dialekte verstehen können, was man in der Umgangssprache spricht (Bußmann 2002).

Als *Dialekt* bezeichnet man eine Sprechweise, die regional gebunden ist. Verschiedene Dialekte gehören zu einer Sprache. Dialekte unterscheiden sich vor allem im Wortschatz und in der Aussprache bestimmter Wörter, zum Teil auch in grammatischen Merkmalen. Im Gegensatz zur Standardsprache gibt es bei Dialekten keine Regelwerke, die sie normieren. Dialekte werden vor allem im mündlichen Sprachgebrauch verwendet. Schriftliche Texte in Dialekt gibt es nur im Ausnahmefall.

Für unsere Fragestellung ist noch ein weiterer Begriff wichtig: die *gesprochene Sprache*. Jeder weiß, dass wir anders sprechen als wir schreiben. Dies liegt an den unterschiedlichen Funktionen der gesprochenen und der geschriebenen Sprache. In der geschriebenen Sprache muss alles exakt ausgedrückt werden, so dass möglichst keine Nachfragen entstehen. Deshalb ist sie sehr präzise und differenziert. Für die gesprochene Sprache gilt eine andere Grundregel. Sie muss möglichst ökonomisch sein. Man drückt sich nur so exakt aus, wie es unbedingt nötig ist. Schließlich gibt es Gestik und Mimik, die das Gesagte unterstützen können. Und es gibt die Möglichkeit nachzufragen, wie etwas gemeint ist. Weil die Umgangssprache ökonomisch ist (man will schnell kommunizieren), werden in ihr beispielsweise viele Endungen verschliffen, auch in der standardsprachlichen Umgangssprache.

Wenn wir die Sprache der Erzieherinnen in der Sprachförderung analysieren, müssen wir berücksichtigen, dass es sich um eine gesprochene Sprache handelt. Wir dürfen also nicht den Grad an Korrektheit erwarten, den die (schriftliche) Standardsprache aufweist. Dennoch haben wir für die beiden in Abschnitt 1.6 abgedruckten inszenierten Sprachlernsituationen die Korrektheit der Inputsprache der jeweiligen Erzieherin analysiert. Da wir nicht den gesamten Sprachgebrauch der Erzieherinnen untersuchen konnten, wählten wir dazu zwei Lupenstellen aus, von denen wir annehmen, dass sie beispielhaft für den Sprachgebrauch der Sprachförderperson stehen. Wir untersuchten zuerst die finiten Verben, also die Verbformen, die konjugiert (verändert) werden. Das sind in den folgenden Beispielen die unterstrichenen Wörter:

- *Möchtest du deine Brille wiederhaben?*
- *Gestern Abend haben wir eine leckere Pizza gegessen.*
- *Nach den Sommerferien komme ich in die Schule.*

Als Zweites untersuchten wir die Deklinationsformen linksständiger Erweiterungen in Nominalphrasen (vgl. Abschnitt 1.6). Das sind in den folgenden Beispielen die unterstrichenen Wörter:

- *Möchtest du deine Brille wiederhaben?*
- *Gestern Abend haben wir eine leckere Pizza gegessen.*
- *Nach den Sommerferien komme ich in die Schule.*

Unsere Untersuchungen ergaben folgende Ergebnisse (Ricart Brede et al. 2009b, S. 97–99):

	Von der SFP standardsprachlich korrekt realisierte Verbformen	Von der SFP standardsprachlich nicht korrekt realisierte Verbformen
Absolute Häufigkeit	66	65
Prozentuale Häufigkeit	50,38%	49,62%

Abb. 17: Korrektheit der finiten Verbformen in der inszenierten Sprachlernsituation A

	Von der SFP standardsprachlich korrekt realisierte Verbformen	Von der SFP standardsprachlich nicht korrekt realisierte Verbformen
Absolute Häufigkeit	158	75
Prozentuale Häufigkeit	67,81%	32,19%

Abb. 18: Korrektheit der finiten Verbformen in der inszenierten Sprachlernsituation B

	Von der SFP standardsprachlich korrekt realisierte Deklinationsform	Von der SFP standardsprachlich nicht korrekt realisierte Deklinationsform
Absolute Häufigkeit	21	11
Prozentuale Häufigkeit	65,625%	34,375%

Abb. 19: Korrektheit der Deklinationsformen linksständiger Erweiterungen in Nominalphrasen der inszenierten Sprachlernsituation A

	Von der SFP standardsprach-lich korrekt realisierte Deklinationsform	Von der SFP standardsprach-lich nicht korrekt realisierte Deklinationsform
Absolute Häufigkeit	118	25
Prozentuale Häufigkeit	82,52%	17,48%

Abb. 20: Korrektheit der Deklinationsformen linksständiger Erweiterungen in Nominalphrasen in der inszenierten Sprachlernsituation B

Obwohl in der Umgangssprache keine absolut korrekte Inputsprache zu erwarten ist, sehen wir im Vergleich der beiden Erzieherinnen, dass sich die Korrektheit ihrer Sprache deutlich unterscheidet. Die Erzieherin in der inszenierten Sprachlernsituation B realisiert eine wesentlich größere Anzahl korrekter Formen als die Erzieherin in Situation A. Insbesondere der Umstand, dass die Erzieherin in der inszenierten Sprachlernsituation A nur 50 Prozent der Verben korrekt realisiert, erscheint unbefriedigend. Wie sollen die Kinder korrekte Formen erwerben, wenn ihnen kein korrekter Input vorgegeben wird?

Für die Sprachentwicklung der Kinder ist es förderlich, wenn sie verschiedene Varietäten der Sprache, also Dialekt und Standardsprache, kennenlernen (und auch bemerken, in welchen Situationen man eher Dialekt und in welchen man eher Standardsprache spricht). Der Dialekt als Varietät, die eine Nähe und Vertrautheit signalisiert, hat in manchen Situationen klare Vorteile. Wenn wir aber sprachliche Kompetenzen – nicht zuletzt im Hinblick auf den Schulunterricht – vermitteln wollen, sollte man weitgehend an der Standardsprache orientiert sprechen.

1.9 Erzählen

Schon früh werden Kinder in ihrem Spracherwerb mit dem Erzählen konfrontiert. Erwachsene erzählen ihnen Geschichten, sie erzählen ihnen aber auch Ereignisse, die sich zugetragen haben. Bald beginnen Kinder selbst zu erzählen, wobei die Erwachsenen manchmal nicht verstehen können, von welchen Personen oder von welchen Ereignissen die Kinder erzählen. Erzählen ist eine häufige alltägliche Kommunikationsform, die auch in der Sprachförderung eingesetzt wird. Bezüglich des Erzählens gehen wir auf vier Aspekte ein: (1) Häufigkeit des Erzählens in der Sprachförderung, (2) Sensibilität entwickeln für Erzählanfänge der Kinder, (3) spontanes Erzählen zulassen und (4) Unterstützung der erzählenden Kinder durch die Sprachförderperson.

Bezüglich der Häufigkeit des Erzählens in der Sprachförderung erinnern wir an die Ergebnisse der Sequenzanalyse von Sprachfördereinheiten, die in Kapitel 1.5 referiert wurden. In den 196 Sequenzen wird 333-mal ein Sprachbereich thematisiert. Das Erzählen kommt nur zehnmal vor und weist damit einen Anteil an den Sprachbereichen von drei Prozent auf. In fünf Prozent der Sequenzen wird erzählt. Dies ist sehr wenig, woraus als Folgerung gezogen werden kann, dass in der Sprachförderung die Möglich-keiten des Erzählens mehr genutzt werden sollten. Gerade wenn man Sprachförderung in kleinen Gruppen durchführt, gibt es viele Gelegenheiten, Kinder zum Erzählen und damit zum Sprechen anzuregen.

Bevor wir auf die anderen drei Aspekte zum Erzählen eingehen, präsentieren wir drei Transkriptauszüge aus zwei Erzählsequenzen, die in einer kontrastiven Analyse untersucht wurden (Ricart Brede 2007, S. 129 ff.). Die Erzähltranskripte (1 a) und (1 b) stammen aus Sequenz (1), in der die Sprachförderperson die Kinder ausdrücklich zum Erzählen vom vergangenen Wochenende auffordert. Die Kinder sitzen dazu im Stuhl-kreis und ein Erzählstein, der von einem Kind zum anderen wandert, signalisiert das Rederecht. Situation, Thema und Verteilung des Rederechts sind bewusst inszeniert und genau festgelegt. Das Erzähltranskript (2) aus Sequenz (2) stammt dagegen aus einer Erzählrunde, die von einem Kind eröffnet wird, ohne dass dies die Sprachförder-person intendiert hätte. Sie lässt aber die spontan entstehende Erzählrunde zu, in die sich weitere Kinder einbringen. Die Verteilung des Rederechts erfolgt frei.

Erzähltranskript (1 a) – Transkriptionsregeln s. S. 26

17	SFP (8)	Mh. Prima. H, du bist dran.
18	H (1)	Am Wochenende hab ich geschlaft.
19	SFP (9)	Geschlafen hasch du. [lacht] Das ist prima. H, das haben wir alle getan. Und was hast du sonst noch gemacht?
20	H (2)	Mh …. [lacht]
21	SFP (10)	Also, Frau Müller hilft ein bisschen. Warst du draußen im Schnee?
22	H (3)	[springt auf] Ja.
23	SFP (11)	Ja? Hat das »Ja« geheißen?
24	H (4)	[flüstert:] **Ja.**

Erzähltranskript (1 b)

53	H (12)	Frühstück. [lacht und gibt C den Erzählstein]
54	SFP (25)	<u>Pscht, nein</u>. C wartet. H, O [?]
55	C (2)	<u>Am Wochen/</u> .. Am Wochenende hab ich einen ganzen Tag Playmo gspielt.
56	SFP (26)	[schüttelt den Kopf:] Nicht Lego?
57	C (3)	Kein Lego.
58	SFP (27)	Okay.

59	C (3')	Nur a bissle.
60	SFP (28)	Ah. Mh.
61	O (3)	Anna.
62	SFP (29)	[legt Zeigefinger auf den Mund und schaut zu O:] Pscht. Noch etwas C?
63	C (4)	[schüttelt den Kopf und gibt den Erzählstein weiter]
64	SFP (30)	Okay. Doch, etwas könntest du mir noch erzählen, C. Du hast letzte Woche *gefehlt*. Was war denn *los*?
65	C (5)	**Äh**, äh, Augenentzündung.
66	SFP (31)	Oh. Aber jetzt geht's dir wieder gut?
67	C (6)	[nickt] Mh.
68	SFP (32)	Das freut mich – schön.

Erzähltranskript (2)

1	L (1)	*SFP*, heute schneid ich meine Haare.
2	M (1)	[Unverständlich]
3	SFP (1)	Gehst du heut zum Friseur?
4	L (2)	Ne, mein Papa schneidet.
5	M (2)	Papa.
6	SFP (2)	Dein Papa.
7	M (2')	Des macht er zu Hause.
8	SFP (3)	Mh. [soll ja bedeuten]
9	L (3)	[zu M:] Woher weißt du des?
10	M (3')	Ich war mal bei deiner Mutter essen, wo [unverständlich]
11	J (1)	Und **ich**, ich hab / ich war geschtern/ ich war geschtern draußen und wir waren bei meinem *großen* Wohnmobil.
12	SFP (4)	Oh. Bitte mal/ Du [ermahnt M, indem sie ihm die Hände auf den Tisch legt, da der mit diesen die ganze Zeit auf den Tisch klopft und ein Seitengespräch führt]
13	J (2)	Ja, im April gem mir schon.
14	SFP (4')	Ich höre sonscht den J gar nicht, M.
15	J (3)	Im April gem mir.
16	SFP (4'')	M! ... *Nee*, mhe, mhe.

17	M (4)	[lacht]
18	SFP (4''')	Da hört man ihn wirklich nicht. Er wollte mir grad was erzählen, dass er nach Italien geht .. **M**!
19	J (4)	Im April fahrn wir schon los. Und/
20	SFP (5)	Schön.
21	J (4')	und heute warn wir im Wohnmobil, ham mr noch was ei/ rausgeladen, bis April tum 'rs reinladen wieder.
22	SFP (6)	Mh. Und du? [nickt mit dem Kopf in Hs Richtung, der sich meldet]
23	J (4'')	Und dann . äh .. und dann tun wir/ und dann sind wir rau/ n bissle rauskegangen. Bin mit meinem Fahrrad, mit ohne Stützräder hab ich . jetzt schon
24	SFP (7)	Bisch du gefahren?
25	J (5)	Ja, und dann
26	SFP (8)	Toll.
27	J (5')	dann ham wir noch ein Eis gegessen.
28	SFP (9)	Mh [soll ja bedeuten]
29	J (5'')	Dann sind wir noch ne Runde vorb/ da drüben . [zeigt in eine Richtung] v/ vorbeigelaufen. Und dann sind wir nach Hause . War 'n schöner Tag.
30	SFP (10)	Super schön, hattet ihr 'n richtig schönen Tag. H, was hast du gemacht?

Kinder beginnen ihre Erzählungen oft unauffällig. Die Sprachförderperson in (2) erkennt, dass L mit seiner Äußerung »SFP, heute schneid ich meine Haare« zu erzählen beginnen will. Auch den Versuch von J, das Rederecht zu einer Erzählung zu erhalten, der durch die Störung von M zu misslingen droht, nimmt die Sprachförderperson wahr und sie unterstützt ihn. Kinder eröffnen ihre Erzählungen aber oft noch unauffälliger als im Erzähltranskript (2). In einer Untersuchung zum Erzählen und Zuhören im Kindergarten stellt Meng (1991) zusammen, welche Arten der Herstellung eines kommunikativen Kontakts zur Eröffnung einer Erzähleinheit durch Kinder beobachtet werden konnten. Sie unterscheidet dabei dreijährige und sechsjährige Kinder.

Art der Herstellung eines kommunikativen Kontakts zur Eröffnung einer Erzähleinheit	Dreijährige Kinder	Sechsjährige Kinder
Zu einem Partner hingehen	X	X
Blickkontakt mit dem Partner suchen	X	X
Äußerung einer formelhaften Wendung zur Koordinierung der Wahrnehmung der Partner, z. B.: *Guck ma*		X
Äußerung einer formelhaften Wendung zur Gewinnung des Rederechts, z. B. *Weißt du was?*		X
Äußerung einer Anrede, z. B. *Frau Weiß!*		X
Beanspruchung des Rederechts durch Äußerungssätze, z. B.: *Ich .../Ich krieg ja .../ (Ich krieg ja bald mal ein Baby)*		X

Abb. 21: Art der Herstellung eines kommunikativen Kontaktes zur Eröffnung einer Erzähleinheit (nach Meng 1991, S. 42 ff.)

Bei den Dreijährigen kann man fast nur nonverbale Aktivitäten beobachten, wenn sie etwas erzählen wollen. Sechsjährige signalisieren ihren Erzählwunsch oft mit Hinweisen, Fragen, Anreden. Auch bei ihnen sind Äußerungssätze, aus deren Inhalt man die Erzählabsicht erkennen kann, noch selten.

In unseren Videoanalysen der Sprachförderung beobachteten wir mehrmals, dass Kinder dazu ansetzen, etwas zu erzählen, ohne dass es dann zu einer Erzählung kommt. Eine mögliche Ursache dafür ist, dass die Sprachförderperson nicht erkennt, dass das Kind etwas erzählen will. Nur eine hohe Sensibilität für Erzählabsichten der Kinder ermöglicht es Sprachförderpersonen, spontane Erzählungen der Kinder zuzulassen.

Damit kommen wir zum dritten Aspekt bezüglich des Erzählens. Kinder wollen manchmal nicht erzählen, wenn die Sprachförderperson es wünscht, und Kinder wollen manchmal erzählen, wenn es von der Sprachförderperson nicht geplant ist. In Sequenz (2) geht die Sprachförderperson auf die spontanen Erzählabsichten der Kinder ein und gibt ihnen dafür Raum. In Sequenz (1) dagegen werden Kinder zum Erzählen aufgefordert, die vielleicht lieber etwas anderes getan hätten. Aufschlussreich ist diesbezüglich die Analyse der Aufmerksamkeit der Kinder in den beiden Erzählsequenzen. Um die Aufmerksamkeit zu messen, wird alle zehn Sekunden bei einem anderen Kind kodiert, ob es aufmerksam ist (Knapp et al. 2008, S. 291 ff.). In der ersten Sequenz wurden 68 Prozent der Fälle mit »aufmerksam« kodiert, in der zweiten Sequenz dagegen 77 Prozent. In der Sequenz, in der auf Wunsch der Kinder erzählt wird, ist also die Aufmerksamkeit höher. Noch interessanter ist aber, wenn man die Aufmerksamkeit in der ersten Hälfte mit der in der zweiten Hälfte der Sequenz vergleicht. In Sequenz (1) beträgt die Aufmerksamkeit in der ersten Hälfte 78 Prozent und sinkt in der zweiten Hälfte auf 59 Prozent ab. Dagegen steigt die Aufmerksamkeit in Sequenz (2) von 73 Prozent in der ersten Hälfte auf 82 Prozent in der zweiten Hälfte. In der Sequenz, in der die Erzählabsichten der Kinder berücksichtigt werden, ist die Aufmerksamkeit insgesamt höher und sie steigt im Verlauf des Erzählens an.

Es gibt Situationen, in denen die Erzieherin in der Sprachförderung eine ganz bestimmte Aktivität durchführen will und sich dabei durch den Erzählansatz eines Kindes gestört fühlt. Dies führt zu dem Paradox, dass die Erzieherin Sprache fördern will und dabei die günstige Gelegenheit verpasst, die Erzählkompetenzen des Kindes zu unterstützen, das etwas auf dem Herzen hat und dies erzählen will, wobei auch die Erzählkompetenzen der anderen Kinder gefördert werden könnten. Statt auf den Erzählimpuls einzugehen, verfolgt die Erzieherin aber ihr vorher gesetztes Ziel, eine mehr oder weniger spielerische Übung zur Sprachförderung durchzuführen. Würde die Sprachförderperson flexibel handeln, könnte sie ihr eigentliches Ziel der Sprachförderung besser erreichen als mit dem Beharren auf der geplanten Einheit.

Als vierter Aspekt soll die Möglichkeit der Unterstützung des Erzählens durch die Sprachförderperson reflektiert werden. Obwohl das Erzählen früh im Spracherwerb zu beobachten ist, handelt es sich dabei um eine komplexe sprachliche Tätigkeit, bei der viele Aufgaben zu erfüllen sind. Zu den wichtigsten Handlungen eines Erzählers gehören u. a. (vgl. Fritz 1982, S. 278 f., wo ein umfassender Katalog von sprachlichen Handlungen des Erzählenden präsentiert wird, die für die folgende Aufzählung die Grundlage darstellt):

- Der Erzähler kann an das bisherige Gespräch anknüpfen;
- der Erzähler kann angeben, zu welchem Zeitpunkt und an welchem Ort die Ereignisse stattfanden, die er erzählt;
- der Erzähler kann die Personen nennen, die an den Ereignissen beteiligt waren;
- der Erzähler kann die Situationen beschreiben, die den Hintergrund zu den erzählten Ereignissen darstellen;
- der Erzähler kann die Interessen, Wünsche und Intentionen der Personen darstellen, die an den erzählten Ereignissen beteiligt waren;
- der Erzähler kann die Gefühle und Gedanken der beteiligten Personen darstellen;
- der Erzähler kann die Ereignisse bewerten, die er erzählt;
- der Erzähler kann den Sinn der Geschichte angeben.

Dazu kommt, dass die Erzählung ganz bestimmte sprachliche Merkmale aufweist. Viele Erzählungen weisen einen Höhepunkt auf, der entsprechend ausgestaltet wird. Außerdem gehört der Spannungsaufbau, der mit verschiedenen sprachlichen Mitteln hergestellt wird, zu den Aufgaben eines Erzählers.

Man sieht schnell, dass Erzählen sehr viele Kompetenzen erfordert. Untersuchungen zum Erzählerwerb zeigen, dass Kinder bis zum Ende der Grundschulzeit Fortschritte beim Erzählen machen. Erzählen wird demnach mindestens bis zum Ende der Grundschulzeit gelernt.

Das Erzählen ist eine monologische Form. Ein Sprecher, der erzählt, spricht in der Regel eine ganze Reihe von Sätzen, ohne dass ein anderer Sprecher ihn unterbricht. Die Zuhörer fragen zwar gelegentlich einmal nach, wenn sie etwas nicht verstehen. Insgesamt hören sie aber dem Erzähler zu und lassen ihn seine Erzählung zu Ende bringen. Da die Erzählung in der Regel in einen größeren Gesprächskontext eingebettet ist, spricht man vom Monolog im Dialog.

Schaut man sich die Erzählungen von kleinen Kindern an, so kann man aber eine andere Form von Erzählungen beobachten. Dazu ein Beispiel (Sammlung Knapp, ERZ-50; das Kind ist ein sechsjähriges Mädchen):

Kind:	… ähm … weißt du noch [lacht] wie ich meinen Hasen bekommen hab?
Mutter:	ne * erzähl mal .. im November war's, gell
Kind:	ja
Mutter:	was ham'mer da gemacht erinnersch dich noch genau wie das ging
Kind:	. im Schuhkarton hab ich ihn nach Hause gebracht … und dann haben wir am Anfang gedacht . er wär krank * weil er kein Futter gegessen hat
Mutter:	und wie sieht er aus?
Kind:	schwarz . ganz schwarz mit nem [leise] mit ner weißen Schnauze .. [wieder lauter]
Mutter:	und wo hat er gewohnt bevor er zu uns kam?

Man sieht, dass dieses schon sechs Jahre alte Mädchen keine Erzählung in Monologform hervorbringt. Im Gegenteil: Die Erzählung wird gemeinsam von dem Kind und der Mutter aufgebaut. Die Mutter bietet dem Kind ein Gerüst an, das ihm beim Erzählen hilft. Dies wird auch als Scaffolding (wörtlich: Errichten eines Gerüsts) bezeichnet. Es beginnt schon damit, dass die Mutter das Kind zum Erzählen auffordert. Im weiteren Verlauf der Erzählung »zeigt« die Mutter dem Kind, wie die weiteren Schritte beim Erzählen aussehen. Das Kind wird dazu angeregt, genauer zu beschreiben bzw. zu erzählen und den Erzählfaden weiterzuspinnen. Oft unterstützen Mütter ihre Kinder auch dabei, den Höhepunkt auszugestalten, die erzählten Ereignisse zu bewerten (was typisch für die Kommunikationsform »Erzählen« im Gegensatz zum »Berichten« ist, das sachlich bleibt) oder Spannungselemente einzubauen.

Auch die Kindererzählungen in den Transkripten (1 a) und (1 b) werden von der Sprachförderperson unterbrochen, auch hier handelt es sich um Dialoge im Monolog. Die Fragen der Sprachförderperson sind aber oft geschlossen, wodurch die Kinder manchmal fast dazu gedrängt werden, mit »Ja« oder »Nein« zu antworten. Dies sieht man deutlich in dem in Kapitel 1.8 abgedruckten Erzählausschnitt, der aus derselben Erzählsequenz (1) stammt. Somit regen diese Fragen die Kinder nicht dazu an, genauer oder mehr zu erzählen, sondern führen dazu, dass das Kind im wahrsten Sinne des Wortes einsilbig antwortet. Das Kind C in (1 b) spricht fast nichts, obwohl die Intention der Sprachförderperson ist, die sprachlichen Kompetenzen, insbesondere die Erzählkompetenzen des Kindes zu fördern.

Dass es sich hierbei nicht nur um Einzelbeispiele handelt, macht ein Vergleich der Gesprächsanteile in Sequenz (1) und Sequenz (2) deutlich. In Sequenz (1) spricht die

Sprachförderperson 55 Prozent aller Wörter, alle Kinder zusammen sprechen 45 Prozent der Wörter. Dagegen spricht in Sequenz (2) die Sprachförderperson 37 Prozent aller Wörter und alle Kinder zusammen 63 Prozent (Ricart Brede 2007, S. 137).

Zum Schluss werden nochmals die Vorzüge der Sequenz (2) zusammengefasst:

- Die Sprachförderperson nimmt die Erzählabsichten der Kinder wahr.
- Sie ist flexibel, geht auf die Erzählwünsche der Kinder ein und lässt sie erzählen, obwohl sie ursprünglich andere Aktivitäten geplant hatte.
- Durch Fragen und Impulse unterstützt sie die Kinder beim Erzählen (Scaffolding).
- Die Fragen sind offen, wodurch die Kinder zum eigenständigen Fortführen der Erzählung angeregt werden.

Dieses Verhalten der Sprachförderperson zeitigt folgende Ergebnisse:

- Die Aufmerksamkeit der Kinder ist hoch und steigert sich während der Erzählsequenz.
- Die Kinder sprechen im Vergleich zu denen in Sequenz (1) deutlich mehr.

1.10 Dialogisches Vorlesen

Die Analyse von Sprachfördereinheiten in der vorschulischen Sprachförderung (siehe Kapitel 1.5) ergab, dass in der Sprachförderung relativ wenig vorgelesen wird. Eine Erklärung dafür könnte sein, dass das Vorlesen nicht als Sprachförderung angesehen wird, weil es eine monologische Aktivität der Erzieherin darstellt und die Kinder dabei nicht sprechen.

Es gibt aber eine Reihe von Gründen, die für das Vorlesen in der Sprachförderung sprechen.

- Zu allererst ist Vorlesen ein fundamentaler Bildungsimpuls für lebenslanges Lernen: Es fördert die Sprach- und Ausdrucksfähigkeit der Kinder.
- Wenn Kinder Geschichten vorgelesen bekommen, lernen sie Texte und ihre Figuren kennen. Dabei entdecken sie unterschiedliche Perspektiven auf Vorgänge, Ereignisse und Personen und setzen diese in Beziehung zu sich. Die Kinder deuten den Sinn des Vorgelesenen. Damit trägt das Vorlesen zur Auseinandersetzung mit der Welt und zur Identitätsentwicklung bei.
  Die Vorleserin kann durch ihre Vorleseart, Gestik und Mimik eine Deutung des Textes anbieten. Damit wird den Kindern der Zugang zum Text erleichtert. Außerdem können auch anspruchsvollere Texte behandelt werden, ohne die Kinder mit der Textwirkung allein zu lassen oder zu überfordern. Die Kinder können deshalb auch über anspruchsvolle Texte reden lernen.
- Beim Vorlesen und Betrachten von Bilderbüchern gewinnen die Kinder einen Bezug zum Buch und zur Buchkultur. Es gibt viele künstlerisch sehr ansprechende Bilderbücher, die die Kinder ästhetisch ansprechen. Die Schönheit der Bücher kann zum Umgang mit ihnen beitragen (Spinner 2006, S. 20 f.).
- Beim Vorlesen werden meist literarisch gestaltete Geschichten vorgelesen. Das be-

deutet, dass die Kinder durch das Vorlesen literarische Muster kennenlernen. Wenn Kinder selbst Geschichten erfinden, orientieren sie sich oft an solchen literarischen Mustern, die in den Geschichten vorkommen, die ihnen vorgelesen wurden. Das kann zum Beispiel die Wendung »es war einmal …« sein, die sie aus Märchen kennen, die ihnen vorgelesen wurden. Auch die Art und Weise, wie Spannung in Geschichten aufgebaut wird, lernen Kinder oft anhand von vorgelesenen Texten kennen. Dies trägt zum Erwerb eines »narrativen Bewusstseins« (Spinner 2006, S. 21) bei.

- Der Erwerb literarischer Kompetenz beginnt bereits vor dem Erstlesealter. Die Ausbildung der rezeptiven Kompetenz, die neben der produktiven Kompetenz Teil der literarischen Kompetenz ist, wird durch Vorlesen, Reime, Kinderlieder und Kniereiterverse unterstützt (Kammler 2006).

  Mit dem »referierende[n] Bilderbuchgebrauch« (Graf 2007, S. 19) findet ein Versuch der Bezugsperson statt, den Inhalt des Buches mit der Erfahrungswelt des Kindes zu verknüpfen. Vor allem der Beziehungsaspekt ist hier bedeutsam, da Vorlesen die affektive Basis für literarisches Lesen legt. Speziell die Interaktion beim Vorlesen schließt den literarischen Kompetenzerwerb als Voraussetzung für die spätere Leseentwicklung ein.

- Vorlesen bedeutet, dass man Sprachmelodie wahrnimmt, dass man Wortspiele und Reime kennenlernt und lustvoll mit Sprache umgeht. Die Intonation stellt eine wichtige Sinnstütze dar.

- In Bilderbüchern werden Text und Bild miteinander kombiniert. Die Kinder lernen dieses Verhältnis kennen und machen damit erste Erfahrungen mit Text-Bild-Medien, zu denen auch die neuen (digitalen) Medien gehören.

- Beim Vorlesen lernen die Kinder einen Wortschatz kennen, mit dem Lebewesen, Dinge, Vorgänge oder Ereignisse bezeichnet werden, die in der Situation nicht »kopräsent«, also nicht »anwesend« sind. Dies führt zu einer erheblichen Wortschatzerweiterung. Dabei ist von Vorteil, dass der Wortschatz immer im Zusammenhang präsentiert wird. Aus diesem heraus können die Kinder oft die Bedeutung der fremden Wörter erschließen.

- Beim Vorlesen werden Wörter nicht isoliert wie auf Wortkärtchen präsentiert, sondern in Sätze und Texte eingebunden. Das bedeutet, dass die Wörter konjugiert und dekliniert werden, dass die Sätze bestimmte Muster des Satzbaus aufweisen. Die Kinder lernen dadurch die Wörter nicht nur in ihrer Grundform, sondern in den Formen kennen, in denen sie in Sätzen vorkommen. Sie lernen z. B. Präteritumformen wie *schlief, wohnte, rannte, schrie* kennen (die übrigens zumindest in Süddeutschland in der alltäglichen Kommunikation wenig gebraucht werden, weil häufig im Perfekt erzählt wird). Sie lernen Wörter im Akkusativ oder Dativ, sie lernen Pluralformen kennen usw. Damit gewinnen die Kinder Wort- und Satzbildungsmuster, die sie in der eigenen Sprachproduktion einsetzen können.

- Beim Vorlesen wird eher standardsprachlich als umgangssprachlich gesprochen. So werden ihnen Muster von standardsprachlich korrektem Deutsch dargeboten.

Nachdem einige Gründe für das Vorlesen aufgeführt wurden, soll im Folgenden noch auf didaktische und methodische Aspekte des Vorlesens eingegangen werden. Als Basis für diese Aspekte wird zunächst auf eine Studie von Wieler (1997) zum Vorlesen in Familien eingegangen. Wieler stellte fest, dass in Unterschichtfamilien häufig nur vorgelesen wird, ohne über den Inhalt zu sprechen. In der Mittelschicht ist das Vorlesen dagegen »dialogorientiert«. Während des Vorlesens und auch danach wird über den Text gesprochen. Wenn den Kindern aber nur vorgelesen wird, ohne mit ihnen darüber zu sprechen, werden die Kinder überschätzt. Ihnen wird unterstellt, die Bedeutung des Vorgelesenen alleine konstituieren zu können. Der Erwerb dieser Fähigkeit ist aber an den dialogischen Interaktionstyp gekoppelt. In Mittelschichtsfamilien finden genau diese Dialoge statt, in denen über die Bedeutung des Vorgelesenen gesprochen wird. Vorlesen sollte sich ergo nicht auf das Vorlesen beschränken, sondern es wird in eine Kommunikation eingebettet, es wird dialogisch. Im Dialog wird ein vertieftes Verständnis des Textes geschaffen. Texte werden einerseits vertieft und weitergeführt, andererseits werden sie auf das Wesentliche reduziert.

Beim dialogischen Vorlesen kann man:

- im Sprechen eine Beziehung zu den Bildern herstellen;
- die Geschichte oder Teile von ihr nacherzählen;
- sich in einzelne Personen hineinversetzen, die in der Geschichte vorkommen, und über ihre Gefühle und Gedanke sprechen;
- eigene Erfahrungen einbringen, die in einem Zusammenhang mit der Geschichte stehen;
- Reime und Wortspiele nachsprechen, Lieder (nach-)singen;
- Fragen zu Wörtern oder Vorgängen klären;
- beim Reden über den Text neuen Wortschatz anwenden oder im Text bemerkte grammatische Strukturen imitierend oder in analoger Form anwenden;
- durch eine ästhetische Gestaltung die Freude der Kinder am Vorlesen und den Wunsch nach Wiederholung wecken;
- eine erste Form der subjektiven Wahrnehmung von Texten anbahnen. Abraham (2006) betont, dass dieses wieder mehr in den Mittelpunkt rücken sollte. Für ihn ist Lese- und literarische Kompetenz das Verstehen eines literarischen Angebots, wozu auch Theater, Hörspiele und Hörbücher gehören. Leser sollen sich affektiv auf dieses Angebot einlassen – das gilt sicherlich auch für den Zuhörer von Vorgelesenem.

Das Vorlesen stellt einen wesentlichen Bestandteil der Literalitätserziehung dar, zu der Beispiele in Kap. 5.2.11 ausgeführt werden.

1.11 Organisationssequenzen nutzen

Ein wichtiges Ergebnis der Untersuchung von Sprachfördereinheiten, über die in Abschnitt 1.5 berichtet wurde, sind die hohen zeitlichen Anteile, die organisatorische Aktivitäten einnehmen. Wie berichtet, machen sie etwa ein Fünftel der für die Förderung zur Verfügung stehenden Zeit aus. Solche organisatorischen Sequenzen lassen sich nicht vermeiden, weil die Kinder immer wieder auf neue Aktivitäten eingestimmt werden müssen, weil immer wieder etwas erklärt werden muss, weil sich die Kinder umsetzen sollen, weil neues Material bereitgestellt werden muss usw. Daher wäre es wichtig zu überlegen, wie man verhindern kann, dass Zeit verschenkt wird.

Im Rahmen organisatorischer Aktivitäten wird Sprache in einem funktionalen Zusammenhang gebraucht. Sie könnten daher für die Förderung sprachlicher Fähigkeiten besonders nützlich sein. Die Kinder müssen ja tatsächlich verstehen, was ihnen in den organisatorischen Sequenzen mitgeteilt wird und welche Anforderungen an sie gestellt werden. Insofern macht es Sinn, die organisatorischen Sequenzen selbst für die Sprachförderung zu nutzen. Das bedeutet, dass man die Kommunikation in ihnen so gestaltet, dass der Spracherwerb der Kinder gefördert wird. Dazu sollen im Folgenden einige Vorschläge unterbreitet werden:

- In organisatorischen Sequenzen wird sprachlicher Input geboten. Das bedeutet, dass die Sprachförderperson nicht schweigend Material holt, sondern ihre Handlungen verbal begleitet. Sie kann beschreiben, was sie tut, und erklären, welchen Sinn ihre Handlungen haben.
- Die Erzieherin legt Wert darauf, auch in organisatorischen Sequenzen deutlich (nicht überdeutlich) zu sprechen. Sie achtet darauf, dass die Kinder aus der sprachlichen Äußerung heraus (und nicht nur aus der sogenannten »sprechenden Situation«, in der ein einzelnes Kind sieht, was alle anderen machen) verstehen, was von ihnen erwartet wird.
- In organisatorischen Sequenzen können die rezeptiven Fähigkeiten der Kinder gefördert werden. Dazu kann die Sprachförderperson den Kindern Aufforderungen geben, die diese umsetzen sollen, also zum Beispiel bestimmtes Material irgendwoher zu holen. Dabei kann die Sprachförderperson auch beobachten, ob sie von den Kindern verstanden wurde.
- Auch in organisatorischen Sequenzen sollten die Kinder zu Wort kommen. Dazu gibt es viele Möglichkeiten. Statt der Erzieherin können auch Kinder erklären, was mit dem bereitgestellten Material jetzt zu tun ist. Man kann Gesprächsimpulse setzen, mit denen die Kinder zu Vermutungen über die nächsten Aktivitäten angeregt werden. Man kann Kinder bitten, eine Erklärung in eigenen Worten zu wiederholen. Wenn ein Kind eine Frage stellt, weil es etwas nicht versteht, kann die Erzieherin die anderen Kinder bitten, dies (nochmals) zu erklären, anstatt es selbst zu tun.
- Wenn in organisatorischen Sequenzen Wörter verwendet werden, von denen angenommen wird, dass nicht alle Kinder sie verstehen, sollten sie genau erklärt werden. Die Potenziale, die sich in organisatorischen Sequenzen für die Wortschatzarbeit ergeben, sollten genutzt werden.
- Auch in organisatorischen Sequenzen achtet die Erzieherin darauf, dass die Satzstrukturen dem Sprachniveau der Kinder entsprechen, dass die Sätze also nicht zu einfach gebildet werden, allerdings in ihrer Komplexität die Kinder auch nicht überfordern.

1.12 Zusammenfassung

In diesem Kapitel gaben wir einige Einblicke, wie inszenierte Sprachlernsituationen gestaltet werden, was in ihnen gemacht wird – und auch, was wenig oder nicht verwirklicht wird. Daraus können erste Schlussfolgerungen für die Sprachförderung gezogen werden:

- Organisatorische Sequenzen kann man produktiv für die Sprachförderung nutzen.
- Erzählen und dialogorientiertes Vorlesen stellen wichtige Elemente der Sprachförderung dar und sollten nicht zu kurz kommen.
- Wenn bei der Vermittlung von Wortschatz darauf geachtet wird, dass die zu lernenden Wörter in einen kommunikativen Zusammenhang eingebettet werden, hat dies mehrere Vorteile: Die Kinder sind motiviert neue Wörter zu lernen; sie lernen differenziert die Bedeutung der Wörter; sie eignen sich mit den neuen Wörtern grammatische Strukturen an; sie sprechen mehr und komplexer als in formalen Wortschatzübungen.
- Die Erzieherin kann mit ihrem sprachlichen Verhalten den Spracherwerb der Kinder fördern.

2 Diagnostische Verfahren zur Beurteilung des sprachlichen Entwicklungsstandes von Kindern

2.1 Einleitung

Die Diagnostik des sprachlichen Entwicklungsstandes von Kindern, die lange Zeit als Stiefkind der Diagnostik oder als »verlassene Landschaft« (Bredel 2005) bezeichnet werden konnte, weil es nur sehr wenige Verfahren gab, mithilfe derer der sprachliche Entwicklungsstand von Kindern diagnostiziert werden konnte, hat in den letzten Jahren einen Aufschwung erfahren.

Was verstehen wir unter Diagnostik? Unter Diagnostik verstehen wir die systematische Sammlung von Informationen über die Lernvoraussetzungen eines Kindes zu einem bestimmten Ziel oder Zweck. Diagnostische Verfahren stellen die Grundlage professionellen pädagogischen Handelns dar. Diagnostik erfolgt immer zielorientiert, und je nachdem, welches Ziel verfolgt wird, werden auch unterschiedliche Verfahren eingesetzt. Im Wesentlichen unterliegt diagnostisches Handeln drei Leitfragen (Kany/Schöler 2007), die auch dessen Qualität bestimmen:

- Wozu soll diagnostiziert werden, welches Ziel hat ein diagnostischer Prozess?
- Was soll diagnostiziert werden? Welche Inhalte sind relevant, welches sind die wichtigsten diagnostischen Sprachbereiche?
- Wie, auf welche Weise soll diagnostiziert werden? Welches Verfahren ist für welche Fragestellung geeignet?

Während die erste Frage die Ziele spezifiziert, an denen sich diagnostisches Handeln orientiert, da dieses niemals als Selbstzweck verstanden werden darf, fragt die zweite nach den Inhalten, den konkreten sprachlichen Bereichen, die diagnostiziert werden sollen. Schließlich impliziert die dritte Frage nach der Art und Weise die Frage nach der Angemessenheit eines bestimmten Verfahrens für ein ganz bestimmtes Ziel, die Differenzierung nach formellen und informellen Verfahren sowie schließlich auch die Diskussion um Qualität und Gütekriterien bestimmter diagnostischer Verfahren.

2.2 Diagnostische Ziele

Die Frage nach dem Ziel eines diagnostischen Prozesses ist die wichtigste, die vor dem Einsatz eines diagnostischen Verfahrens zu stellen ist. Grundsätzlich können in Bezug auf die Diagnostik sprachlicher Kompetenzen drei Ziele unterschieden werden:

- Die Auswahl von Kindern für bestimmte Fördermaßnahmen.
- Die individuelle Planung und differenzierte Anpassung von Fördermaßnahmen.
- Die Evaluation der Förderung sowie der Anpassung der Förderung an die Kompetenzentwicklung der Kinder.

Ohne ein diagnostisches Verfahren ist sowohl die Auswahl von Kindern für besondere Fördermaßnahmen als auch die Planung und Überprüfung von Förderung nicht möglich.

Die Identifikation und Auswahl von Kindern, die einer besonderen Förderung bedürfen, soll sicherstellen, dass jene Kinder die Förderung erhalten, die diese auch tatsächlich benötigen, und nur diese. Einer größeren Anzahl von Kindern eine Förderung zuteil werden zu lassen, die diese nicht benötigen, wäre unökonomisch und würde vor allem all jenen Kindern Möglichkeiten vorenthalten, die diese brauchen. Für die Auswahl der betreffenden Kinder wurden in den letzten Jahren mehrere Testverfahren entwickelt, die den Erzieherinnen aufzeigen sollen, welche Kinder einen Förderbedarf aufweisen und welche nicht. Manchmal wird diese Zielsetzung auch mit dem Begriff der *Selektionsidagnostik* bezeichnet, da es um die Auswahl von Kindern für eine bestimmte Maßnahme geht. Verfahren, die hierfür geeignet sind, werden im vierten Abschnitt besprochen.

Als Gegensatz dazu wird die *Förderdiagnostik* betrachtet, eine Diagnostik, die helfen soll, jene Bereiche zu identifizieren, die gefördert werden sollten. Allerdings kann dieser Begriff auch irreführend sein, nämlich dann, wenn er eine Gleichsetzung von Diagnostik und Förderung nahelegt. Diagnostik kann nicht Förderung sein, denn Förderung ist grundsätzlich ein anderer Prozess. Diagnostik kann aber Informationen für die Konzeption von Förderung bereitstellen. Sie dient der Feststellung eines individuellen Profils und unterstützt die Erzieherinnen dabei, für ein konkretes Kind mit einem besonderen Leistungsprofil die Bereiche zu identifizieren, in denen es gefördert werden soll. Jedoch kann Diagnostik nicht ohne einen Prozess des Schlussfolgerns mit Förderung verbunden werden. Daher ist die Verbindung zwischen den beiden Aspekten nicht einfach. Dies belegen auch Evaluationsstudien, in denen nachgewiesen werden konnte, dass sogar groß angelegte Förderprogramme ohne Effekte bleiben (Gasteiger-Klicpera/Knapp/Kucharz 2009; Roos/Schöler 2009). Um die Verknüpfung zwischen Diagnostik und Förderung herzustellen, benötigen Erzieherinnen ein klares theoretisches Verständnis der zu diagnostizierenden Bereiche, d.h. eine Konzeption der Entwicklungsprozesse von Sprache auf der einen Seite sowie insbesondere auch des Mehrspracherwerbs auf der anderen Seite. Diese Aspekte werden in den folgenden Abschnitten thematisiert.

Schließlich liegt die dritte Zielsetzung von Diagnostik in der *Evaluation* oder der *Erfolgskontrolle*. In bestimmten Abständen wird sich die Sprachförderkraft die Frage stellen, ob mithilfe einer bestimmten Maßnahme auch der intendierte Erfolg erreicht wurde. Im Sinne einer Feedbackschleife ist immer wieder differenziert nachzufragen: Welche Fördermaßnahmen haben den erwünschten Erfolg gebracht bzw. in welchen Bereichen besteht weiterhin Förderbedarf? Auch für eine Anpassung und Neuausrichtung der Förderplanung ist eine ständige Überprüfung der Fortschritte eines Kindes nötig.

Angaben und Erfahrungen zur Sprachförderdiagnostik aus Sicht der Erzieherinnen:
Im Rahmen unserer Untersuchung zur Evaluation der Sprachförderung (Gasteiger-Klicpera/Knapp/Kucharz 2009) wurden auch die Sprachförderkräfte um ihre Einschätzung zu verschiedenen Aspekten der Sprachförderung gebeten. Nur etwa 66 Prozent der 108 Sprachförderkräfte aus unserer Befragung haben die Sprachstandserhebung selbst durchgeführt; allerdings hatten alle (außer einer Person) Einsicht in die Ergebnisse dieser Erhebung. Damit wäre zumindest die Voraussetzung gegeben, dass die Sprachförderkräfte die Förderung am Entwicklungsstand der Kinder hätten orientieren können.

Diese Möglichkeit zur Anpassung der Förderung an den Entwicklungsstand der Kinder schätzten die Erzieherinnen als relativ hoch ein. Allerdings wird diese zu Beginn der Förderung als höher eingeschätzt als nach Abschluss der Förderung, d. h., die Einschätzungen der Erzieherinnen zu dieser Frage sind zu Beginn der Förderung optimistischer als danach. Dies deutet darauf hin, dass den Erzieherinnen zwar bewusst ist, dass die Förderung am Entwicklungsstand der Kinder ansetzen sollte und dass ihnen dies auch ein Anliegen ist.

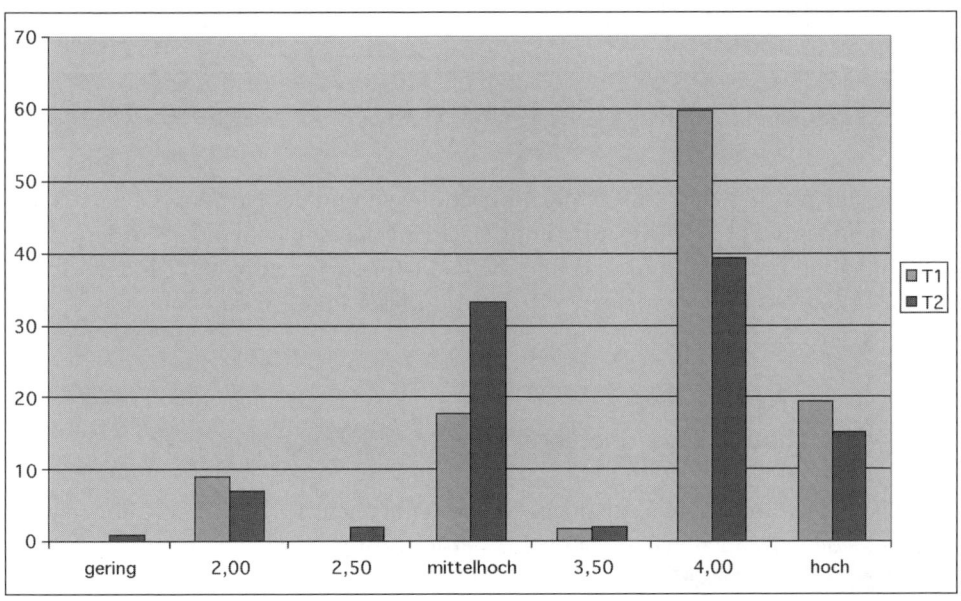

Abb. 22: Einschätzung der Möglichkeit seitens der Sprachförderkräfte, die Förderung am Entwicklungsstand der Kinder zu orientieren, zu Beginn und am Ende des Förderjahres

Zur Frage, wie nützlich die erfolgte Sprachstandserhebung für die Auswahl der Kinder zur Sprachförderung eingeschätzt wird, sind etwa 30 Prozent der Erzieherinnen der Ansicht, dieser Nutzen wäre gering bis mittelhoch, wohingegen 70 Prozent der Meinung sind, der Nutzen wäre eher hoch bis sehr hoch (Abb. 23).

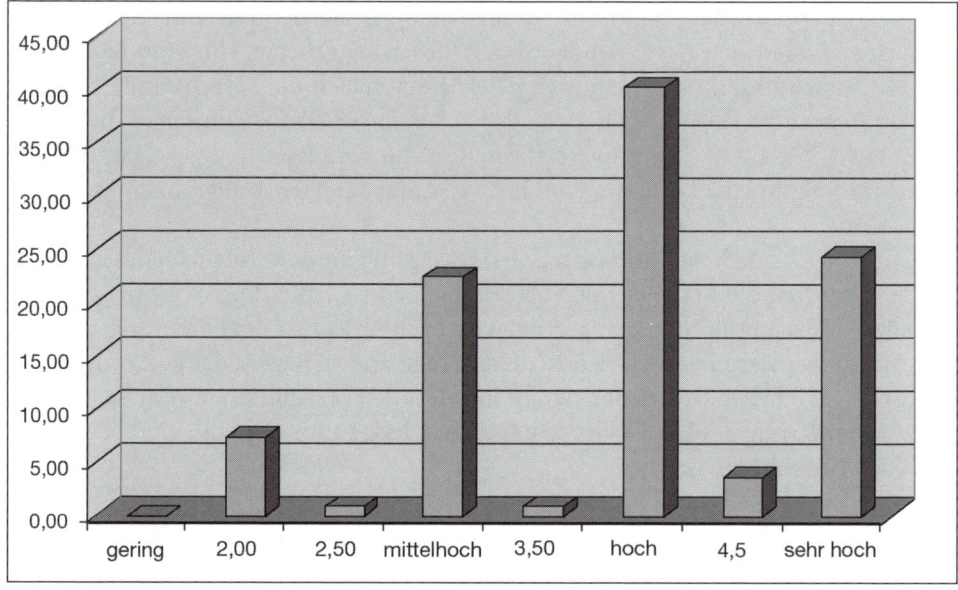

Abb. 23: Einschätzung der Erzieherinnen zum Nutzen der Sprachstandserhebung (Prozent)

Erzieherinnen sind sich demnach der Notwendigkeit und des Nutzens diagnostischer Informationen wohl bewusst. Allerdings erscheint die Anpassung der Förderung an den konkreten Entwicklungsstand und die Bedürfnisse der einzelnen Kinder schwieriger als erwartet. Daher möchten wir uns mit dieser Frage in den kommenden Abschnitten auseinandersetzen.

2.3 Diagnostische Bereiche: Was soll diagnostiziert werden?

Im Allgemeinen werden vier unterschiedliche Teilbereiche sprachlicher Kompetenzen unterschieden, die auch in der Diagnostik berücksichtigt werden müssen.

- Phonologische Ebene
- Lexikalische Ebene
- Syntaktisch-morphologische Ebene
- Pragmatische oder kommunikative Ebene

Schließlich sind aber auch die metasprachlichen Fähigkeiten der Kinder, ihre Fähigkeit, über Sprache zu reflektieren und sie reflexiv einzusetzen, von Bedeutung.

Sprachliche Fähigkeiten von Kindern entwickeln sich in diesen vier Ebenen, allerdings geschieht dies nicht im Gleichschritt. Manche Bereiche entwickeln sich früher, in manchen geschieht die wesentliche Entwicklung erst später. Zudem ist immer auch die Interaktion zwischen diesen Bereichen zu beachten. Ein Mangel an expressivem Wortschatz kann beispielsweise auch die Fähigkeit zur Gesprächsführung und Kommunikation beeinträchtigen; oder mangelnde pragmatische Fähigkeiten können dazu führen, dass ein Gespräch hölzern und stockend verläuft, selbst wenn der Wortschatz und weitere sprachliche Bereiche intakt entwickelt sind.

Im Folgenden soll die Entwicklung in diesen sprachlichen Bereichen kurz skizziert werden, um deutlich zu machen, welche Schritte von Kindern zu welchem Zeitpunkt gemeistert werden und welche Aspekte als Indikatoren für Schwierigkeiten zu bewerten sind.

2.3.1 Phonologische Ebene

Die phonologischen Fähigkeiten beginnen sich bei Kindern schon relativ früh zu entwickeln, fast ab der Geburt, noch bevor sich die Sprache entwickelt. Phonologische Ungenauigkeiten sind bei Kindern relativ auffällig und daher leicht erkennbar. Schwierigkeiten in der Artikulation gehören daher zu den am häufigsten therapierten sprachlichen Problemen. Allerdings wäre dies eine sehr oberflächliche Sicht von Sprachentwicklungsproblemen, deren Natur wesentlich tiefer geht. Viele Kinder mit Artikulationsschwierigkeiten haben eine ganz unauffällige Sprachentwicklung, während viele Kinder mit größeren Schwierigkeiten in den anderen sprachlichen Fähigkeiten eine korrekte Artikulation aufweisen. Artikulationsprobleme dürfen daher nicht mit Schwierigkeiten der sprachlichen Fähigkeiten verwechselt oder gar als Indikator für Sprachentwicklungsstörungen missverstanden werden.

Die Phonologie von Kindern entwickelt sich weitgehend schichtunabhängig, im Gegensatz etwa zu Wortschatz und Morphologie, ist aber andererseits abhängig von der Hörfähigkeit der Kinder. Kinder mit häufigen Mittelohrentzündungen, die während dieser Zeit weniger gut hören, weisen daher oft Ungenauigkeiten in der phonologischen Diskriminierung und der Artikulation auf, ebenso wie gehörlose Kinder. Dieser Zusammenhang wird folgendermaßen erklärt: Es wird angenommen, dass Kinder die eigene Lautproduktion benötigen, um ihre phonologischen Fähigkeiten weiterentwickeln zu können, da die Übereinstimmung zwischen den gehörten und selbst produzierten Lauten die Entwicklung der Lautdiskriminierung fördert (Hoff 2008).

Mit etwa sechs Monaten verlieren Kinder für Vokale, mit zehn bis zwölf Monaten für Konsonanten ihre ursprüngliche Fähigkeit, Laute aus sehr unterschiedlichen Sprachen zu diskriminieren, und konzentrieren sich ab dem Zeitpunkt auf das Lautsystem ihrer eigenen Muttersprache, das sie dann mit großer Perfektion beherrschen lernen.

2.3.2 Lexikalische Ebene

Sprachverständnis und Sprachproduktion entwickeln sich nicht in einem parallelen Tempo, sondern das eine geht dem anderen voraus.

Mit etwa fünf Monaten beginnen Kinder meist, auf ihren eigenen Namen zu reagieren, d.h., sie können diesen verstehen und von anderen Worten unterscheiden. Damit wäre dies der Zeitpunkt, an dem sie ihr erstes Wort verstehen. Mit acht Monaten können Kinder schon eine Reihe von verschiedenen Sätzen verstehen, z. B.: »Komm her!«, – »Hör auf!«. Mit elf Monaten ist ihr Sprachverständnis auf einen Umfang zwischen elf und 150 Wörter gestiegen (Fenson et al. 1994), wohingegen sie zwischen zehn und 15 Monaten ihr erstes eigenes Wort produzieren.

Ab dem Zeitpunkt, an dem Kinder etwa 50 Wörtern beherrschen, tritt eine sogenannte Explosion des Wortschatzes ein: Der Wortschatz entwickelt sich sehr rasch weiter. Allerdings bestehen zwischen Kindern große Unterschiede darin, wie rasch diese Zunahme an Kenntnis von Wörtern erfolgt. Selbst wenn man sich nur auf durchschnittliche Kinder konzentriert, schwankt der produktive Wortschatz bei Kindern, die zwölf Monate alt sind, zwischen null und 160 Wörtern und bei 24 Monate alten Kindern zwischen 50 und 550 Wörtern. Auch die Art des Wortschatzes der Kinder unterscheidet sich stark von dem der Erwachsenen, da Kinder vorwiegend konkrete Substantive benutzen, hingegen wenige Verben. Mit sechs Jahren beherrschen Kinder einen produktiven Wortschatz von 14 000 Wörtern (Hoff 2008). Eltern erleichtern den Kindern den Wortschatzerwerb, indem sie bestimmte Wörter in besonderer Weise hervorheben und sie wiederholen, also eine besondere kindzentrierte Sprache verwenden.

Je mehr mit Kindern gesprochen wird und je reichhaltiger die sprachliche Umgebung ist, der sie ausgesetzt sind, desto umfangreicher ist ihr Wortschatz. Hierbei sind schichtspezifische Unterschiede festzustellen. Neben der Reichhaltigkeit der Sprache ist es vor allem bei Kindern unter 18 Monaten wichtig, dass es gelingt, mit diesen einen gemeinsamen Aufmerksamkeitsfokus herzustellen (Tomasello/Todd 1983).

Bei älteren Kindern ist der Informationsgehalt des Kontextes von Bedeutung, in dem ihnen die Wörter angeboten werden. Komplexere Informationen erleichtern ihnen den Erwerb von Wörtern. Zudem ist die Passung zwischen der Erwachsenensprache und jener des Kindes wichtig, da die Komplexität der Erwachsenensprache ein Vorbild für die Kinder ist. Sie muss jedoch zu der Entwicklungsstufe passen, auf der sich das Kind gerade befindet.

2.3.3 Syntaktisch-morphologische Ebene

Im Allgemeinen beginnen die Kinder mit eineinhalb bis zwei Jahren, einzelne Wörter miteinander zu kombinieren. Allerdings setzen sie die einzelnen Wörter noch nicht in einen Satzzusammenhang, sondern sie werden einfach wie Perlen auf einer Schnur aneinandergereiht. Da die Wörter unverbunden hintereinandergesetzt werden und keine morphologische und syntaktische Struktur aufweisen, wird diese Art der Sprache auch »Telegrammstil« genannt. Zwischen zwei und vier Jahren entwickelt sich langsam die grammatikalische Morphologie. Mit etwa drei Jahren sprechen Kinder ganze Sätze und beherrschen bereits unterschiedliche Satztypen, wie Negationen und Fragesätze; mit vier Jahren sprechen Kinder komplexe Sätze.

Auch hier divergiert die Entwicklung der Kinder in beträchtlichem Ausmaß. Manche Kinder sprechen Mehrwortsätze bereits mit 18 Monaten, andere hingegen erst mit zwei Jahren.

Die syntaktische Entwicklung wird in hohem Ausmaß durch die Interaktion mit sprachgewandten Erwachsenen unterstützt und gefördert. Erwachsene wiederholen und expandieren im Gespräch mit Kindern deren Äußerungen, z. B. wenn ein Kind meint: »Puppe Lisa« – »Ja, das ist deine Puppe. Sie heißt Lisa. Willst du sie mal holen?« Dazu kommt eine übertriebene Intonation mit einer übermäßigen Akzentuierung und Betonung der Satzstruktur. Dabei werden manche Wörter, wie Substantive, stärker betont als etwa Artikel oder Funktionswörter. Es wird angenommen, dass Kinder diese zusätzliche Information durch die Intonation nutzen, um Satzstrukturen zu erkennen und zu verstehen (Hoff 2008).

Auch für die Entwicklung der Grammatik ist der sprachliche Input von Bedeutung, insbesondere die Art, wie Eltern bestimmte sprachliche Strukturen wiederholen und wie sie Äußerungen des Kindes aufgreifen, expandieren oder leicht verändern und damit charakteristische Merkmale unterstreichen.

Bei Fünf- bis Sechsjährigen hat beispielsweise die syntaktische Komplexität der Sprache der Erwachsenen, die sich mit den Kindern unterhalten, einen positiven Einfluss (Huttenlocher et al. 2002). Allerdings darf diese Komplexität nicht unabhängig vom sprachlichen Niveau der Kinder sein. Bestimmte grammatikalische Besonderheiten in der Sprache, die die Kinder hören, haben nur dann eine Auswirkung auf deren sprachliche Entwicklung, wenn die Kinder gerade bei einem bestimmten Lernschritt sind und die Erwachsenensprache ihnen hier Unterstützung gibt. Beispielsweise konnten Huttenlocher et al. (2002) nachweisen, dass Erwachsene bei Kindern, die gerade begonnen haben, Hilfsverben zu benutzen, diese besonders häufig und in unterschiedlichen Kontexten verwenden, also den Kindern immer wieder Modelle in verschiedenen Variationen präsentieren. Gerade dieses Charakteristikum der Passung zwischen einer Entwicklungsstufe, die die Kinder gerade meistern, und dem besonders akzentuierten Beispiel, das die Erwachsenen anbieten, führt dazu, dass die morphosyntaktische Entwicklung der Kinder rasch voranschreitet.

2.3.4 Pragmatische Ebene

Kommunikative Intentionen sind die Voraussetzung für den Gebrauch von Sprache. Erst ab dem Zeitpunkt, ab dem Babys einem Erwachsenen etwas mitteilen wollen, beginnen sie, ihre sprachlichen Fähigkeiten zu nutzen und auszubauen. Diese Intentionen sind nicht von Geburt an vorhanden. Dem Schreien eines Neugeborenen liegt nicht die bewusste Absicht zugrunde, die Mutter herbeizurufen. Eine solche Absicht entwickelt sich erst mit der Zeit und kann bei Babys etwa ab dem Alter von neun bis zehn Monaten beobachtet werden.

Eine kommunikative Handlung setzt die Fähigkeit zur sekundären Intersubjektivität voraus, d. h. die Fähigkeit, Erfahrungen mit einem anderen zu teilen. Dem geht ein Bewusstsein dafür voraus, dass andere Menschen einem selbst ähnlich sind und dass sie ebenfalls Ziele und Intentionen verfolgen bei ihren Aktivitäten. Etwa mit zwölf Monaten zeigen Kinder in bestimmten experimentellen Situationen, dass sie davon ausgehen, dass andere Menschen ihnen ähnlich sind und wie sie selbst Ziele verfolgen. Zudem sind sie dazu fähig, die Ziele und Intentionen anderer zu verstehen (Meltzoff 2005). Dies beschränkt sich zwar auf sehr konkrete Aktionen, stellt aber eine immense kognitive Leistung dar.

Wenn ein Baby mit etwa zwölf Monaten ein Spielzeug möchte, das außerhalb seiner Reichweite liegt, sieht es den Erwachsenen konzentriert an, streckt seine Händchen aus und gibt einen Laut von sich, den man als »gib her« interpretieren kann. Damit zeigt das Baby, dass es den Erwachsenen einsetzt, um etwas zu erreichen, und davon ausgeht, dass dieser wiederum seine Absicht versteht. Gerade diese Fähigkeit, den Blickkontakt zu nutzen, eine gemeinsame Aufmerksamkeit für einen Gegenstand herzustellen, um Erwachsene dazu zu bringen, etwas zu tun, oder um Erwachsene auf etwas aufmerksam zu machen, gilt als Hauptmerkmal früher kommunikativer Fähigkeiten.

Wenn Kinder mit zehn bis fünfzehn Monaten lernen, gemeinsam mit anderen eine geteilte Aufmerksamkeit herzustellen, so stellt dies einen wichtigen Meilenstein in ihrer kommunikativen Entwicklung dar, da sie ab diesem Zeitpunkt zielgerichtet kommunizieren und Sprache für ihre Zwecke einsetzen können. Nachdem Kinder diesen Schritt gemeistert haben, erweitern sie – etwa ab zwölf Monaten – ihr Spektrum kommunikativer Ziele und versuchen auf verschiedene Art und Weise, ihre kommunikativen Intentionen zu verwirklichen. Im Alter von vierzehn Monaten benutzen Babys Sprache bereits, um vier verschiedene kommunikative Absichten zu realisieren: um die Aufmerksamkeit eines Erwachsenen auf irgendetwas zu lenken, eigene Aktivitäten zu erklären, um über ein gemeinsames Thema zu diskutieren oder ein bestimmtes Ereignis zu bewerten, z. B.: »Tut mir leid!« oder: »Danke!«.

Ab etwa einem Alter von achtzehn Monaten entwickeln Kinder die Fähigkeit zur Konversation, und mit 32 Monaten können sie Sprache für zwölf unterschiedliche kommunikative Funktionen einsetzen (Hoff 2008). Sie vermögen beispielsweise, über die Gefühle und Gedanken eines Gesprächspartners zu diskutieren, und sie sprechen über Dinge und Ereignisse, die außerhalb des konkreten Handlungskontextes liegen, etwa Menschen, die nicht anwesend sind. Mit 36 Monaten entwickeln Kinder bereits komplexe Erzählfertigkeiten.

Die Rolle der Erwachsenen im Gespräch mit den Kindern verändert sich deutlich in den ersten Lebensjahren und in der Vorschulzeit. Während zu Beginn die Erwachsenen diejenigen sind, die ein Gespräch initiieren, mit Fragen weiterführen und strukturieren, werden die Beiträge der Kinder mit dem Alter umfangreicher und komplexer. Die Rolle der Erwachsenen verliert an Dominanz, bis schließlich die Erzählungen weitgehend von den Kindern gesteuert werden, diese sich ein für sie interessantes Thema aussuchen und darüber in einen Dialog mit den Erwachsenen eintreten. Dabei erhöht sich nicht nur die Häufigkeit, mit der Kinder auf frühere Ereignisse zurückgreifen; die Erzählungen werden länger, die strukturelle Komplexität der Geschichten, die die Kinder erzählen, erhöht sich, die zeitliche Distanz zu den Ereignissen, über die die Kinder sprechen, wird länger. Der Gebrauch erzählerischer Hilfsmittel erweitert sich, die Orientierung in Raum und Zeit wird klarer, und schließlich werden Ereignisse auch bewertet und eingeschätzt.

Auch hier hat die Responsivität der Eltern einen entscheidenden Einfluss auf die sprachliche Entwicklung der Kinder. Eltern mit einer höheren Responsivität, d. h. der Fähigkeit, auf sprachliche Äußerungen des Kindes adäquat einzugehen, sie aufzunehmen und Anregungen für eine Weiterführung zu geben, haben sprachlich weiterentwickelte Kinder. Diskursfähigkeiten und Konversationsfertigkeiten profitieren von dem Vorhandensein eines Modells. Kinder mit älteren Geschwistern etwa erlernen früher als gleichaltrige Erstgeborene, sich in ein Gespräch zwischen ihrem Geschwister und ihrer Mutter »einzuklinken«. Kinder, deren Eltern ihren zweijährigen Kindern elaborierende und unterstützende Fragen stellen, erwerben früher Erzählfertigkeiten als Kinder, deren Eltern dies nicht tut. Dies betrifft auch die Struktur und Komplexität der Erzählungen der Kinder.

2.4 Auf welche Weise soll diagnostiziert werden? Wie sieht das diagnostische Vorgehen aus?

2.4.1 Diagnostische Verfahren

Nachdem wir uns im letzten Abschnitt mit der Frage des Gegenstandsbereichs der Diagnostik auseinandergesetzt und die verschiedenen Inhaltsbereiche dargestellt haben, soll im folgenden Abschnitt die Art und Weise der Diagnostik im Mittelpunkt stehen, die Frage, wie ein sinnvolles diagnostisches Vorgehen aussieht.

Im Wesentlichen werden im Rahmen der Elementarpädagogik drei verschiedene diagnostische Verfahren unterschieden:
- Beobachtungs- und Dokumentationsverfahren
- Fragebogen und Einschätzskalen
- Testverfahren

Beobachtungs- und Dokumentationsverfahren stellen meist informelle Verfahren dar, die in unterschiedlichen Situationen angewendet werden können. Sie sind flexibel einsetzbar und können je nach Bedürfnis und Situation angepasst werden. Sie ermöglichen eine valide Beobachtung der sprachlichen Fähigkeiten eines Kindes in einem konkreten Kontext. Allerdings ist ihre Objektivität fraglich und die gewonnenen Ergebnisse bei verschiedenen Kindern sind nicht unbedingt miteinander vergleichbar.

Fragebogen und Einschätzskalen erlauben es, Informationen über sprachliche Äußerungen und Verhalten, die über einen längeren Zeitraum und in verschiedenen Situationen gewonnen wurden, in strukturierter Form zu sammeln. Dadurch sind die Fähigkeiten verschiedener Kinder leichter vergleichbar, allerdings ist auch hier die Objektivität des Untersuchers nicht vorausgesetzt, die Ergebnisse können daher einer Reihe an Fehlern unterliegen, weil sie von der subjektiven Einschätzung der jeweiligen Erzieherin abhängen.

Testverfahren stellen sicherlich die objektivste Form dar, die sprachlichen Fähigkeiten eines Kindes zu beurteilen. Allerdings werden die Kinder in einer standardisierten Situation befragt, die wenig flexibel ist. Es muss davon ausgegangen werden, dass sich das Kind in der Testsituation so verhält, wie es sonst im Kindergarten der Fall ist. Daher besteht hier die Frage, ob die gewonnenen Ergebnisse auch valide sind.

Da jedes diagnostische Verfahren Vor- und Nachteile aufweist, erachten wir es als notwendig, die sprachlichen Fähigkeiten von Kindern sowohl in standardisierten als auch in spontanen Situationen zu beobachten. Während durch unterschiedliche Testverfahren vorwiegend elizitierte (hervorgerufene) sprachliche Äußerungen erfasst werden, können spontane sprachliche Äußerungen in Alltagssituationen beobachtet und dokumentiert werden. Wichtig ist, dass dabei sowohl die rezeptiven als auch die produktiven sprachlichen Leistungen beachtet werden. Demnach hat sowohl die standardisierte Vorgabe als auch die situative Beobachtung einen wichtigen Stellenwert im diagnostischen Prozess.

Erzieherinnen sehen sich in Bezug auf die Sprachstandsdiagnostik von Kindern mit dem Dilemma konfrontiert, dass es auf der einen Seite standardisierte und normierte Testverfahren gibt, die klar definierten testtheoretischen Gütekriterien entsprechen, deren Ergebnisse ihnen jedoch nicht unbedingt Aufschluss darüber geben, wie sie die Förderung konzipieren können. Auf der anderen Seite gibt es eine Reihe an informellen Verfahren zur Sprachstandserhebung, aus denen sich zwar direkt Anleitungen für die Förderung ergeben können, deren Objektivität, Reliabilität und Validität jedoch wenig geklärt ist. In diesem Dilemma entscheiden sich Erzieherinnen häufig für nicht normierte Verfahren. Von diesen erhoffen sie sich zumindest konkrete Ideen dazu, welche Bereiche besonders geübt werden sollen und wie sie mit einem einzelnen Kind vorgehen können.

Dabei ist allerdings zu bedenken, dass die Gütekriterien von Tests, deren wichtigste die Objektivität, die Reliabilität und die Validität sind (siehe Kasten), zu einer zuverlässigen, objektiven und gültigen Einschätzung beitragen sollen, die mit anderen Verfahren nicht erreicht werden kann.

Hauptgütekriterien von Tests

- **Objektivität:** die Unabhängigkeit der Ergebnisse von der konkreten Person, die die Untersuchung durchführt; mehrere Personen müssen bei der Vorgabe eines Tests zum gleichen Ergebnis kommen.
- **Reliabilität**: die Zuverlässigkeit, d. h. die Genauigkeit der Messung; ob ein Test am Morgen durchgeführt wird oder am Mittag, ob die Kinder müde sind oder ausgeruht; eine zuverlässige Messung sollte immer dasselbe Ergebnis erbringen.

> - **Validität:** die Gültigkeit, d. h., wieweit ein Test tatsächlich das Merkmal misst, das er zu messen vorgibt. Ein Sprachtest muss auch wirklich Sprache messen und darf nicht etwa phonologische Bewusstheit oder Aufmerksamkeit erfassen.

Insbesondere die Einordnung der sprachlichen Fähigkeiten von Kindern im Vergleich zu einer repräsentativen Bezugsgruppe ist hilfreich, um zu beurteilen, ob eine besondere Förderung überhaupt nötig ist. Eine solche Einordnung ermöglicht die Testnormierung.

Seitens der Erzieherinnen bestehen häufig Bedenken, da sie sich als nicht ausreichend qualifiziert einschätzen, um Testverfahren in der richtigen Weise vorgeben und interpretieren zu können. Hier besteht weiterhin dringender Fortbildungsbedarf sowohl für die Vorgabe, die Auswertung als auch die Interpretation von Testergebnissen. Zudem erscheint möglicherweise ein Verfahren fragwürdig, das keine konkrete Anleitung gibt, wie das weitere Vorgehen aussehen kann. Allerdings kann dies nicht die Zielsetzung eines Tests sein. Ein Förderkonzept folgt niemals direkt aus einem Testergebnis, sondern muss erst induktiv unter Berücksichtigung einer zugrunde liegenden Theorie über den Entwicklungsprozess einer ganz bestimmten Fähigkeit erschlossen werden.

Die Wahl eines bestimmten diagnostischen Verfahrens ergibt sich also aus der Zielsetzung der Diagnostik. Nur wenn diese ein klares Ziel verfolgt, ist es möglich, das Verfahren zu bestimmen, mit dessen Hilfe dieses Ziel am ehesten erreicht werden kann. Manchmal wird es nötig sein, zusätzlich zu einem Test ergänzende Verfahren einzusetzen, um Informationen über weitere Aspekte der sprachlichen Fähigkeiten oder des kommunikativen Verhaltens eines Kindes zu erhalten.

2.4.2 Voraussetzungen für die Testvorgabe

Die Vorgabe diagnostischer Verfahren, beispielsweise bestimmter Tests, erfordert eine bestimmte Qualifikation. Da wir Diagnostik als Teil professionellen frühpädagogischen Handelns begreifen, erachten wir es als unbedingt notwendig, den Erziehrinnen die erforderliche Qualifikation sowie jene Instrumente an die Hand zu geben, die ihnen für eine professionelle Arbeit die besten Informationen zur Verfügung stellen. Es wäre unverantwortlich, denjenigen Personen, die diese am meisten benötigen und die im Rahmen ihrer professionellen Aufgabe darauf angewiesen sind, eben diese Informationen vorzuenthalten. Damit würde man eine qualifizierte Diagnostik verhindern und auch eine Förderung, die an deren wissenschaftlichen Standards orientiert ist. Allerdings muss sichergestellt werden, dass die Erzieherinnen ausreichend qualifiziert sind, mit den Verfahren angemessen umzugehen. Die Qualität eines diagnostischen Verfahrens hängt von der Professionalität der Vorgabe, Auswertung und Interpretation ab. Daher müssen die Erzieherinnen auch über die entsprechende Qualifikation und *diagnostische Kompetenz* verfügen.

Um diagnostische Kompetenz zu präzisieren, greift Fried (2004) auf die von der

NAEYC (National Association for the Education of Young Children) (NAEYC Governing Board 2009) formulierten Standards zurück, die die Voraussetzung für professionelles Handeln der Erzieherinnen darstellen.

Diagnostische Kompetenz bedeutet demnach vor allem, dass die Erzieherinnen

- die Ziele der einzelnen Verfahren kennen, einschätzen können, worin deren Vorteile liegen, wozu sie nützlich sind und sie auch anwenden können;
- Bewertungen und Einschätzungen als partnerschaftlichen Prozess mit den Familien und professionellen Kollegen sehen;
- unterschiedliche diagnostische Verfahren wie Beobachtung, Dokumentation und andere geeignete diagnostische Werkzeuge und Zugangsweisen kennen und deren Anwendung beherrschen;
- Diagnostik verantwortungsbewusst verstehen und einsetzen; wissen, welches Verfahren am besten geeignet ist zu erfassen, wie für jedes Kind positive Ergebnisse erzielt werden können.

Des Weiteren müssen Erzieherinnen über *Kooperationskompetenz* verfügen, d. h. die Ergebnisse von diagnostischen Verfahren in der Zusammenarbeit mit anderen (Eltern, Teamkolleginnen, Fachberaterinnen, etc.) reflektieren können, und schließlich über *Förder-/Präventionskompetenz* verfügen, was bedeutet, dass sie jene diagnostischen Verfahren anwenden, die sie brauchen, um pädagogische Maßnahmen in Gang zu setzen, das Vorgehen zu evaluieren und wenn notwendig zu verändern.

Dabei ist die Qualität der Verfahren ein wichtiger Aspekt. Diagnostische Verfahren müssen messtheoretischen Qualitätskriterien genügen und für frühpädagogische Zwecke geeignet sein (Fried 2004). Zu den messtheoretischen Qualitätskriterien gehört zum einen die theoretische Fundierung des Verfahrens, verbunden mit klaren Anweisungen und Kriterien, welche Schlussfolgerungen aus den Ergebnissen gezogen werden dürfen und mit welcher Zuverlässigkeit. Hinzu kommen Angaben, wer unter welchen Voraussetzungen ein bestimmtes Verfahren durchführen kann, d. h. welche Qualifikation seitens der Erzieherinnen nötig ist, sowie ob und in welcher Weise eine eigene Schulung für die Vorgabe eines bestimmten Testverfahrens erforderlich ist. Weitere Kriterien stellen der notwendige Zeitaufwand und die Ökonomie dar. Dazu gehört neben den Kosten des Verfahrens auch die Frage, ob der Nutzen den Aufwand rechtfertigt und ob die durch ein Verfahren gewonnenen Informationen den Aufwand sinnvoll erscheinen lassen. In dem folgenden Abschnitt soll versucht werden, für diese Fragen begründete Lösungsvorschläge zu erarbeiten. Dazu ist es einerseits nötig, den Unterschied zwischen normierten Testverfahren und informellen Verfahren aufzuzeigen, und andererseits anhand verschiedener Problemstellungen verständlich zu machen, was das eine oder andere Verfahren zu leisten vermag. In diesem Zusammenhang soll auch diskutiert werden, wieweit ein normiertes Testverfahren hilfreich sein kann, sowie auf welche Weise hingegen andere diagnostische Verfahren dazu beitragen, ein Konzept für die Förderung zu entwickeln.

2.5 Überblick über aktuelle Sprachstandserhebungsverfahren

Im Folgenden werden einige aktuelle Sprachstandserhebungsverfahren vorgestellt. Das Ziel der Übersicht besteht darin, theoretisch fundierte und hilfreiche Strachstandserhebungsverfahren zu diskutieren und kritisch zu beleuchten. Daher wird kein vollständiger Überblick gegeben, sondern es werden einzelne Verfahren ausgewählt. Ein umfassender Überblick findet sich u. a. bei Kany und Schöler (2007), bei Roos/Schöler (2007), Fried (2004), in der Expertise von Ehlich et al. (2005), aber auch bei Jampert et al. (2007). Für weiterführende Informationen seien die Leser auf diese Arbeiten verwiesen.

Zudem werden wir uns auf Verfahren zur Diagnostik der Sprachentwicklung beschränken. Verfahren zur Diagnostik der phonologischen Bewusstheit oder anderer Vorläuferfertigkeiten des Schriftspracherwerbs (Bielefelder Screening, Rundgang durch Hörhausen etc.) und Testverfahren, die nur phonologische Aspekte, d. h. den Teilbereich der Lautbildung erfassen und damit nur einen einzelnen Aspekt der sprachlichen Fähigkeiten von Kindern prüfen, werden nicht berücksichtigt, da deren Ziel nicht darin besteht, die Sprachkompetenz von Kindern umfassend zu beleuchten.

Des Weiteren konzentrieren wir uns auf die Altersgruppe der Kindergarten- und Vorschulkinder, d. h. Kinder von drei bis sechs Jahren; eventuell werden vereinzelt noch Verfahren für jüngere Kinder einbezogen.

Wir beginnen mit den standardisierten Verfahren (2.5.10–2.5.13) und werden in einem zweiten Schritt auf nicht standardisierte Verfahren (2.5.1–2.5.9) eingehen.

2.5.1 *SETK 3–5 Sprachentwicklungstest für drei- bis fünfjährige Kinder (Grimm/Aktas/Frevert 2001)*

Eines der diagnostischen Verfahren, die derzeit am gebräuchlichsten sind, stellt der SETK 3–5 dar. Dieser Test ist für Kinder von 3;0 bis 5;11 Jahren normiert und prüft mithilfe von vier (bei jüngeren) bzw. fünf Untertests (bei älteren Kindern) sowohl rezeptive als auch produktive Sprachfähigkeiten, aber auch das phonologische Arbeitsgedächtnis durch das Nachsprechen von Kunstwörtern.

Die Reliabilität des Verfahrens ist je nach Untertest als mittel bis hoch einzuschätzen, der Test ist in Halbjahresabständen normiert. Die Dauer der Durchführung beträgt 20 bis 30 Minuten.

2.5.2 *SETK-2 Sprachentwicklungstest für zweijährige Kinder (Grimm/Aktas/Frevert 2000)*

Auch dieses Verfahren testet, ähnlich wie der SETK 3–5, mithilfe von vier Untertests die rezeptive und produktive Sprachfähigkeit von zweijährigen Kindern.

Die Reliabilität der Subskalen ist unterschiedlich zufriedenstellend, manche sind weniger gut, andere sehr gut. Über die prognostische Validität liegen bisher keine Befunde vor. Der Test ist in Halbjahresschritten an ca. 300 Kindern normiert. Die Durchführung dauert höchstens 25 Minuten. Das Besondere an diesem Test ist, dass es das einzige Testverfahren für diese Altersgruppe ist.

2.5.3 SSV Sprachscreening für das Vorschulalter (Grimm/Aktas/Kießig 2003)

Der SSV stellt die Kurzform des SETK 3–5 dar. Je nach Altersgruppe wurden dafür zwei Untertests des SETK ausgewählt. Für dreijährige Kinder der Untertest »Phonologisches Arbeitsgedächtnis für Nichtwörter« sowie »Morphologische Regelbildung«, für vier- bis fünfjährige Kinder ebenfalls der Untertest »Phonologisches Gedächtnis für Nichtwörter« sowie das »Satzgedächtnis«.

Das Ziel dieses Verfahrens besteht eher in der Identifikation von Risikokindern.

Es wird eine relativ hohe Korrelation mit dem Gesamttest SETK 3–5 berichtet. Dies bedeutet, dass die beiden Tests sehr ähnliche Fähigkeiten messen und dass dieses Verfahren eine ziemlich hohe Gültigkeit (Validität) besitzt. Allerdings ist die Zuverlässigkeit des Untertests PGN (phonologisches Gedächtnis für Nichtwörter) nicht besonders hoch, hingegen ist die Reliabilität des Satzgedächtnisses als gut einzuschätzen. Insgesamt eignet sich das Verfahren lediglich als grobe Einschätzung des Entwicklungsstands eines Kindes, nicht jedoch für eine differenzierte individuelle Diagnostik.

Die Durchführung dauert etwa zehn Minuten, das Verfahren ist somit sehr zeitökonomisch.

2.5.4 HASE – Heidelberger Auditives Screening in der Einschulungsdiagnostik (Brunner/Schöler 2001)

Mit HASE wurde ein weiteres Screening vorgestellt, das mithilfe von vier Untertests (Nachsprechen von Sätzen, Wiedergeben von Zahlenfolgen, Nachsprechen von Kunstwörtern und Erkennen von Wortfamilien) Kinder mit einem Risiko für Sprachentwicklungsstörungen identifizieren will.

Neben der halbjährlichen Normierung der Altersgruppe an Kindern zwischen fünf bis sechs Jahren werden auch Risikowerte angegeben. Diese sollen die Entscheidung ermöglichen, ob bei einem Kind ein Risiko für eine spezifische Sprachentwicklungsstörung vorhanden ist oder nicht.

Die Reliabilitäten der Untertests können als zufriedenstellend bis gut bezeichnet werden. Auch dieses Verfahren ist mit einer Durchführungszeit von zehn Minuten sehr zeitökonomisch.

2.5.5 KISTE – Kindersprachtest für das Vorschulalter (Häuser/Kasielke/ Scheidereiter 1994)

Der Kindersprachtest für das Vorschulalter ist ein Einzeltest, der die sprachlichen Fähigkeiten in grammatischen, semantischen und kommunikativen Sprachbereichen prüft. Die fünf Untertests (TEDDY-Test, Erkennen semantischer und grammatikalischer Inkonsistenzen, Aktiver Wortschatz, Semantisch-syntaktischer Test und Satzbildungsfähigkeit) werden jeweils für unterschiedliche Altersabschnitte eingesetzt. Für die Interpretation der Ergebnisse werden folgende Skalen verwendet: Sprechfreudigkeit, kommunikative, sprachstrukturelle und sprachliche Kompetenz, Semantik und Grammatik sowie Erkennen semantischer und grammatischer Inkonsistenzen.

Der Test ist für Kinder von 3;3 bis 6;11 Jahre normiert, die in vier Altersgruppen eingeteilt werden. Die Reliabilität der einzelnen Untertests ist gut bis sehr gut. Die Durchführung dauert relativ lang, zwischen 35 und 50 Minuten. Die professionelle Vorgabe, Auswertung und Interpretation des Tests erfordert eine gründliche Einarbeitung, allerdings ergibt der Test ein umfassendes Bild der sprachlichen Kompetenzen.

2.5.6 MSVK – Marburger Sprachverständnistest für Kinder (Elben/Lohaus 2000)

Dieses neuere Verfahren erfasst das Sprachverständnis in den Bereichen Syntax, Semantik und Pragmatik mit jeweils zwei Untertests. Es liegen geschlechtsspezifische Normen für Kinder ab fünf Jahren bis zur ersten Klasse vor.

Die Reliabilität des Gesamttests ist gut, jene der einzelnen Untertests unterschiedlich von teils wenig zufriedenstellend bis gut. Die Durchführungszeit ist mit ca. 30 bis 45 Minuten relativ lang. Da der Test sich auf die Erfassung der rezeptiven Sprachkompetenzen beschränkt, sollte er mit einem Verfahren ergänzt werden, das den expressiven Wortschatz erfasst (s. u.).

2.5.7 AWST-R 3–5 Wortschatztest für drei- fünfjährige Kinder (Kiese-Himmel 2005)

Der AWST konzentriert sich auf die Erfassung des expressiven Wortschatzes von drei- bis fünfjährigen Kindern. Den Kindern werden Bilder vorgelegt, die sie benennen sollen.

Der Test ist in Halbjahresschritten von 3;0 (drei) bis 5;6 (fünfeinhalb) Jahren normiert, die Reliabilität ist gut, die Durchführungszeit beträgt 15 Minuten.

2.5.8 HSET – Heidelberger Sprachentwicklungstest (Grimm/Schöler 1991)

Der Heidelberger Sprachentwicklungstest (HSET) ist das aufwendigste und gründlichste Testverfahren sprachlicher Fähigkeiten, das im deutschen Sprachraum für diese Altersgruppe verfügbar ist. Der HSET prüft mithilfe von 13 Untertests morphologische, syntaktische, semantische und sogar teilweise pragmatische Kompetenzen. Normiert wurde das Verfahren bereits 1991 für Kinder vom dritten bis zum neunten Lebensjahr. Mithilfe des Tests soll es möglich sein, ein Profil der sprachlichen Fähigkeiten eines Kindes zu erstellen, anhand dessen einzelne Förderbereiche identifiziert werden können.

Die Zuverlässigkeit und Gültigkeit des Verfahrens sind als gut bis sehr gut einzuschätzen. Kritisch angemerkt werden muss, dass die Normierung mittlerweile fast

20 Jahre zurückliegt, entsprechend ist auch das Testmaterial nicht mehr unbedingt aktuell. Auch ist der HSET mit einer Durchführungszeit von 40 bis 80 Minuten ein sehr aufwendiges Verfahren, dessen Vorgabe eine gründliche Einarbeitung erfordert. Er ermöglicht aber eine differenzierte Beurteilung sprachlicher Kompetenzen und kann damit auch als Grundlage einer individuellen Förderplanung dienen.

2.5.9 LiSeDaz – Linguistische Sprachstandserhebung – Deutsch als Zweitsprache (Schulz/Tracy/Wenzel 2008)

Erwähnt werden soll schließlich noch ein Testverfahren, das insbesondere für Kinder mit Deutsch als Zweitsprache konstruiert wurde, das jedoch zum derzeitigen Zeitpunkt noch nicht normiert vorliegt.

Dieses Verfahren befindet sich noch in der Entwicklung. Es will Kinder zwischen drei und sieben Jahren mit Deutsch als Zweitsprache, die Sprachförderung brauchen, möglichst früh und exakt identifizieren. Geprüft wird die produktive und rezeptive Sprache mit Aufgaben zur Sprachproduktion und zum Sprachverständnis, zur Grammatik und Pragmatik. Aufgrund der Testergebnisse sollen konkrete Förderschwerpunkte identifiziert werden können. Das Verfahren ist standardisiert, die Normierung wird derzeit erarbeitet.

2.5.10 SISMIK – Sprachverhalten und Interesse an Sprache bei Migrantenkindern in Kindertageseinrichtungen (Ulich/Mayr 2003)

Bei SISMIK handelt es sich um einen Beobachtungsbogen für Kinder zwischen 3;6 und dem Schuleintritt, der insbesondere für mehrsprachige Kinder entwickelt wurde. Das sprachliche Verhalten eines Kindes wird in verschiedenen Situationen beobachtet. Vor allem geht es um die Einschätzung der sprachlichen Fähigkeiten in den Bereichen Wortschatz, Artikulation, Syntax und Grammatik. Zudem enthält der Bogen Fragen zum Umgang des Kindes mit der Familiensprache und zur sprachlichen Situation in der Familie. Darüber hinaus wird die Motivation des Kindes, die deutsche Sprache zu lernen, eingeschätzt.

Um den Beobachtungsbogen ausfüllen zu können, ist eine längerfristige Beobachtung eines Kindes nötig. Da das Verfahren nicht standardisiert ist, ist es weniger objektiv, allerdings kann es auf eine hohe Validität verweisen. Die Zielsetzung des Verfahrens ist breiter angelegt als jene der standardisierten Testverfahren. Mithilfe des Verfahrens soll nicht nur diagnostiziert werden, es will Erzieherinnen auch dabei unterstützen, Förderung zu planen, die Lernfortschritte der Kinder zu beobachten und diese in ihrem Lernprozess zu begleiten.

Für die Normierung wurden Kinder mit Migrationshintergrund (2011 Kinder) beobachtet. Anhand dieser Daten wurden Vergleichsnormen erarbeitet. Zur Objektivität und Reliabilität des Verfahrens werden keine Aussagen gemacht.

2.5.11 SELDAK – Sprachentwicklung und Literacy bei deutschsprachig aufwachsenden Kindern (Ulich/Mayr 2006)

SEDLAK ist ebenfalls ein Beobachtungsbogen für Kinder von etwa vier Jahren bis zum Schuleintritt, der ähnlich aufgebaut ist wie SISMIK. Im Gegensatz zu Sismik ist dieser Bogen für Kinder mit Deutsch als Erstsprache konzipiert. Die Autoren verweisen auf eine relativ hohe Zuverlässigkeit, wobei nicht ausgeführt wird, was damit genau gemeint ist. Auch hier handelt es sich um einen Beobachtungsbogen für Erzieherinnen, der diese dabei unterstützt, bestimmte sprachliche Bereiche systematisch und differenziert zu beobachten.

2.5.12 HAVAS 5 – Hamburger Verfahren zur Analyse des Sprachstandes bei Fünfjährigen (Reich/Roth 2003, Reich 2005)

Dieses Verfahren der Profilanalyse wurde für Kinder mit Deutsch als Zweitsprache entwickelt mit dem Ziel, sprachliche Fähigkeiten in Deutsch und in der Erstsprache (Türkisch, Portugiesisch, Russisch, Polnisch, Italienisch, Spanisch) zu erfassen. Das Verfahren soll auch sprachenübergreifende Fähigkeiten berücksichtigen und will Erzieherinnen dabei unterstützen, Entscheidungen über Förderung fundierter zu treffen.

Erfasst werden spontansprachliche Äußerungen eines Kindes, die durch einen Sprechimpuls hervorgerufen werden. Diese Äußerungen werden anhand von Indikatoren des Sprachstands in einem sehr aufwändigen Verfahren analysiert. Die verwendeten Kategorien sind teils sprachspezifisch (lexikalisch, morphosyntaktisch und phonologisch), andererseits will das Verfahren aber auch pragmatische Fähigkeiten erfassen, wie sie etwa bei der Bewältigung kommunikativer Aufgaben nötig sind. Während die Zeit für die Durchführung als sehr kurz angegeben wird (fünf bis zehn Minuten), setzt die Auswertung eine gründliche Einarbeitung voraus, ist sehr aufwändig und nimmt mehrere Stunden in Anspruch.

2.5.13 ELFRA (Elternfragebogen für die Früherkennung von Risikokindern, Grimm/Doil 2006)

Um die sprachlichen Fähigkeiten jüngerer Kinder zu erfassen, muss auf Elternfragebogen oder Beobachtungsbogen zurückgegriffen werden. Ein Beispiel dafür stellt der ELFRA (Elternfragebogen für die Früherkennung von Risikokindern, Grimm und Doil 2006) dar. Dies ist ein relativ zuverlässiges und sehr zeitökonomisches Screeningverfahren (zehn Minuten), das die Eltern von zwölf und 24 Monate alten Kindern nach den sprachlichen Fähigkeiten ihres Kindes befragt. Erfasst werden Sprachproduktion, Sprachverständnis, Feinmotorik und Gestik. Es liegen zwar keine Normen vor, aber kritische Werte für die einzelnen Entwicklungsskalen.

2.6 Prototypisches Vorgehen in einem diagnostischen Prozess: Interpretation des Testergebnisses und Förderplanung

Im Rahmen der Diskussion der diagnostischen Zielsetzungen von Test- und Beobachtungsverfahren wurde auch die Frage der Förderdiagnostik angesprochen: Wieweit ist es möglich, mithilfe eines diagnostischen Verfahrens Informationen zu erhalten, die eine individuelle Förderplanung ermöglichen und verbessern. Bei den Verfahren, die eine solche Entscheidung ermöglichen, besteht zudem die Anforderung an die Erzieherinnen, die Informationen aus den diagnostischen Verfahren zusammenfassen und interpretieren zu können. Ein Testergebnis allein enthält kaum Informationen über das, was nun zu tun ist, und ganz besonders gilt dies für den sprachlichen Bereich. Im Folgenden soll dieser Weg vom Testergebnis über die Interpretation bis zur konkreten Entscheidung über ein Förderkonzept kurz skizziert werden.

Im ersten Schritt ist die Frage zu klären, ob bei einem Kind Förderbedarf besteht, erst in einem zweiten Schritt erfolgt die Festlegung eines diagnostischen Profils, aus dem die Stärken und Schwächen eines Kindes in den verschiedenen Bereichen hervorgehen.

Ab wann besteht Förderbedarf? Hier ist die Frage zu klären, wie der Leistungsstand des Kindes im Vergleich zu anderen Kindern ist. Gehört es zu den durchschnittlichen, den guten, den schwächeren oder den ganz schwachen Kindern? Dringender Förderbedarf besteht, wenn die sprachlichen Leistungen eines Kindes in einem normierten Test einen Prozentrang unter vier bis fünf aufweisen. Dies bedeutet, dass die Leistungen dieses Kindes so schwach sind, dass es zu den vier bis fünf Prozent schlechtesten Kindern gehört.

Was bedeutet ein Prozentrang in einem normierten Test?
Ein Prozentrang vermittelt uns, wie gut die Leistungen eines Kindes im Vergleich zu den Leistungen anderer Kinder seiner Altersgruppe sind. Liegt die Leistung eines Kindes beispielsweise bei einem Prozentrang von 80, so bedeutet dies, dass 80 Prozent der Kinder gleich gute oder schlechtere Leistungen erbringen, während lediglich 20 Prozent bessere Leistungen zeigen. Dieses Kind gehört also zu den besonders guten Kindern. Liegt hingegen die Leistung eines Kindes bei einem Prozentrang von 50, so befindet es sich genau im Durchschnitt. Ein Prozentrang von zehn hingegen bedeutet, dass 90 Prozent der Kinder gleich gute oder bessere Leistungen erbringen. Bei diesen Kindern könnte bereits ein Förderbedarf vorhanden sein. Besonders schwach sind Kinder mit einem Prozentrang unter vier, da nur vier Prozent der Kinder ihrer Altersgruppe gleich schwach oder schwächer sind.

Bei einer weniger engen Definition würde man alle Kinder unter einem Prozentrang von acht bis zehn als förderbedürftig betrachten. De facto ist dies auch der Grenzwert, der in einigen Tests als Grenze zwischen förderbedürftigen und nicht förderbedürftigen Kindern definiert wird.

Liegen die sprachlichen Leistungen eines Kindes um den Prozentrang von zehn, so sind häufig zusätzliche Informationen nötig, um die Entscheidung über die Notwendigkeit der Förderung verantwortungsvoll treffen zu können: Welche Unterstützung erhält das Kind seitens seiner Familie? Kann angenommen werden, dass diese Unterstützung ausreicht, damit sich die sprachlichen Fähigkeiten des Kindes verbessern können, oder ist anzunehmen, dass sich diese in Zukunft eher verschlechtern werden? In diesem Fall müsste man trotz des nicht gar so schlechten Testergebnisses dazu raten, das Kind besonders zu fördern.

Festlegung der Förderziele: Der nächste Schritt besteht nun darin, die Schwerpunkte der Förderung festzulegen. Für diesen Schritt wird jedoch ein anderes diagnostisches Vorgehen benötigt. Hier kann man sich die Ergebnisse eines Kindes in den einzelnen Untertests eines differenzierten Testverfahrens ansehen, z. B. des SETK 3–5 (Grimm/Aktas/Frevert 2001). Wahrscheinlich ist zusätzlich ein Beobachtungsbogen (Sismik oder Seldak) hilfreich. Mithilfe dieses Bogens wird das Verhalten des Kindes in unterschiedlichen sprachlichen Situationen differenziert beobachtet. Aufgrund der Testergebnisse und der Beobachtung können dann die Ziele der Förderung festgelegt werden, z. B. Förderung des Wortschatzes oder bestimmter Bausteine der Grammatik.

Der nächste Schritt besteht in der *Entwicklung eines Förderkonzeptes*: Auf welche Weise kann nun z. B. der Wortschatz systematisch aufgebaut werden, welche Materialien werden dazu benötigt, wie kann sichergestellt werden, dass die Wörter nicht nur verstanden, sondern auch benutzt werden in verschiedenen Kontexten, in verschiedenen Zusammenhängen und Übungsformen? Wie kann der Transfer in den Kindergartenalltag unterstützt werden? (s. auch Kap. 3.)

Erfolgskontrolle und Evaluation: Schließlich sollte nach einiger Zeit eine Erfolgskontrolle durchgeführt werden, um die Fortschritte zu evaluieren. Dabei ist zu klären, welche Fortschritte in welchen Bereichen erzielt wurden, ob eine Förderung in diesen Bereichen weiterhin nötig ist, sowie ob Veränderungen vorgenommen werden und das Vorgehen adaptiert werden muss.

2.7 Zusammenfassung

Der vorliegende Abschnitt orientiert sich an den drei Hauptfragen der Diagnostik, nämlich deren Ziel (wozu soll diagnostiziert werden), den Inhalten (welche inhaltlichen Bereiche sollen diagnostiziert werden) und der Frage nach der Art und Weise (wie soll diagnostiziert werden).

Eine Diagnostik sprachlicher Fähigkeiten kann im Wesentlichen drei verschiedene Zielsetzungen haben: die Auswahl bestimmter Kinder für eine Förderung, die Erarbeitung eines konkreten Förderkonzeptes für ein bestimmtes Kind und schließlich die Evaluierung des eigenen Vorgehens, die Beantwortung der Frage ob ein bestimmtes Vorgehen den erwünschen Erfolg gebracht hat, ob das Vorgehen verändert werden muss, in welchen Bereichen eine Anpassung erfolgen soll etc.

Im Rahmen eines diagnostischen Prozesses ist die sprachliche Entwicklung eines Kindes in vier sprachlichen Bereichen zu erheben und zu beobachten: Phonologie, Lexik, Syntax/Morphologie und Pragmatik. In jedem dieser Bereiche erfolgt die Entwicklung unterschiedlich, jedoch muss die Bedeutung des sprachlichen Inputs seitens der Bezugspersonen als wesentlicher Faktor der Förderung hervorgehoben werden.

Schließlich wurden einige formelle und informelle diagnostische Verfahren vorgestellt, die sich für die Beantwortung der einzelnen Fragestellungen eignen. Insbesondere wurde die Angemessenheit eines bestimmten Verfahrens für eine konkrete Fragestellung diskutiert. Abschließend wurde der diagnostische Prozess von der Testung bis zur Entscheidung über eine konkrete Fördermaßnahme exemplarisch beleuchtet.

3 Die Planung und Konzeption von Förderung

3.1 Vorbemerkungen

Im letzten Kapitel wurden eine Reihe an diagnostischen Verfahren vorgestellt und die inhaltlichen Schwerpunkte des diagnostischen Vorgehens bei Kindern skizziert. Eine zielgerichtete und umfassende Diagnose gibt Hinweise für die Planung einer individuellen und differenzierten Förderung. In diesem Kapitel wird dargestellt, wie die Ergebnisse der Diagnose interpretiert und daraus Schlussfolgerungen für die Planung der Förderung eines Kindes gezogen werden.

In den Befragungen der Erzieherinnen bzw. Sprachförderpersonen, die im Programm »Sag' mal was« beteiligt waren und von uns untersucht wurden, zeigte sich, dass zwar der größte Teil der Erzieherinnen Einblick in die Ergebnisse der Sprachstandserhebung nehmen konnte, diese Ergebnisse aber für die Planung der Sprachförderung kaum Relevanz besaßen. Den Erzieherinnen gelang es oft nicht, aus den diagnostischen Ergebnissen individuelle Schwerpunkte für die Sprachförderung der einzelnen Kinder zu entwickeln. Damit die Kinder aber zielgerichtet in ihrer Sprachentwicklung unterstützt werden können, muss an ihren individuellen Voraussetzungen angesetzt werden. Deshalb liegt der Schwerpunkt in diesem Kapitel auf der individuellen Förderplanung, wobei Kinder mit Deutsch als Zweitsprache im Fokus stehen.

Das Kapitel ist folgendermaßen aufgebaut: Zunächst wird der Zweitspracherwerb, seine Bedingungen und Verläufe, näher betrachtet. Damit wird an den Verlauf des Erstspracherwerbs, wie er im vorherigen Kapitel dargelegt wurde, angeschlossen. Typische Erwerbsstufen, insbesondere beim Erwerb grammatikalischer Strukturen, werden als Hilfen eingeführt, um Ergebnisse von Sprachstandserhebungen einordnen und interpretieren zu können und um darauf abgestimmt Förderung zu planen. Dieses wird ergänzt durch Hinweise für eine Kind-Umwelt-Analyse, weil die Rahmenbedingungen und die Unterstützung durch das Umfeld für den Verlauf des Zweitspracherwerbs wichtig sind. Das typische Vorgehen bei der Förderplanung wird anschließend aufgezeigt und anhand eines Beispiels konkretisiert.

3.2 Besonderheiten des Zweitspracherwerbs

Um zu wissen, welche Schritte beim Spracherwerb aufeinanderfolgen und in welchen Bereichen sich Sprache bei Kindern entwickelt, wurde im vorherigen Kapitel der Verlauf des Erstspracherwerbs dargestellt. In diesem Kapitel wird mit der Darstellung des

Zweitspracherwerbs daran angeschlossen, denn viele Kinder mit Sprachförderbedarf sprechen Deutsch als Zweitsprache.

Mit Erstsprache ist die Sprache gemeint, mit der ein Kind als Erstes in Kontakt kommt und die zunächst die wichtigste Bezugssprache ist (Familien- oder Muttersprache). Mit Zweitsprache wird eine Sprache bezeichnet, die sich von der Erstsprache unterscheidet und – beispielsweise bedingt durch Migration oder einen Umzug – im Umfeld des Kindes gesprochen wird. Damit unterscheidet sich die Zweitsprache deutlich von einer Fremdsprache, die in der Regel im Alltag nicht verwendet wird. Die Zweitsprache kann parallel zur Erstsprache erworben werden, wenn beispielsweise Vater und Mutter unterschiedliche Sprachen mit dem Kind sprechen. In den meisten Fällen handelt es sich aber um einen sukzessiven Spracherwerb. Das bedeutet, dass die Kinder zunächst die Erstsprache erwerben und zu einem späteren Zeitpunkt – z. B. mit Eintritt in den Kindergarten – die Zweitsprache erlernen. In diesem Fall ist der Kindergarten die entscheidende Sozialisationsinstanz und die Erzieherin das Sprachvorbild.

Auch beim Zweitspracherwerb spielen die verschiedenen Sprachbereiche wie Aussprache und Lautverstehen (Phonologie), Bedeutung der Wörter und Sätze (Semantik), Wortschatz (Lexik), Satzbildung (Syntax) und Formbildung (Morphologie) sowie Kommunikationsfähigkeit (Pragmatik) eine Rolle.

Zur Erforschung des Zweitspracherwerbs wurden bereits in den 1970er-Jahren mehrere große Untersuchungen des Zweitspracherwerbs von Arbeitsmigranten durchgeführt (Ahrenholz 2008). Außerdem wurden im Rahmen von Fallstudien Kinder mit unterschiedlicher Erstsprache über einen längeren Zeitraum beobachtet. Ihre Sprachäußerungen sowie ihr kommunikatives Verhalten wurden im Alltag protokolliert und anschließend ausgewertet, vor allem individuelle Verläufe des Zweitspracherwerbs (z. B. Tracy 2008, Lengyel 2009; Reich 2009). Schließlich wurden auch Untersuchungen zu Kompetenzen in der Zweitsprache von Schülerinnen und Schülern (Steinmüller 1987; Graf 1987; Baur/Meder 1992; Knapp 1997) und von Vorschulkindern (Jeuk 2003) durchgeführt.

Eine wichtige Frage ist, welche Komponenten den Zweitspracherwerb beeinflussen. Klein (1992) führt als die zentralen Komponenten den *Antrieb*, das *Sprachvermögen* und den *Zugang* an. Unter dem *Antrieb* wird die »Gesamtheit aller Faktoren, die den Lerner dazu führen, seine Sprachlernfähigkeit auf eine bestimmte Sprache anzuwenden« (Klein 1992, S. 45) verstanden. Hierzu gehören vor allem der Grad der sozialen Integration, die kommunikativen Bedürfnisse sowie die Einstellung zur zu lernenden Sprache und zu deren Sprecher. Zum *Sprachvermögen* gehören zunächst die biologischen Voraussetzungen wie der Artikulationsapparat oder die Ohren. Außerdem wird der Spracherwerb durch sprachliches und außersprachliches Wissen (Kontext) beeinflusst. Der *Zugang* besteht erstens aus der *Eingabe (Input)*. In der alltäglichen Kommunikation hört (und liest) der Zweitsprachlerner und lernt so Wortschatz und sprachliche Strukturen kennen. Je nachdem, welche Qualität der Input hat, wird das Lernen der Sprache erschwert oder erleichtert. Wenn der Lernende falsche Strukturen hört (»du Freibad gehen«), wird der Erwerb der Zielsprache erschwert. Im Gegensatz dazu können langsames Sprechen, eine passende Sprachmelodie und ein angemessener Wortschatz den Spracherwerb fördern. Die zweite Teilkomponente des Zugangs ist *die Möglichkeit zu kommunizieren*. Nur wer ausreichend in der Zielsprache kommuniziert, kann sie auch lernen. Dazu gehören sowohl das Hören als auch das Sprechen, das dem Lernenden die Möglichkeit gibt, »seine eigene Produktion an der Produktion seiner Lernerumgebung zu überprüfen« (Klein 1992, S. 56).

Bei der Sprachförderung lässt sich vor allem der Zugang beeinflussen. Mit einer geeigneten Eingabe (Input) sowie durch das Schaffen von Kommunikationsmöglichkeiten kann man den Zweitspracherwerb unterstützen. Auch der Antrieb, also die Motivation, kann gestärkt werden, wenn man die kommunikativen Bedürfnisse der Kinder berücksichtigt oder dafür sorgt, dass die Kinder in der Gruppe integriert sind und sich wohlfühlen.

Der Zweitspracherwerb der einzelnen Kinder kann unterschiedlich verlaufen. Unterschiede zeigten sich sowohl in der Schnelligkeit als auch in typischen Verlaufsmustern oder besonderen Schwierigkeiten, die bei den Kindern auftraten. Diese Unterschiede lassen sich neben den Aspekten der individuellen intellektuellen Lernvoraussetzungen und der sozioökonomischen Herkunft vor allem auf Erwerbsbedingungen zurückführen.

- In welchem Alter kommt das Kind in regelmäßigen Kontakt mit der Zweitsprache? Wie weit ist der Erstspracherwerb bis dahin fortgeschritten?
- Wie häufig und wie intensiv ist der Kontakt mit der Zweitsprache? Welche Sprachen werden in der Familie gesprochen: nur die Herkunftssprache oder sprechen einzelne Familienmitglieder auch Deutsch miteinander (z.B. der Vater mit den Kindern oder die Geschwister untereinander)?
- Welche Erstsprache hat das Kind erworben und welche Ähnlichkeiten bzw. Unterschiede hat diese zur deutschen Sprache?
- Welche Wertschätzung erfährt die Herkunftssprache, welche die Zweitsprache in der Familie und im Umfeld (z.B. Kindergarten)?
- Welche Qualität haben der Kontakt und der gezielte Input in der Zweitsprache?

Ein besonderes Merkmal des Zweitspracherwerbs ist die Stagnation oder Fossilierung. Während alle normal entwickelten und gesunden Menschen in ihrer Erstsprache eine vollständige Kompetenz der Zielsprache erreichen (auch wenn sich die Sprachkompetenz zwischen einzelnen Personen erheblich unterscheiden kann), stagniert der Erwerb der Zweitsprache oft. Dabei können die einzelnen Bereiche (Phonologie, Lexik, Semantik, Morphologie, Syntax) auf unterschiedlichem Niveau stagnieren. Ein weiteres Merkmal des Zweitspracherwerbs, das allerdings auch beim Erstspracherwerb zu beobachten ist, stellt der Einsatz von Tarn- und Vermeidungsstrategien dar. Mit Tarnstrategien wie schnellem Sprechen, undeutlichem Sprechen oder Verschlucken von Endsilben versuchen Lernende, ihre unzureichenden Kompetenzen zu verbergen. Der Zuhörer soll den Eindruck einer »umgangssprachlichen kommunikativen Geläufigkeit« (Steinmüller 1987, S. 217) erhalten. Vermieden werden Situationen, in denen sich Zweitsprachlernende blamieren können (Elternabend), und Themen, bei denen man den nötigen Wortschatz nicht kennt. Vermieden wird auch der Gebrauch von Wörtern, die man nicht sicher beherrscht oder aussprechen kann und deren Deklination bzw. Konjugation nicht sicher gekonnt wird. Dies führt zum Gebrauch von sogenannten Allerweltswörtern oder Passepartoutwörtern, die für alles passen (*haben, müssen, Sachen*). Dasselbe gilt für grammatische Strukturen, die nicht sicher beherrscht werden. Sie werden vermieden und stattdessen werden andere (manchmal falsche, manchmal einfache) Strukturen verwendet (Knapp 1999).

3.3 Hypothesen zur Entwicklung des Zweitspracherwerbs

In der Zweitspracherwerbsforschung ging man vor allem drei Fragen nach:
- »Welchen Einfluss hat das erstsprachliche Wissen auf den Erwerb einer zweiten Sprache?
- Unterliegt der Erwerb einer zweiten Sprache aufgrund angeborener Spracherwerbsoptionen denselben Prinzipien und Mechanismen wie der Erwerb der Erstsprache?
- Welche Merkmale weist der zweitsprachliche Lernprozess in den verschiedenen Stadien auf, gibt es z. B. feste Erwerbsfolgen« (Ahrenholz 2008, S. 70)?

Um diese Fragen zu klären, wurden insbesondere vier Theorien bzw. Hypothesen entwickelt, die im Folgenden kurz dargestellt werden (Bausch/Kasper 1979; Klein 1992; Günther/Günther 2004; Weinert/Lockl 2008; Ahrenholz 2008).

3.3.1 Identitäts-Hypothese

Die Vertreter dieser Hypothese gehen davon aus, dass der Erwerb einer Sprache als Erst- oder als Zweitsprache keinen wesentlichen Unterschied macht, sondern die Erwerbsmechanismen im Großen und Ganzen identisch sind. Das bedeutet, dass die Erstsprache keinen wesentlichen Einfluss auf den Erwerb der Zweitsprache hat, weil der Spracherwerb nach universalen kognitiven Prinzipien abläuft. Damit beziehen sich die Anhänger dieser Vorstellung auf Chomskys These von den angeborenen Spracherwerbsmechanismen (Chomsky 1969). Diese werden beim Erst- wie beim Zweitspracherwerb aktiviert, um die Regeln und Elemente der Sprache zu erwerben. Diese Hypothese wird gestützt durch empirische Ergebnisse, die ähnliche Erwerbsstufen beim Erst- und Zweitspracherwerb feststellten. Auf der anderen Seite geht mit dem Erstspracherwerb die gesamte kognitive Entwicklung einher, die für den Zweitspracherwerb zu dessen Unterstützung zur Verfügung steht. Im Zweitspracherwerb wird auch häufig ein wesentlich niedrigeres Niveau erreicht als im Erstspracherwerb. Insofern enthält die Identitäts-Hypothese zwar einen zutreffenden Kern, weil man ohne Spracherwerbsmechanismus keine Sprache lernen kann und deshalb eine gewisse Ähnlichkeit vorhanden ist. Die Identitäts-Hypothese kann aber viele Abweichungen des Zweitspracherwerbs vom Erstspracherwerb nicht erklären und bleibt daher begrenzt.

3.3.2 Transfer-Hypothese

Diese Hypothese wird auch als Kontrastiv-Hypothese bezeichnet und geht von einer Beeinflussung des Zweitspracherwerbs durch die erstsprachlichen Kenntnisse aus. Die beiden Sprachsysteme, so die Vorstellung, würden einander vergleichend gegenübergestellt. Ähnliche Strukturen und Regeln in Erst- und Zweitsprache sind demnach leichter zu erlernen, während Unterschiede Schwierigkeiten bereiten können (z.B. Satzstellungen oder der deutsche Artikel für türkische Kinder). Insbesondere sogenannte Interferenzfehler werden als Beleg für die These angeführt. Ein Interferenzfehler liegt vor, wenn eine Struktur aus der Erstsprache in die Zweitsprache übernommen wird. Im Türkischen ist es beispielsweise unüblich, dass zwei Konsonanten aufeinander folgen. Wenn türkische Kinder *sipielen* statt *spielen* oder *Suport* statt *Sport* sagen, sind dies Interferenzfehler. Für diese These spricht, dass Kinder verschiedener Herkunftssprachen unterschiedliche Schwierigkeiten beim Deutscherwerb zeigen, Kinder mit türkischer Herkunftssprache beispielsweise andere als Kinder mit italienischer Familiensprache. Dagegen spricht, dass Lerner verschiedener Ausgangssprachen zum Teil dieselben Fehler beim Lernen der deutschen Sprache machen, manchmal auch dieselben wie kleine Kinder beim Erstspracherwerb, wie zum Beispiel die Verbendstellung.

Große Kontraste können zu Fehlern führen, sie können aber auch das Lernen erleichtern. Umgekehrt können Ähnlichkeiten das Lernen erleichtern, aber auch Verwechslungen auslösen. In Forschungen hat man festgestellt, dass vor allem in den Bereichen Aussprache und Lexik Interferenzfehler gemacht werden, weniger dagegen im Bereich der Grammatik. Ebenso ist bei Kindern der Einfluss der Erstsprache wahrscheinlich nicht so groß wie bei Erwachsenen (Ahrenholz 2008).

3.3.3 Interdependenz-Hypothese

Vor allem bei Schulkindern hat man immer wieder festgestellt, dass Kinder eine Zweitsprache schneller und besser lernen, wenn sie längere Zeit in der Erstsprache unterrichtet wurden. Dagegen gibt es Kinder, die schon in Deutschland geboren sind und dennoch in der Sekundarstufe immer noch erhebliche Schwierigkeiten mit der deutschen Sprache haben. Dies führt zu dem Phänomen, dass manchmal die Kinder schlechter Deutsch sprechen, die schon länger in Deutschland leben und die Schule besuchen. Zur Erklärung formulierte Cummins (1984) die Interdependenz-Hypothese, nach der die Kompetenz, die in der Zweitsprache erreicht wird, zum Teil von der Kompetenzentwicklung abhängt, die zum Zeitpunkt des Beginns des Zweitspracherwerbs in der Erstsprache erreicht wurde. Insbesondere der Erwerb einer kognitiven akademischen Sprachkompetenz würde durch gute Erstsprachkenntnisse erleichtert. Aus der Interdependenz-Hypothese kann man schließen, dass man durch die Förderung der Erstsprache den Zweitspracherwerb unterstützen kann. Allerdings sind gute Erstsprachkenntnisse keine Bedingung für eine hohe Kompetenz in der Zweitsprache (Ahrenholz 2008).

3.3.4 Interlanguage-Hypothese

Diese Hypothese gründet sich auf die Annahme, dass eine Zweitsprache über Zwischensprachen (=Interlanguage) erworben wird. Der Zweitsprachlerner bildet beim Zweitspracherwerb ein spezifisches Sprachsystem aus, in dem sowohl Elemente der Zweit- und Erstsprache als auch ganz eigene Elemente enthalten sind. Auf dem Weg des Erwerbs werden verschiedene Stufen mit je eigenen Sprachsystemen durchlaufen. Fehlerhaftes Sprechen wird von Vertretern der Interlanguage-Hypothese als voranschreitendes Sprachenlernen angesehen. Wenn man von einer Stufe zur anderen schreitet, wie sie vor allem für den Syntaxerwerb ermittelt wurden, macht man vielleicht zunächst etwas falsch, was zuvor richtig gemacht wurde, weil man eine neu erworbene Regel auf einen Fall anwendet, für den sie nicht gilt (Ahrenholz 2008). Dieses Phänomen kann man auch immer wieder beobachten, wenn Kinder bestimmte Strukturen bereits erworben haben, sie dann aber durch Übergeneralisierungen – scheinbar – wieder verlieren. Das bedeutet, sie wenden gefundene Regeln auf Bereiche an, bei denen sie nicht gelten. Tracy (2008) hat das an vielen Beispielen gezeigt (z. B.: bei der Bildung von Vergangenheitsformen: *er spielt – er spielte; er singt – er singte*).

Keine der Hypothesen kann den Zweitspracherwerb erschöpfend erklären, aber jede weist auf Besonderheiten beim Erwerb hin. Weinert und Lockl betonen, dass ungeachtet der verschiedenen Erwerbsstrategien und möglichen Probleme, die dabei auftreten können, sich Kinder sowohl beim Erst- als auch beim Zweitspracherwerb als »vergleichsweise kompetente Lerner« erweisen (Weinert/Lockl 2008, S. 121). Auch wenn bei jedem Kind Erstspracherwerb und Zweitspracherwerb anders verlaufen, können dennoch auch für den Zweitspracherwerb spezifische Erwerbsstufen beschrieben werden, was im folgenden Teilkapitel erfolgt.

3.4 Stufen des Zweitspracherwerbs

In den einzelnen Sprachbereichen entwickelt sich der Zusammenhang zwischen Erst- und Zweitsprache unterschiedlich. Zu dessen Verlauf können folgende Aussagen bezüglich der Erwerbsstufen getroffen werden:

3.4.1 Phonologischer Bereich

Wenn der Erstkontakt mit der Zweitsprache relativ früh, also zu Beginn des Kindergartenalters erfolgt, wird das phonologische System der deutschen Sprache in der Regel relativ problemlos und im Verlauf von etwa zwei Jahren erworben. Bei späterem Kontakt mit der Zweitsprache können Einflüsse der Herkunftssprache auf die Aneignung der Einzellaute in der deutschen Sprache nicht ausgeschlossen werden, insbesondere dann, wenn sich die Herkunftssprache in ihrer lautlichen Struktur deutlich von der deutschen Sprache unterscheidet. Schwierigkeiten bereiten vor allem die Unterscheidung zwischen langen und kurzen Vokalen im Deutschen (z. B. *Miete – Mitte; Bröt-chen – Brettchen*) sowie Konsonantenhäufungen, die vereinfacht wiedergegeben werden (z. B. *afel* statt *Apfel*) (Falk/Bredel/Reich 2008). Hier sind Sprachvorbilder, die deutlich und präzise artikulieren, wichtig.

3.4.2 Pragmatik bzw. Kommunikation

Die Grundlagen für einfache Sprechhandlungen werden in der Familie erworben und sind zunächst nicht an eine bestimmte Einzelsprache gebunden. Fähigkeiten, die die Kinder in diesem Bereich bereits in ihrer Erstsprache erworben haben, stehen ihnen in der Zweitsprache ebenfalls zur Verfügung. Anders verhält es sich mit institutionell geprägten sprachlichen Handlungen, weil diese eher in der Zweitsprache erworben werden und gegebenenfalls in die Familie hineingetragen werden. Trautmann und Reich weisen darauf hin, dass das unter Umständen zu kulturell geprägten Spannungen führen kann, z. B. bei Sprachhandlungen wie *Anweisen – Widersprechen* (Trautmann/Reich 2008). Für unseren Zusammenhang relevant ist das Verhältnis zwischen sprachlicher Handlungsfähigkeit und den zur Verfügung stehenden sprachlichen Mitteln wie Wortschatz und Grammatik. Hier ist es für die Förderung wichtig, dass die kommunikative Situation so gestaltet wird, dass die Herausforderung für das Kind einen Ansporn und keine Entmutigung darstellt. Dazu muss der Sprechanlass so gestaltet sein, dass das Kind ihn gerade noch bewältigen kann.

Kann man bei den Sprechhandlungen im Vorschulalter davon ausgehen, dass die familiär und institutionell erworbenen Muster sich gegenseitig entsprechen und miteinander korrespondieren, gestaltet es sich beim Übertritt in die Schule anders. Die schulischen Sprechhandlungen unterscheiden sich deutlicher von familiären und diese kann das Kind nur in der Zweitsprache erwerben. Dabei spielen die zur Verfügung stehenden sprachlichen Mittel eine entscheidende Rolle. Hier ist also eine Förderung im Wortschatz (Lexik/Semantik), in der Grammatik (Morphologie/Syntax) und in der Kommunikation (Pragmatik) notwendig (Trautmann/Reich 2008).

3.4.3 Lexik und Semantik

Hier sind drei Prozesse von Bedeutung:
- der Aufbau und die fortlaufende Erweiterung des aktiven und passiven Wortschatzes,
- die zunehmende Anpassung an die Erwachsenensprache bzw. an die Normen der Zweitsprache und
- der Begriffsbildungsprozess insgesamt, aber auch die zunehmende Abstraktion gegenstandsbezogener Benennungen in Richtung Bildung von Oberbegriffen, Begriffen für nicht-gegenständliche Sachverhalte sowie die Ausbildung der Fachsprache und Begriffsbildung in der Schule.

Die Wortschatzentwicklung erfolgt beim sukzessiven Zweitspracherwerb später, aber bei entsprechender Anregung oft schneller als im Erstspracherwerb. Dennoch entwickeln sich bei Kindern ebenso wie im Erstspracherwerb Strategien, wie sie mit Wortschatzlücken umgehen, also wenn sie das, was sie mitteilen möchten, nicht ausdrücken können. Hier lassen sich einerseits eher passive Strategien wie Verstummen, das Verwenden von »ja« als Floskel, Bekunden von Nichtwissen, gestisch-mimische Kommunikation, Lautmalerei oder der Einsatz sprachlicher Joker identifizieren. Andererseits verwenden Kinder auch aktive Strategien wie das Einfügen erstsprachiger Wörter, das Fragen nach Wörtern oder das Verwenden von Näherungsbegriffen und Umschreibungen sowie Neubildungen (Jeuk 2003; Knapp 1999).

Bei der Begriffsbildung ist davon auszugehen, dass sich diese in vergleichbarer Weise wie in der Erstsprache vollzieht, unter Umständen aber kulturbedingten Einflüssen ausgesetzt ist (z. B. beim Begriff *Familie*, wobei dieser Begriff auch bei Kindern deutscher Herkunft unterschiedlich gefüllt ist).

Die Verwendung von übertragenen Bedeutungen wie Redewendungen vollzieht sich wahrscheinlich im Zweitspracherwerb später als im Erstspracherwerb, dafür liegen aber keine empirischen Befunde vor (Komor/Reich 2008).

3.4.4 Morphologie und Syntax

Das Problem liegt bei der präzisen Wortformbildung, die von Kindern ungenau übernommen und angewendet wird, weil sie für die inhaltliche Bedeutung nur eine geringe Rolle spielt. Für den Schriftspracherwerb – und Schule überhaupt – ist sie hingegen von großer Bedeutung. Auch Erzieherinnen schenken diesem Bereich nicht ausreichend Aufmerksamkeit, in der Alltagssprache werden oft Endungen verschluckt oder ungenau verwendet.

Beim Erwerb der Morphologie von Nomen ist zwischen der Aneignung von Bedeutung und Funktion des Wortes und der Aneignung der verschiedenen formalen Markierungen im Deutschen zu unterscheiden. Einerseits geht es um die Unterscheidung von Kasus (Fall) und Numerus (Singular, Plural) und andererseits um die jeweilige korrekte Markierung im Deutschen. Ersteres wird Kindern beim sukzessiven Zweitspracherwerb nicht schwerfallen, denn dies ist in der Erstsprache bereits grundgelegt. Schwieriger ist der Erwerb der richtigen Formbildung, weil hier teilweise auf Regelbildung (z. B. Pluralbildung durch die Endungen *-(e)n, -s, -er* und *-e*) zurückgegriffen wird bzw. die Form sogar Wort für Wort angeeignet werden muss (z. B. die Pluralbildung bei *Fenster* oder bei *Apfel*). Lange Zeit Schwierigkeiten bereitet den Kindern die korrekte Bildung des Kasus bei Nomen oder auch Präpositionen. Auch die richtige Verwendung des Artikels stellt für Kinder mit Deutsch als Zweitsprache eine große Herausforderung dar und muss in der Regel Wort für Wort erworben werden. Zusätzlich erschwert wird dies dadurch, dass der Artikel nicht nur das Genus (Geschlecht) sondern auch den Kasus (Fall wie *Dativ* oder *Akkusativ*) anzeigt (Kemp/Bredel/Reich 2008). Bei der Morphologie des Verbs gilt es, die Personalform und die Zeitform zu beachten. Auch hierfür liegen einige empirische Erkenntnisse vor, wie diese in der Zweitsprache erworben werden. Der Erwerb der Zeitformen, die sowohl über die Verbform als auch über die Verwendung von Hilfsverben angezeigt werden, geschieht in folgender Reihenfolge (Abb. 24):

1. Stufe	Präsens von *sein* und *haben*
2. Stufe	Präsens der Voll- und Hilfsverben
3. Stufe	Perfekt mit zahlreichen Übergangsformen
4. Stufe	Präteritum von *sein*
5. Stufe	Präteritum der Hilfsverben
6. Stufe	Futur
7. Stufe	Präteritum der Vollverben

Abb. 24: Reihenfolge beim Erwerb der Zeitformen beim Verb (Kemp/Bredel/Reich, 2008, S. 73)

Der Erwerb der Syntax ist sehr gut erforscht und lässt sich zudem leicht im Alltag beobachten. Insgesamt geht man davon aus, dass die Stufenfolge des Erwerbs identisch mit dem Erwerb in der Erstsprache Deutsch erfolgt. Typisch für die deutsche Sprache ist die Verbzweitstellung. Deshalb ist dieser Entwicklungsschritt im Erst- wie im Zweitspracherwerb zentral, denn damit geht in der Regel auch die korrekte Flexion des Verbs einher. In der Vorstufe, der Verbendstellung wird das Verb dagegen oft noch in der infiniten Form verwendet (z.B.: *(ich) Ball spielen – ich spiele Ball*). Grießhaber (2005) legt ein Stufen- oder Phasenmodell (siehe auch Apeltauer 2007) vor, das diese syntaktischen Entwicklungsschritte beschreibt (Abb. 25):

0. Stufe	Unvollständige Sätze ohne Verb oder mit infinitem Verb am Ende	*ich spielen*
1. Stufe	Einfache Wortstellung Subjekt – Verb – Objekt; Verbzweitstellung mit finitem Verb	*der Junge spielt Ball*
2. Stufe	Trennung von finitem Verb und infiniten Verbteilen: Satzklammer	*der Junge hat Ball gespielt*
3. Stufe	Voranstellung von Adverbialen; Inversion (Vorziehen des Verbs vor das Subjekt)	*dann hat der Junge gespielt*
4. Stufe	Bildung von Nebensätzen mit Endstellung des flektierten Verbs	*..., weil der Junge gespielt hat*

Abb. 25: Erwerbsstufen zur grammatikalischen Entwicklung (Grießhaber 2005, S. 14)

Die syntaktische Entwicklung ist am besten erforscht und am klarsten einzuschätzen; die Morphologie geht damit oft einher. Deshalb eignet sie sich besonders gut für förderdiagnostische Zwecke. Wenn ein Kind dreimal eine Äußerung entsprechend einer

Stufe verwendet, dann kann man annehmen, dass es diese Stufe erworben hat (Grieß-haber 2005).

Um die Kompetenz in der Zweitsprache und deren Entwicklung sinnvoll zu messen, macht es – im Gegensatz zum Erstspracherwerb – wenig Sinn, eine Altersnorm zugrunde zu legen, weil die Kinder eine ganz unterschiedliche Kontaktzeit und -intensität mit der Zweitsprache haben. Sinnvoller ist es, für die Entwicklung der verschiedenen Sprachbereiche Stufen der Sprachaneignung zugrunde zu legen. Aufgrund der Beobachtung dieser Stufen in den verschiedenen Sprachbereichen können Konsequenzen für die Förderung gezogen werden.

3.5 Kind-Umfeld-Analyse

Die Kinder lernen Sprache nicht nur im Kindergarten, sondern auch außerhalb davon. Sie alle haben vor der Kindergartenzeit bereits wesentliche Phasen des Spracherwerbs hinter sich. Die Spracherfahrungen, die Kinder vor dem Kindergarten und neben dem Kindergarten zu Hause, in der Familie, in der Nachbarschaft, auf der Straße oder in ihrer Umgebung tagtäglich machen, haben Einfluss auf ihre Lernausgangslage. Insbesondere ist die Familie ein wichtiger Bezugspunkt, weil Kinder dort Zuwendung erhalten und ihren Lebensmittelpunkt haben. Das, was hier geschieht, ist für sie subjektiv bedeutsam. Deshalb gilt es, solche Erfahrungen mit einzubeziehen, damit das Lernen im Kindergarten für sie auch bedeutsam wird und sie interessiert (Carle 2008).

Neben der genauen Analyse des Sprachstandes (s. Kapitel 2) und einer darauf basierenden Förderplanung (s. Kapitel 3.7) ist daher eine sorgfältige Kind-Umfeld-Analyse erforderlich, z.B. in Form einer vertiefenden Analyse mithilfe der Teile drei und vier des SISMIK-Bogens (Ulich/Mayr 2004). Hierfür sind Gespräche mit den Eltern darüber, was ihr Kind gern macht, was es gut kann und womit es sich zu Hause oft beschäftigt, hilfreich.

Darüber hinaus geben Stärkeanalysen im Kindergarten durch Beobachtungen im Alltag und deren Dokumentation, wie sie im Rahmen der Bildungs- und Orientierungspläne vorgesehen sind, aber auch im Sinne der Bildungs- und Lerngeschichten nach Leu (2007) Hinweise (zusammenfassend dazu Leu 2006). An den Interessen, den Stärken und Themen der Kinder mit der Sprachförderung anzusetzen, ist wirkungsvoller, als sich an Sprachförderprogrammen zu orientieren, die an den Kindern vorbeigehen. So ergibt sich ein natürlicher Sprechanlass, das Kind kann sich äußern und von der Wortschatzarbeit, Syntaxarbeit etc. zieht es unmittelbar Nutzen. Ein solches Beobachten und daran anknüpfendes Vorgehen geschieht individuell: Für jedes Kind sieht das Thema anders aus. Kinder mit ähnlichen Interessen können sich aber auch zusammentun.

Folgende Fragen können für Erzieherinnen hilfreich sein, um die Themen und Stärken eines Kindes herauszufinden:

- Welche Sprachen spricht das Kind?
- Beteiligt es sich lebhaft an Gesprächen? Ist es eher zurückhaltend?
- In welchen Situationen beteiligt es sich besonders gern oder häufig?

- Mit welchen Spielpartnern spricht es vor allem? In welcher Sprache?
- Liebt das Kind Reime und Gedichte?
- Möchte es gerne vorgelesen bekommen? Welche Bücher gefallen ihm besonders?
- Will das Kind sich mitteilen? Fragt es »Löcher in den Bauch«?
- Welche Sprachen werden in der Familie gesprochen?
- Welche Medien nutzt das Kind in der Familie und welchen Stellewert haben welche Medien in der Familie?
- Wie schätzen die Eltern die Sprachentwicklung und Sprachfreude ihres Kindes in den Familiensprachen ein?
- Haben die Familiensprachen Raum in der Kindertageseinrichtung (Senatsverwaltung für Bildung, Jugend und Sport Berlin 2004, S. 64)?

3.6 Von der Diagnose zur Förderplanung

Der Erwerb der Zweitsprache erfolgt zunächst ungesteuert, indem das Kind z. B. im Kindergarten von deutschsprachigen Kindern in einem deutschsprachigen Alltag umgeben ist und die Sprache nebenbei erlernt. Durch spezifische Angebote vonseiten der Erzieherinnen kann der Spracherwerb intensiviert und unterstützt werden. Dazu wird die Förderung auf der Grundlage der diagnostischen Ergebnisse gezielt geplant, durchgeführt und anschließend überprüft. Prototypisch kann der Ablauf von der Diagnose zur Förderung folgendermaßen schematisch dargestellt werden (Abb. 26).

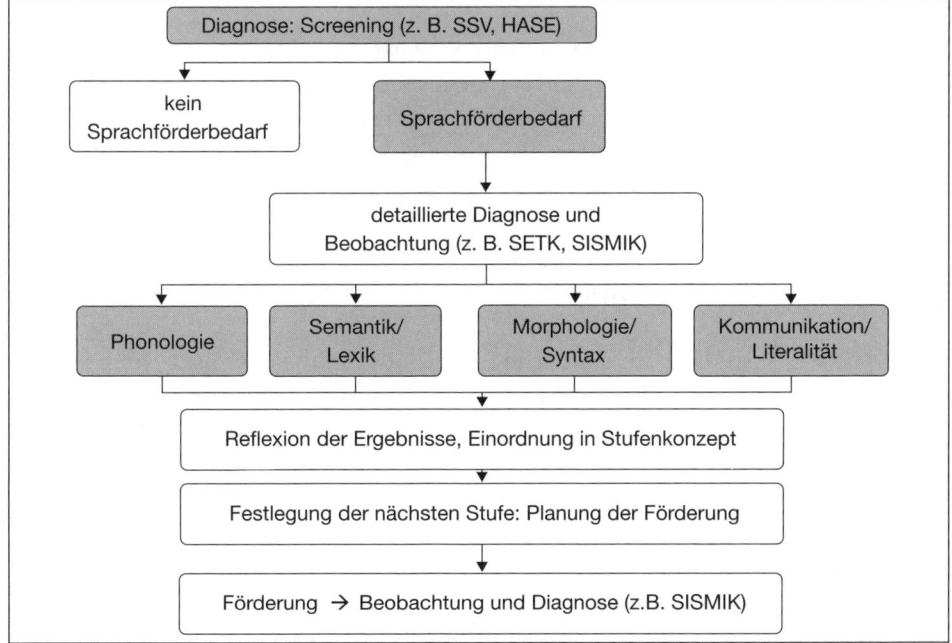

Abb. 26: Von der Diagnose zur Förderung: schematischer Ablauf)

Als Hilfestellung, um den Sprachstand überblicksartig einzuordnen und die nächsten Entwicklungsschritte antizipieren zu können, schlägt Lüdtje-Klose in Anlehnung an Glumpler/Apeltauer (1997) ein einfaches, relativ grobes, aber gut handhabbares Stufenmodell vor. Einschränkend ist zu betonen, dass die sprachliche Entwicklung bei verschiedenen Kindern ganz unterschiedlich verlaufen kann und die einzelnen Stufen nicht zwangsläufig bei jedem Kind äußerlich erkennbar nacheinander durchlaufen werden (Lütje-Klose 2004).

Das Modell legt seinen Schwerpunkt auf die Wortschatz- sowie auf die grammatikalische Entwicklung und geht von sechs Stufen aus (Abb. 27).

1. Stadium	Keine deutschen Sprachkenntnisse
2. Stadium	Kleiner Wortschatz, Ein-Zweiwortäußerungen, Verbendstellung
3. Stadium	Alltagswortschatz, Mehrwortäußerungen, Verbzweitstellung
4. Stadium	Schulwortschatz, Mehrwortäußerungen mit korrekter Wortstellung, Verbklammer; noch Schwierigkeiten beim Verständnis und Ausdruck komplexer Satzstrukturen
5. Stadium	Umfangreicher Wortschatz, selten Normabweichungen bei Nebensätzen und Flexionen, noch Schwierigkeiten mit komplexen Erzählungen oder Texten
6. Stadium	Keine Unterschiede zu einsprachig deutschen Kindern erkennbar

Abb. 27: Stadienmodell zur Entwicklung der Zweitsprache (Lütje-Klose 2004, S.59)

Problematisch ist bei diesem Modell, dass der Wortschatz, über den Kinder verfügen, nur sehr schwer zu erfassen ist, schon gar nicht in Alltagssituationen. Ein Wortschatztest wurde in Kapitel zwei vorgestellt. Außerdem verlaufen Wortschatz- und Grammatikentwicklung nicht unbedingt gleichmäßig, so dass dieses Modell vermutlich weniger präzise zu handhaben ist als das oben vorgestellte von Grießhaber (2005).

3.7 Erstellen eines Förderplans

Förderpläne dienen dazu, die Förderung der Kinder individuell nach ihren spezifischen Voraussetzungen zu planen. Sie helfen dabei, die individuelle Entwicklung eines Kindes zu dokumentieren und zu verfolgen, um frühzeitig zu sehen, welche Fördermaßnahmen greifen und welche nicht. Im Zentrum steht dabei die Überlegung, dass die Sprachentwicklung bei jedem Kind anders verläuft und sich die Lernausgangslagen der Kinder deutlich voneinander unterscheiden.

Zu Beginn der Erstellung eines Förderplans steht die Erfassung der Voraussetzungen des Kindes: eine genaue Diagnose seines Sprachstandes. Dazu sind förderdiagnostische Verfahren, wie sie im zweiten Kapitel vorgestellt wurden, geeignet. Dazu sollte eine Kind-Umwelt-Analyse kommen, in der die Ressourcen, die das Kind hat, mit bedacht und seine familiären Bedingungen erfasst werden. Hierzu gehören folgende Bereiche:

- Alter des Kindes beim Erstkontakt mit der deutschen Sprache;
- Dauer des Aufenthalts in deutschsprachiger Umgebung;
- Familiensprache;
- Kontakte mit der Herkunftssprache in und außerhalb der Familie;
- Kontakt mit der deutschen Sprache außerhalb des Kindergartens.

Um die Förderplanung systematisch zu dokumentieren, schlagen wir das Anlegen einer Tabelle für jedes zu fördernde Kind vor (Abb. 28, im Anhang auch als Kopiervorlage). In den ersten beiden Spalten werden die Ergebnisse dieser Analysen so konkret wie möglich eingetragen. Auf welcher Stufe steht das Kind in seiner Entwicklung?

Im nächsten Schritt geht es um die Zielbestimmung: Was soll das Kind bis wann können bzw. erreichen? Hierzu ist es hilfreich, dies im Team zu besprechen und keine zu großen Zeiträume einzuplanen. Sinnvoll sind sechs bis acht Wochen als Rahmen. Diejenigen Sprachbereiche sollten zur Förderung zunächst herausgesucht werden, die im Sinne der Zone der nächsten Entwicklung passen (vgl. Abb. 24 und 25). Das Ziel wird möglichst präzise und realistisch bestimmt. Je genauer es formuliert werden kann, desto leichter ist zu erkennen, ob es erreicht wurde.

In der dann folgenden Spalte werden die geplanten und tatsächlich durchgeführten Fördermaßnahmen notiert. Am Ende des vorgesehenen Zeitrahmens werden die Ergebnisse erfasst, evaluiert und daraus Konsequenzen für die weitere Förderung gezogen.

Name des Kindes:			Zeitraum der Förderung:		
Sprachbereiche	**Diagnose: Stärken**	**Diagnose: Defizite**	**Zielbe-stimmung**	**Förder-maßnahme, Zeitraum**	**Evaluation, Konse-quenzen**
phonetisch-phonologisch					
semantisch-lexikalisch					
morphologisch-syntaktisch					
pragmatisch-kommunikativ					
weitere Beobach-tungen im Kinder-garten					
Kind-Umfeld-Analyse					

Abb. 28: Beispiel für einen Förderplan

An einem Beispiel soll das Vorgehen näher erläutert werden:

Cem wurde mit einem Screening-Verfahren (vgl. Kap. 2) als förderbedürftig einge-schätzt. Die Erzieherinnen haben daraufhin sein Sprachverhalten und Interesse an Sprache mithilfe von SISMIK (Ulich/Mayr 2003; vgl. Kap. 2) beobachtet und doku-mentiert. Es folgen Ausschnitte aus dem Beobachtungsbogen[1]:

Cem ist fünf Jahre und neun Monate alt und besucht die Einrichtung seit drei Jahren. Die Familiensprache ist Türkisch. Seine Mutter hat geringe Deutschkenntnisse und spricht zu Hause mit ihm nur türkisch. Der Vater hingegen ist in Deutschland geboren, hat sehr gute Deutsch-kenntnisse und spricht in beiden Sprachen mit ihm. Die Eltern erkundigen sich sehr selten nach dem Geschehen und nehmen nur vereinzelt an Veranstaltungen der Einrichtung teil.

Sprachverhalten in verschiedenen Situationen
Cem spricht zwar, wenn er mit anderen Kindern am Frühstückstisch sitzt, er geht aber nur selten auf deutschsprachige Fragen und Aufforderungen ein. Auffallend ist, dass Cem über-wiegend mit Kindern türkischer Herkunft zusammen ist. Bei Gesprächen in seiner Familien-sprache hört er sehr oft aufmerksam zu und beteiligt sich auch aktiv an diesen Gesprächen. Auch an Rollenspielen, die in türkischer Sprache ablaufen, beteiligt er sich oft.

Sprachverhalten im Kontakt mit pädagogischen Bezugspersonen
Cem spricht mit den pädagogischen Bezugspersonen meist in der deutschen Sprache. Manchmal beantwortet er ihre Fragen ungenau und weicht aus, wenn er merkt, dass er sich zu einer Frage sprachlich nicht äußern kann.
Er versucht oft mit Gesten und Mimik sich zu helfen und Ersatzwörter sowie Umschrei-bungen zu finden. Manchmal benutzt er dann seine Familiensprache. Bei zweisprachigen Personen, die seine Familiensprache sprechen, holt er sich gelegentlich Hilfe.

Sprachverhalten bei Bilderbuchbetrachtungen, Erzählungen und Reimen
Bilderbücher sind Cem vertraut und er hat viel Freude daran. Er hört bei Bilderbuchbetrach-tungen als pädagogisches Angebot in einer Kleingruppe aufmerksam zu und schaut sich die Bilder genau an. Dabei benennt er oft einzelne Dinge auf den Bilderbuchseiten und ver-sucht einen Zusammenhang zwischen den Bildern herzustellen.

Selbstständiger Umgang mit Bilderbüchern
Cem sucht sich oft selbstständig Bilderbücher aus und schaut sich dabei einzelne Bilder ge-nau an. Oft tut er so, als ob er lesen würde, und spricht dabei auf Türkisch über die Bilder. Mit anderen Kindern spricht er selten über Bilder; er beschäftigt sich lieber allein mit Büchern. Manchmal fragt er nach, ob die pädagogische Bezugsperson ihm etwas vorlesen kann.

Sprachliche Kompetenz im engeren Sinn
Cem kann einfache Handlungsanweisungen, die er nur sprachlich verstehen kann, mühelos umsetzen. Bei mehrschrittigen Handlungsanweisungen dagegen gelingt ihm dies nur mit Mühe.
Im Deutschen spricht er manchmal stockend. Bei Such- und Ratespielen kann er Gegen-stände, die in seinem Alltag vorkommen, überwiegend benennen. Eine differenzierende Beschreibung der Gegenstände bereitet ihm Schwierigkeiten. Hier reicht sein Wortschatz

---

[1] Die Anregung für dieses Beispiel erhielten wir von Uysal/Röhner (2009, S. 6–8), wobei die Vorlage verän-dert und gekürzt wurde.

nicht aus. Der deutsche Wortschatz von Cem ist, verglichen mit dem deutscher Kinder seines Alters, eingeschränkt.

Die Artikelverwendung ist oft fehlerhaft. Auffallend ist, dass er eher selten bestimmte Artikel benutzt, meist verwendet er unbestimmte Artikel.

Im Hauptsatz steht das Verb in der Regel an der richtigen Stelle (Verbzweitstellung). Auch die Verbklammer wendet Gem bei Konstruktionen mit Modal- und Hauptverb an (Sätze mit »wollen«, »müssen« und »dürfen«). Für die Konjugation (Beugen) der Verben verwendet er manchmal richtige Formen. Selten bildet Cem Nebensätze; wenn er es tut, steht das Verb hinten (Verbendstellung).

Die Familiensprache des Kindes
Cem spricht im Türkischen längere Passagen flüssig und antwortet meist auf Türkisch, wenn er von Eltern oder Verwandten etwas gefragt wird. Bei pädagogischen Gruppenaktivitäten in türkischer Sprache ist Cem sehr offen und zeigt gerne, was er in der türkischen Sprache kann. Er betätigt sich bereitwillig als Mittler zwischen den beiden Sprachen. Den Eltern zufolge spricht Cem in seiner Familiensprache deutlich und kann sich gut verständigen.

Folgende Beobachtungen wurden zu Cems Sprachverhalten gemacht:

- Literalität: Cem zeigt sich aktiv und interessiert, er schaut gerne Bilderbücher an.
- Lexik/Semantik: Probleme werden vor allem im Wortschatz bemerkt. Auch die Artikelverwendung ist noch unsicher, vor allem verwendet er kaum bestimmte Artikel. Komplexere Handlungsanweisungen versteht er noch nicht.
- Syntax/Morphologie: In der Syntax beherrscht er die Verbzweitstellung sowie die Verbklammer, zumindest im Zusammenhang mit Modalverben. Nicht beobachtet wurde, ob er die Verbklammer auch bei trennbaren Verben (»*ich ziehe meine Schule aus*«) und im Perfekt (»*ich habe Ball gespielt*«) verwendet. Die Verbendstellung in Nebensätzen zeigt sich in Ansätzen.
  Die Konjugation der Verben ist überwiegend richtig, es wurde aber nicht beobachtet, in welchen Zeitformen er das Verb konjugiert: Präsens oder auch schon Perfekt und Präteritum.
- Kommunikation: Das Switchen zwischen beiden Sprachen beherrscht er gut, im Türkischen spricht er viel mit anderen Kindern. Mit deutschen Kindern hat er nur wenig Kontakt.

Aus dieser Analyse ergibt sich, dass Cem seine Schwierigkeiten in der deutschen Sprache vermutlich bewältigen wird, denn er zeigt sich interessiert und hat gute Kenntnisse in der Erstsprache. Wenn er mehr Kontakt mit deutschsprachigen Kindern hat und mit ihnen kommuniziert, wird er wichtigen Input bekommen. Gezielte Sprachanregungen durch Kontextoptimierung (s. Kap. 4) können ihm helfen, seinen Wortschatz zu erweitern, die Artikelverwendung zu flexibilisieren und in Syntax und Morphologie sicherer zu werden. Dazu wäre es erforderlich, seine Äußerungen noch detaillierter zu dokumentieren, um die Verbkonjugationen sowie die Verbklammer präziser zu analysieren. Da er sehr gerne Bilderbücher anschaut, scheinen dies geeignete Situationen, um seine deutsche Sprachkompetenz zu fördern.

Ein Förderplan für Cem könnte also folgendermaßen aussehen (Abb. 29):

Name des Kindes: *Cem*				Zeitraum der Förderung: ca. 6–8 Wochen	
Sprach-bereiche	**Diagnose: Stärken**	**Diagnose: Defizite**	**Zielbe-stimmung**	**Förder-maßnahme, Zeitraum**	**Evaluation, Konse-quenzen**
phonetisch-phonologisch		*kein Befund berichtet*		wiederholte Betrachtung von 1–2 Bil-derbüchern im Laufe des Zeitrahmens (6–8 mal) in der Dyade Erz. – Kind; später Hinzu-ziehen eines weiteren Kin-des, evtl. eines deut-schen Kindes; Gespräch beim Buch-betrachten: Kontextopti-mierung; Expansion; implizite Feh-lerkorrektur; häufige Ver-wendung prä-ziser Wörter (s. Kap. 4)	Cem äußert sich zum Ge-schehen in den 1–2 Bil-derbüchern mit ange-messenem Wortschatz; Verwendung von Neben-sätzen mit korrekter Verbstellung; meist kor-rekte Verb-flexionen; Überprüfung durch Auf-nahme (Pro-tokoll) seiner Äußerungen nach 6–8 Wochen; Analyse
semantisch-lexikalisch	*verwendet Umschrei-bungen*	*komplexe Anweisungen versteht er nicht; verwendet vor allem unbestimmte Artikel*	Erweiterung des Wort-schatzes in einem Bereich; häufigeres Verwenden des bestimm-ten Artikels		
morpho-logisch-syntaktisch	*Verbzweit-stellung, Verbklammer*	*Verbend-stellung in Nebensätzen unsicher*	Stärkung der Verbend-stellung in Nebensätzen		
pragmatisch-kommuni-kativ	*vor allem im Türkischen sehr kom-munikativ; beteiligt sich an Gesprä-chen*	*es fehlen die Wörter, um sich ange-messen aus-zudrücken*	Beibehalten der Freude und des Engagements beim Buch-betrachten		
weitere Beobach-tungen im Kindergarten	*hat viele Kon-takte, bringt sich ein*	*wenig deut-sche Kinder als Spiel-partner*		Anbahnen von Kontak-ten mit deut-schen Kin-dern	
Kind-Umfeld-Analyse	*gute Kennt-nisse in der Familien-sprache; kann zwi-schen beiden Sprachen switchen*	*weniger deutsche Kontakte im familiären Bereich*		besser in Kommuni-kation ein-beziehen	

Abb. 29: Beispiel für einen Förderplan für Cem

Am Ende des vorgesehenen Förderzeitraums werden Cems Äußerungen bei der Bilderbuchbetrachtung protokolliert und mit den protokollierten Äußerungen vorher verglichen, sowohl hinsichtlich des morphologisch-syntaktischen Bereichs als auch hinsichtlich des verwendeten Wortschatzes (Wie oft musste er zu Ausweichungen greifen? Inwieweit handelte es sich dabei um Vermeidungsstrategien, inwieweit um aktive Strategien wie Umschreibungen?). Auch eine Beobachtung mit SISMIK kann noch einmal erfolgen, um den Erfolg der Förderung zu evaluieren. Zeigen sich nach dem vorgesehenen Zeitraum Fortschritte, kann der Förderplan in ähnlicher Weise fortgeführt bzw. können andere Bereiche mehr ausgeführt werden (z. B. die Kommunikation mit deutschen Kindern).

Zeigen sich nach dem vorgesehenen Zeitrahmen kaum Veränderungen, ist es hilfreich, die sprachlichen Äußerungen der Erzieherinnen zur Kontextoptimierung und zur Modellierung (s. Kap. 4) aufzunehmen, um sie für eine Verbesserung zugänglich zu machen. Hierfür ist kollegiale fachliche Unterstützung notwendig.

3.8 Zusammenfassung

Für eine individuelle Förderung ist es notwendig, dass die Ergebnisse der Diagnose, vor allem der spezifischen Diagnose, genau analysiert werden. Dabei helfen die verschiedenen Stufenmodelle, die im morphologisch-syntaktischen Bereich für den Erst- und den Zweitspracherwerb entwickelt wurden. Wenn der Stand des Kindes dort eingeordnet wird, ist auch die Zone der nächsten Entwicklung (Vygotskij 2002) präziser erkennbar und damit das Ziel der Förderung bestimmbar. Mithilfe der Kontextopitimierung (Motsch 2006) und des inszenierten Spracherwerbs (Dannenbauer 1999) wird die Entwicklung des Kindes gezielt gefördert. In welcher Weise diese Förderung gestaltet werden kann, wird im nächsten Kapitel ausgeführt. Nach einem vorher vereinbarten Zeitraum von einigen Wochen werden die Äußerungen des Kindes erneut analysiert, um den Fortschritt bestimmen zu können und Konsequenzen für das weitere Vorgehen zu ziehen. Auch die Äußerungen der Erzieherin, die die Sprechakte des Kindes begleiten, unterstützen und herausfordern sollen, können regelmäßig aufgenommen und analysiert werden, um diese laufend zu verbessern, anzureichern und zu optimieren.

4 Pädagogisch-didaktische Grundlagen zur Gestaltung der Fördersituation

4.1 Vorbemerkungen

Nachdem die vorangegangen Kapitel sich mit der Frage beschäftigt haben, wie der Sprachförderbedarf eines Kindes am besten ermittelt und wie aus der Diagnose ein geeigneter Förderplan erstellt werden kann, geht es in diesem Kapitel um die Gestaltung der Sprachförderung: In welcher Weise können Erzieherinnen den (Zweit-) Spracherwerb von Kindern so unterstützen, dass diese möglichst schnell problemlos kommunizieren können und gleichberechtigte (Lern-)Chancen haben?

Im Rahmen der wissenschaftlichen Begleitung der Sprachförderung »Sag' mal was« haben wir zahlreiche Sprachfördersituationen aufgezeichnet und systematisch ausgewertet. Im ersten Kapitel wurden einige Beispiele aufgezeigt. Dabei sind uns immer wieder typische Probleme aufgefallen, vor die die Erzieherinnen gestellt waren und die sie als solche auch uns gegenüber geäußert haben: wechselnde und unterschiedlich ausgeprägte Aufmerksamkeit der Kinder, auffälliges, zum Teil auch störendes Verhalten einzelner Kinder, zurückhaltende Kinder, die nicht zu Wort kamen. Dies erschwerte es den Erzieherinnen, eine sinnvolle Arbeitsatmosphäre herzustellen bzw. über längere Zeit zu erhalten, zog viel Aufmerksamkeit zur Disziplinierung einzelner Kinder ab und verhinderte ein individuelles Eingehen auf die einzelnen Kinder. Die Erzieherinnen versuchten durch häufigen Methoden- und Medienwechsel die Aufmerksamkeit der Kinder zu erhalten oder immer wieder zu wecken, was ihnen auch oft gelang. Dadurch erschien die Fördersituation aber zerstückelt und es wurde nicht immer klar, was die Kinder in dieser Einheit lernen sollten bzw. gelernt haben. Wenn Kinder gezielt etwas lernen sollen, also wie in unserem Fall die deutsche Sprache, sind didaktische Überlegungen notwendig, die die Pädagogin vorher, in der Situation und anschließend anstellen muss.

- Welche Voraussetzungen bringen die Kinder mit? Wie kann ich ihren derzeitigen Sprachstand beschreiben, wie sieht es mit ihrer Motivation und Aufmerksamkeit aus?
- Welche Inhalte sind für die Förderung relevant? Was soll im Bereich Wortschatz und Satzverständnis (Lexikon und Semantik), was im Bereich Grammatik (Morphologie und Syntax), was im Bereich Kommunikation (Pragmatik) gefördert werden? Wo achte ich auf Lautbildung und Aussprache (Phonologie), welche Rolle spielt die geschriebene Sprache (Literalität)?
- Welches Ziel möchte ich bei welchem Kind erreichen? Was sollen die Kinder mithilfe der Förderung lernen? Woran kann ich erkennen, ob die Förderziele erreicht wurden?

- Welche Erkenntnisse aus der Spracherwerbsforschung können bei der Förderung angewandt werden?
- Wie gestalte ich eine lernförderliche Lernumgebung? Welches Setting wende ich an?
- Welches methodische Vorgehen wähle ich? Was passt am besten zu mir, den Kindern, der Situation und den Inhalten? Wie sorge ich für Aktivität der Kinder und für Abwechslung? In welcher Gruppierung wird gelernt?
- Welche Materialien und Medien möchte ich verwenden? Welche stehen zur Verfügung? Welche sind geeignet und fördern den Sprachbereich, der unterstützt werden soll? Welche ermöglichen eine aktive Beteiligung des Kindes?
- Wie sehen die äußeren Rahmenbedingungen aus? Wann und wie lange soll die Förderung stattfinden? In welchem Raum und mit welchen Kindern? Soll die Förderung implizit oder explizit durchgeführt werden?

Dieses Kapitel soll Hinweise dafür geben, wie Sprachförderung pädagogisch und didaktisch sinnvoll gestaltet werden kann. Dabei geht es zunächst in Anknüpfung an das vorherige Kapitel um die Zielbestimmung der Sprachförderung und die Voraussetzungen der Kinder. Daran schließen sich Erkenntnisse aus der Elementarpädagogik und der Sprachdidaktik zur lernförderlichen Gestaltung von Sprachfördersituationen an. Dabei werden verschiedene Lernarrangements und Vorgehensweisen vorgestellt und diskutiert. An den verschiedenen Inhalten der Sprachförderung werden diese Vorgehensweisen abschließend konkretisiert.

4.2 Ziele in der Sprachförderung

Das allgemeine Ziel der Sprachförderung ist klar: die Kompetenz, vor allem in der deutschen Sprache, der Kinder zu steigern, so dass sie gleichberechtigte Bildungschancen haben. Dieses allgemeine Ziel gilt es in Teilziele zu untergliedern,

- die auf das jeweils einzelne Kind bzw. kleinere Gruppen von Kindern abgestimmt sind und in der Zone der nächsten Entwicklung (Vygotskij 2002) liegen (s. Kap. 3),
- die auf die jeweilige Fördersituation bezogen werden,
- deren Erreichen in geeigneter Weise überprüft werden kann und
- die aufeinander aufbauen.

Je klarer formuliert werden kann, was genau welches Kind am Ende welcher Zeiteinheit können soll, desto leichter gelingt eine klare Planung und Überprüfung.
Beispiele:
- Murat verwendet zunehmend Sätze mit mehr als zwei Wörtern.
- Mira erzählt mir oder anderen Kindern, was sie erlebt hat.
- Sascha stellt beim Bilderbuchbetrachten Vermutungen über das weitere Geschehen an.

- Lena nimmt folgende Wörter … in ihren aktiven Wortschatz auf.
- Surai äußert sich in der Kleingruppe mehrfach verbal.

Nicht immer gelingt es, für jedes Kind solche präzisen Zielvorgaben zu formulieren. Aber man kann es zunehmend versuchen und dann seine Planung entsprechend anpassen. Die Haltung, immer auch zu beobachten, ob das Kind tatsächlich seine Sprache im Sinne des vorgenommenen Inputs verändert hat, macht sensibel für die Wirkung der eigenen Sprachförderung.

4.3 Zum Lernen beim Spracherwerb

Der Spracherwerb ist ein Lernprozess, der sich vorwiegend nebenbei vollzieht – im Gegensatz zum Fremdsprachenlernen. Beim Spracherwerb geht es um die Sprache, die die Umgebung spricht, mit der man tagtäglich konfrontiert ist und in der überwiegend die Verständigung geschieht. Bei der Erforschung, wie sich der Spracherwerb vollzieht, haben sich vier große Theorien herausgebildet, die jeweils versuchen, die wesentlichen Entwicklungsvorgänge zu klären (Zimmer 2003, S. 63 ff.; Rohmann/Aguado 2002, S. 263–268; Günther/Günther 2004 S. 47–50; Szagun 2006; Oksaar 1987):

- die nativistische Theorie in Anlehnung an Chomsky (1969),
- die behavioristische Theorie in Anlehnung an Skinner (1957),
- die kognitivistische Theorie in Anlehnung an Piaget (1972) und
- die interaktionistische Theorie in Anlehnung an Bruner (2002).

Die *nativistische* Theorie infolge von Chomsky nimmt an, dass ein Kind mit sprachlichen Universalien ausgestattet ist, die ihm ein grundlegendes Verständnis für Sprache ermöglichen. Mithilfe eines angeborenen kognitiven Spracherwerbsmechanismus (Language Acquisition Device, LAD) konstruiert das Kind die Grammatik seiner Muttersprache.

Die *behavioristische* Theorie, die sich vor allem auf Skinner bezieht, stellt in den Mittelpunkt, dass sprachliche Lernprozesse auf der Basis von Erfahrung und Imitation stattfinden, wobei vor allem die positive Verstärkung zur Entwicklung der Sprache beiträgt.

Die Annahme, dass der Spracherwerb in einem engen Zusammenhang mit der intellektuellen Entwicklung steht, ist für die *kognitivistische* Theorie infolge von Piaget (1972) zentral. Nach ihr verlaufen die Prozesse der Konzeptentwicklung parallel mit der sprachlichen Entwicklung. Die aktive Auseinandersetzung mit der Umwelt, also mit Menschen und mit Dingen, schlägt sich in der kognitiven Entwicklung nieder.

Nach der *interaktionistischen* Theorie, die vor allem von Bruner (2002) geprägt wurde, stellt die Interaktion zwischen der erwachsenen Bezugsperson und dem Kind den entscheidenden Antrieb für den Spracherwerb dar. In der Interaktionssituation passt die Bezugsperson ihre Sprache den Bedürfnissen des Kindes so an, dass es sie verstehen kann. Das Kind entnimmt der Interaktionssituation die Bedeutung der Wörter und Strukturen und kann sie so erwerben.

Im Allgemeinen geht man heutzutage davon aus, dass jede dieser vier Theorien einen wesentlichen Aspekt des komplexen Bedingungsgefüges beim Spracherwerb erfasst. Für die Didaktik sind vor allem die interaktionistische und die behavioristische Theorie interessant, weil sie sich mit den Komponenten des Spracherwerbs befassen, die durch die Gestaltung von Lernszenarien beeinflussbar sind.

Demnach spielen beim Spracherwerb folgende Lernmechanismen eine zentrale Rolle (Lengyel 2009):

- *Imitation*: Kinder lernen durch Imitation, weil sie genau die Sprache erwerben, die um sie herum gesprochen wird. Dabei wird nicht alles eins zu eins übernommen, sondern häufig werden solche Äußerungen ganz oder teilweise wiederholt, denen das Kind in der Kommunikation Bedeutung zumisst. Imitation wird von Kindern unterschiedlich intensiv genutzt.
- *Verallgemeinerung und Regelbildung*: Kinder lernen Sprache nicht nur durch Imitation, denn sie verwenden auch Wörter und Satzkonstruktionen, ohne dass sie sie vorher gehört hätten. Sie machen zum Teil auch Fehler, die Erwachsene nicht machen: sie sagen z. B. *gesprecht* statt *gesprochen*. Das bedeutet, dass Kinder beim Spracherwerb Regeln bilden und diese verallgemeinern, auch wenn die Regel in manchen Fällen nicht zutrifft. Der Mechanismus der Regelbildung ist ein wichtiger Schritt im Spracherwerb, und daher sind manche Fehler, die Kinder begehen, besonders aufschlussreich, weil sie auf die zugrunde gelegte Regel hinweisen.
- *Häufigkeit im Sprachangebot*: Je mehr und je häufiger Kinder Wörter und Sätze, also grammatikalische Strukturen und Satzmuster in ihrem Umfeld hören, desto mehr Anregung bietet dies für das Sprachenlernen. Gerade auch das Vorlesen bietet in der Regel einen erweiterten Wortschatz an. Kinder mit Deutsch als Zweitsprache haben beim Eintritt in den Kindergarten oft noch weniger Kontakt mit der deutschen Sprache gehabt als Kinder mit Deutsch als Erstsprache.
- *Implizite Fehlerkorrektur*: Wenn Erwachsene fehlerhafte oder unvollständige Kinderäußerungen aufgreifen und dabei erweitern und gegebenenfalls korrigieren, bietet das für ein Kind eine gute Lernmöglichkeit, ohne das Gespräch zu stören und das Kind zu beschämen (s. auch *Scaffolding*) (Szagun 2007).

4.4 Didaktisch-methodische Überlegungen und Prinzipien für die Gestaltung von Sprachfördersituationen

Für Erzieherinnen sind spezifische Fördersituationen ungewohnt, für die einige Kinder aus der Kindergartensituation herausgenommen werden und mit denen in einem separaten Raum gearbeitet wird. Solche Fördersituationen passen weder zu einem situationsorientierten Ansatz, bei dem für die Kinder und die Einrichtung wichtige alltägliche Ereignisse zum Anlass für Bildungsprozesse genommen werden und die Kinder unterschiedliche Zugänge zu einem Thema erfahren können, noch passen solche Settings zu einer Angebotspädagogik, bei der die Erzieherin eine Beschäftigung vorbereitet und die Kinder in der Regel selbst entscheiden, ob sie daran teilnehmen möchten oder nicht.

Sprachförderung, die speziell für Kinder mit diagnostiziertem Förderbedarf durchgeführt wird, gerät auf diese Weise – so unsere Beobachtungen – schnell in »schulähnliche« Situationen, in denen die Kinder auf dem Stuhl sitzen, die Erzieherin das Geschehen leitet und die Kinder fast ausschließlich zuhören oder rezeptiv tätig sind, indem sie knapp die Fragen der Erzieherin beantworten (s. Kap. 1). Solche Situationen sind kaum sprachfördernd.

Es wird im Folgenden darum gehen, wie solche Sprachfördersituationen zu planen und zu gestalten sind, damit sie lernförderlich sind. Sprachförderung wird dabei als eine kontinuierliche und durchgängige Aufgabe des Kindergartens verstanden, weil sie sowohl in spezifischen und inszenierten Fördersituationen als auch im Alltag geschieht. Für verschiedene Settings werden im Folgenden Grundlagen und Anregungen unterbreitet.

4.4.1 Merkmale einer förderlichen Lernumgebung

In der Bildungsforschung wurden verschiedene Qualitätsmerkmale identifiziert, die für erfolgreiches Lernen wichtig sind (Helmke 2004; Meyer 2004). Im Zusammenhang mit Sprachförderung im Kindergarten sind folgende Merkmale bedeutsam:

- *Ein hoher Anteil an echter Lernzeit und Aufmerksamkeit*: Je mehr Zeit tatsächlich für sprachförderliche Elemente verwendet wird, desto wirkungsvoller ist diese Zeit. In spezifischen Sprachfördersituationen entfällt etwa ein Fünftel der Zeit auf Organisatorisches wie Stühle holen oder Material bereitstellen. Auch diese Zeit kann sinnvoll genutzt werden, indem die Erzieherin z. B. ihre Tätigkeiten sprachlich begleitet. Des Weiteren ist die tatsächliche Aufmerksamkeit der Kinder wichtig: Je aufmerksamer sie sind, desto mehr lernen sie dabei. Die relativ kurze und bei den einzelnen Kindern sehr unterschiedlich ausgeprägte Konzentrationsspanne gilt es mit entsprechend abwechslungsreich gestalteten und auf die Kinder abgestimmten Angeboten zu berücksichtigen.
- *Lernförderliches Klima*: Je positiver und emotional angenehmer das Klima zwischen Erzieherin und Kind ist, desto eher macht das Kind Entwicklungsfortschritte. Wenn es sich wohl, geborgen und geachtet fühlt, kann sich das Kind auf neue Sachverhalte besser einlassen. Von unseren Beobachtungen und Gesprächen mit Erzieherinnen wissen wir, dass es den Erzieherinnen ein großes Anliegen ist, dass sich die Kinder auch in der inszenierten Sprachfördersituation wohlfühlen, und es gelingt den Erzieherinnen in der Regel sehr gut, ein positives Lernklima herzustellen.
- *Angemessener Methodenwechsel*: Um einerseits die Aufmerksamkeit der Kinder zu erhalten und andererseits vielfältige Zugänge zum Thema zu ermöglichen, sind häufigere Wechsel von Arbeitsweisen notwendig, ohne dass dabei die Fördersituation hektisch wird. Verschiedene Aktivitätsformen wie Sprechen, Zuhören, Bauen, sich Bewegen, etwas Untersuchen, etwas Gestalten etc. können zur Anwendung kommen und gleichzeitig sprachfördernd wirken.
- *Individuelles Fördern* ist notwendig, weil jedes Kind einen anderen Sprachstand hat

und individuell die Sprache erwirbt. Alle Stufenmodelle sind nur Hilfsmittel und machen gleichwohl eine individuelle Förderplanung möglich (s. Kap. 3).

- *Vorbereitete Umgebung:* Sprachförderung geschieht nicht nur in spezifischen Fördersituationen, sondern im gesamten Kindergartenalltag. Diese zahlreichen Möglichkeiten gilt es zu nutzen und durch die Umgebung zu unterstützen. Sprachverbote beim Essen oder ein »Deutsch-Sprech-Gebot« wirken dem eher entgegen. Für die Entwicklung von Sprachbewusstsein ist es wichtig, auch andere Sprachen zu erleben.

- *Hohe Aktivität der Kinder:* In allen Bildungs- und Orientierungsplänen für den Elementarbereich werden die Kinder als aktive Lerner verstanden, die sich die Welt aktiv aneignen, sich mit ihr auseinandersetzen und auch auf sie einwirken. Auch neurobiologische Erkenntnisse zeigen, dass ein Mensch besser lernen kann, wenn er sich direkt und eigenaktiv mit einer Sache auseinandersetzen kann. Sprechen lernt man nicht nur durch Zuhören, sondern vor allem durch eigenes Sprechen. In den von uns analysierten Fördersituationen war der Redeanteil der Kinder im Verhältnis zu dem der Erzieherin meist erschreckend gering (s. Kap. 1).

4.4.2 Prinzipien zur Unterstützung des Spracherwerbs

Bezüglich der didaktischen Prinzipien für die Sprachförderung von Vorschulkindern gibt es noch keine Forschungstradition. Um Prinzipien zu gewinnen, kann man sich an den Erkenntnissen über den Spracherwerb im Allgemeinen und am Fremdsprach- und Zweitspracherwerb im Besonderen orientieren. Weitere Anregungen können Verfahren aus der Therapie mit Kindern mit einer spezifischen Sprachentwicklungsstörung liefern.

4.4.2.1 Erkenntnisse aus dem Erstspracherwerb

Das Lernen der Wörter und ihrer Bedeutung
Vom Erstspracherwerb (s. Kapitel 2) wissen wir, dass die Art und Weise, wie Eltern mit ihrem kleinen Kind sprechen, spezifisch sind und entwicklungsunterstützend wirken. Solche Verfahren lassen sich teilweise auch auf den Zweitspracherwerb anwenden. Zum Beispiel verwenden erwachsene Bezugspersonen in der Interaktion mit Kindern im Krabbel- und Vorschulalter deutlich vereinfachte Sprachmuster, mit einer besonderen Akzentuierung bestimmter Worte, um den sprachlichen Aneignungsprozess des Kindes zu fördern. Der Wortschatz- und Bedeutungserwerb läuft nach einem typischen Interaktionsmuster ab, indem die Eltern das Kind (Alter: ein bis zwei Jahre) mit einem Aufruf, zum Beispiel einer Zeigegeste, oder einer Frage zu einer sprachlichen Äußerung veranlassen und mit ihrer Rückmeldung das Kind nachhaltig darin bestärken, sich weiter sprachlich zu äußern (Bruner 2002, Grimm 2003, Knapp 2001b). Für die Sprachförderung kann daraus der Schluss gezogen werden, dass das Versprachlichen von Handlungen und Vorgängen einen geeigneten Ansatzpunkt zum Erwerb von Wortschatz und Bedeutungen darstellt. In der vorschulischen Erziehung gibt es viele dieser Situationen, wie zum Beispiel Spielen im Sandkasten, Basteln, Malen oder

Werken oder Zubereiten von Nahrung, in denen die Handlungen der Beteiligten versprachlicht werden können und sollen. Je präziser die konkreten Begriffe dabei situativ angemessen verwendet werden, desto eher erwerben die Kinder die genauen und damit differenzierten Bedeutungen der Wörter. Darüber hinaus erwerben die Kinder eine andere Fähigkeit, die vielleicht noch wichtiger ist: Sie gewinnen Einsicht in die Notwendigkeit und Sinnhaftigkeit eines genauen und präzisen Ausdrucks in der zwischenmenschlichen Kommunikation. Dies wiederum stellt eine wichtige Voraussetzung für den Erwerb eines differenzierten Wortschatzes dar, wie er dann auch für den schulischen Gebrauch notwendig ist.

Das Paraphrasieren
Sobald das Kind die Zweiwortphase erreicht hat und zwei oder mehr Wörter zu einer Äußerungsfolge verbindet, beginnt der Erwerb morphologischer und syntaktischer Muster. Auch hier spielt, wie Brunner (2002), Grimm (2003) und Knapp (2001b) zeigen, die Interaktion innerhalb der Erwachsenen-Kind-Dyade eine zentrale Rolle, deren Bedeutung auch für den Zweitspracherwerb im Kindergarten genutzt werden kann. Folgendes Vorgehen bietet sich an:

In den Dialogen greift die Erzieherin die Äußerungen des Kindes auf und korrigiert sie paraphrasierend (vgl. Kapitel 1.8). Sie wiederholt beispielsweise ein nicht der zielsprachlichen Norm entsprechend gesprochenes Wort in korrekter Form und animiert das Kind, dieses Wort korrekt zu wiederholen. Weiterhin expandiert die Erzieherin rudimentäre Äußerungen auf eine grammatisch vollständige Form (das muss nicht unbedingt ein im grammatikalischen Sinne vollständiger Satz sein, es kann auch eine in der gesprochenen Sprache angemessene Form sein). Damit bietet die Erzieherin dem Kind Muster für komplexe Sätze an. Schließlich korrigiert sie in der Paraphrase grammatikalische Fehler des Kindes, indem sie das zielsprachliche Muster präsentiert. Auch in diesen Dialogen gibt die Erwachsene positive Rückmeldungen und motiviert das Kind zum Lernen der Sprache (Grimm 2003).

Das Erzählen
Auch beim Erzählerwerb spielt die Erwachsenen-Kind-Dyade eine entscheidende Rolle. Wenn Kinder im Vorschulalter erzählen und Erwachsene zuhören, dann haben die Erzählungen eine ganz bestimmte Form. Während sonst die Alltagserzählung dadurch gekennzeichnet ist, dass es sich um einen Monolog im Dialog handelt, dass sich also der Erzählende das Rederecht für längere Zeit sichert und während des Erzählens nicht oder nur zur Bestätigung durch den Zuhörer oder durch eher vereinzelte Rückfragen unterbrochen wird, sind Erzählungen von kleinen Kindern mit Erwachsenen als Zuhörern viel stärker dialogisch angelegt. Der Erwachsene, also die Erzieherin, fordert das Kind zum Erzählen auf, sie erweitert zum detaillierten Erzählen, sie stellt Fragen bezüglich der Orientierung in der Geschichte (Wer? Wann? Wo? Warum? Was folgte dann?), sie ergänzt spannungserhöhende Elemente, sie baut den Höhepunkt der Geschichte aus, sie evaluiert stellvertretend für das Kind (»Das hat aber arg wehgetan.«) oder motiviert das Kind zur Evaluation (Knapp 2001a und b). Dies geschieht

am besten in Situationen, in denen nur die Erzieherin und das Kind, vielleicht noch eine dritte oder vierte Person, beteiligt sind (s. dazu auch Beispiele aus dem 1. Kapitel). Aufschlussreich sind in diesem Zusammenhang die Beobachtungen, die Hausendorf/ Quasthoff (1996) in ihren Untersuchungen machen. Solange Kinder in Peergroups unter sich bleiben, lernen sie Erzählmuster wesentlich weniger als in der Kommunikation mit Erwachsenen. Offensichtlich ist die ganze Zuwendung einer erwachsenen Person mit ihrer sprachlichen Kompetenz erforderlich, um den Erzählerwerb voranzutreiben (Knapp 2001a).

Das Vorlesen

Eine weitere wichtige Situation für den Spracherwerb des Kindes ist das Vorlesen. Der Wortschatz erweitert sich, korrekte phonologische, morphologische und syntaktische Muster werden präsentiert, das Kind lernt Textmuster kennen. Insgesamt wird ein reichhaltiger und sprachlich korrekter Input geliefert, der in vielfältiger Hinsicht zum sprachlichen Lernen anregt. Nicht zu unterschätzen ist auch die Anschlusskommunikation, in der das Gelesene häufig differenziert sprachlich weiterverarbeitet wird (Wieler 1997; vgl. Kapitel 1.10 und 5.2.11).

Lieder und Sprachspiele

Ähnlich förderlich ist die Eingabe auch bei Liedern, Gedichten, Sprachspielen, bei denen Kinder nicht nur korrekte Muster dargeboten bekommen, sondern diese imitierend und analogiebildend wiederholen. Damit prägen sie sich sprachliche Muster auf phonologischer, morphologischer und syntaktischer Ebene ein. Hier ist insbesondere der wiederholende Charakter hervorzuheben, der in lernpsychologischer Hinsicht für das Merken wertvoll ist (Belke 1999).

Scaffolding

Für eine alltagsbezogene situationsorientierte Sprachförderung bildet das Scaffolding eine der wichtigsten Strategien, mit denen Erwachsene den Spracherwerb von Kindern unterstützen können. Hierbei greifen die Erwachsenen die Sprechäußerungen des Kindes auf, erweitern sie, provozieren weitere und passen sich dabei dem Sprachniveau des Kindes an. Gleichzeitig sprechen sie mit dem Kind auf der nächsthöheren Stufe. Dahinter steht die Vorstellung, dass Kinder am besten lernen, wenn sie etwas über ihrem derzeitigen Lernstand und Sprachstand angeregt und gefordert werden – nicht darunter, weil das langweilt und keinen Lernfortschritt erzeugt, und nicht zu weit darüber, weil das überfordert und damit auch keinen Zuwachs ermöglicht. Deshalb ist die sorgfältige Diagnose so wichtig und eine daran anknüpfende Anregung oder Herausforderung notwendig. Vygotskij sprach in diesem Zusammenhang von der Zone der nächsten Entwicklung (Vygotskij 2002). Der Erwachsene regt beim Kind schwierigere sprachliche Tätigkeiten an als solche, die das Kind von sich aus verwendet, und unterstützt es beim Bewältigen dieser Anforderung. So kann das Kind zunächst begleitet diese schwierigere Aufgabe bewältigen und wird gleichzeitig stimuliert, die nächste Entwicklungsstufe zu erreichen.

Solche Erweiterungen, Wiederholungen, Ergänzungen und Korrekturen erfolgen im alltäglichen Gespräch. Dazu sind keine spezifischen Fördersituationen zwingend erforderlich, aber die Kompetenz der Erzieherin, solche Antworttechniken gezielt und zahlreich einzusetzen. Dabei werden nicht nur die Handlungen und Intentionen der Erzieherinnen sprachlich begleitet, sondern auch die der Kinder bzw. des Kindes. Dies lässt sich in den alltäglichen Spielhandlungen im Freispiel, beim Essen oder Basteln, beim Anziehen oder draußen im Garten einsetzen. Damit wird den Kindern implizites Lernen in Situationen, die für sie wichtig sind, ermöglicht. Gerade für Kinder mit Deutsch als Zweitsprache, so betont List (2006), ist das eine wichtige Lernform.

Zusammenfassend können folgende Bedingungen für einen erfolgreichen Spracherwerb genannt werden:
- Spracherwerb findet in Interaktionen, vor allem zwischen einer erwachsenen Person und einem Kind, statt.
- Die Interaktionen sind in alltägliche Situationen eingebettet, in denen die Ereignisse und Vorgänge versprachlicht werden.
- Beim Vorlesen, Erzählen von Geschichten, Singen von Liedern und gemeinsamem Sprechen von Gedichten werden Situationen geschaffen, die in besonderer Weise den Spracherwerb vorantreiben.
- In den spracherwerbsträchtigen Situationen werden den Kindern von den Erwachsenen, unter anderem auch durch Medien vermittelte, Modelle der Zielsprache angeboten.
- In den Interaktionen werden Kinder paraphrasierend korrigiert und zu (korrekten) sprachlichen Äußerungen motiviert (Verstärkung).

4.4.2.2 Grundsätze und Erfahrungen aus der Therapie mit Kindern mit einer spezifischen Sprachentwicklungsstörung

In der Therapie von Kindern mit einer spezifischen Sprachentwicklungsstörung (SSES) wurden Grundsätze entwickelt, welche für die Sprachförderung im Elementarbereich zwar nicht unbesehen übernommen werden können, die aber doch hilfreiche Anregungen geben können. Hier sind vor allem der »inszenierte Spracherwerb« (Dannenbauer 1999) und die »Kontextoptimierung« (Motsch 2006) zu nennen.

Inszenierter Spracherwerb
Wenn Kinder mit Deutsch als Zweitsprache mehrere Jahre lang eine Kindertagesstätte besuchen, in der Deutsch gesprochen wird, ohne dass die Kinder in dieser Zeit genügend Deutsch für einen erfolgreichen Schuleintritt lernen, so macht dies deutlich, dass der Kontakt mit der Zielsprache, das Sprachbad (Immersion) in der zu lernenden Sprache alleine in vielen Fällen nicht zum Aufbau des Wortschatzes und der zielsprachlichen Strukturen ausreicht. Die zu lernende Sprache ist zwar präsent, sie kann aber nicht in ihrer Differenziertheit aufgenommen werden, statt *Immersion* findet *Submersion* (Untertauchen) statt. Die Situation des Lernenden beschreibt Klein (1992) mit zwei Aufgaben, die sich in der alltäglichen Kommunikation stellen, wenn jemand in

einer fremden Sprache spricht: Die »Kommunikationsaufgabe« besteht darin, das Gehörte so gut zu verstehen, dass der Sinn im Wesentlichen entnommen werden kann, und sich sprachlich so verständlich auszudrücken, dass das kommunikative Ziel erreicht werden kann. Die »Lernaufgabe« besteht darin, die sprachlichen Strukturen der zu lernenden Sprache genau und differenziert wahrzunehmen. In gewisser Weise behindern sich die beiden Aufgaben. Wer genau und differenziert auf sprachliche Strukturen achtet, verliert leicht den Sinnzusammenhang, und wer sich auf den Inhalt konzentriert, übersieht leicht feine Differenzierungen in den sprachlichen Mitteln.

Wenn es einem Kind nicht gelingt, im deutschen Sprachbad des Kindergartenalltags die Kommunikations- und die Lernaufgabe ausreichend zu erfüllen, braucht es dabei angemessene Unterstützung. Dannenbauer (1999) schlägt vor, diesen Spracherwerb zu *inszenieren* und auf Strategien, die Eltern beim Erstspracherwerb ihres Kindes anwenden, zurückzugreifen: das Kind unterstützen, indem ihm Anregungen und positive Rückmeldungen gegeben werden, indem es implizit korrigiert und ihm durch Expansion der kindlichen Äußerung Muster der zielsprachlichen Formen geliefert werden. Darüber hinaus passen die Erwachsenen ihre Sprache an das Niveau an, auf dem die Kinder die Sprache beherrschen, indem sie einen leicht verständlichen Wortschatz verwenden, verwendete Begriffe durch Paraphrasierung erläutern (Lexik, Semantik), langsam, klar und bei Bedarf überbetont sprechen mit besonderer Betonung der für den Spracherwerb als relevant erachteten Stellen (Phonologie) und verständliche grammatische Strukturen (Morphologie, Syntax) verwenden. Dennoch darf diese Vereinfachung das Kind nicht unterfordern oder zu einer unkorrekten Sprachverwendung führen, wie man es manchmal bei Erwachsenen erlebt, die in solch einer Weise mit Ausländern sprechen (*Du Auto fahren?*).

Ausgangspunkt ist, wie in Kapitel 3 beschrieben, die Bestimmung des Sprachstandes, insbesondere im Bereich der Morphologie und Syntax, und die Ableitung, welche Erwerbsstrukturen in der »Zone der nächsten Entwicklung« (Vygotskij 2002) anstehen. Im »inszenierten Spracherwerb« (Dannenbauer 1999, S. 138) werden die Strukturen des Inputs so gestaltet, dass die zu erwerbenden Muster häufig, eindeutig, prägnant und kontrastiv (Motsch 2006) vorkommen. Für die Sprachförderung im Vorschulalter bedeutet das, dass der Input auf zweierlei Weise geschaffen wird: Zum einen werden Wortschatz und Strukturen ausgewählt, die der »Zone der nächsten Entwicklung« entsprechen, zum anderen bietet die Sprachförderperson in ihrem kommunikativen Verhalten die sprachlichen Strukturen so an, dass dem Kind ihr Erwerb erleichtert wird. Grundlage der entwicklungsproximalen Intervention ist dabei der Dialog zwischen Kind und Erwachsenem, indem der Erwachsene auf Äußerungen oder Handlungen des Kindes reagiert und damit neue, korrekte oder komplexere Äußerungen provozieren will.

Dafür können verschiedene Modellierungstechniken eingesetzt werden (Dannenbauer 1999).

Den kindlichen Äußerungen vorausgehende Sprachmodelle sind:

- die *Präsentation* (»gehäufte Einführung der Zielform«),
- das *Parallelsprechen* (»Versprachlichung kindlicher Intentionen«),

- die *linguistische Markierung* (»Versprachlichung vorrangig beachteter Situationsmerkmale«) und
- die *Alternativfragen* (»Angebot zweier Zielstrukturen zur Beantwortung«).

Den kindlichen Äußerungen nachfolgende Sprachmodelle sind:
- die *Expansion* (»Vervollständigung kindlicher Äußerungen unter Einbau der Zielstruktur«),
- die *Umformung* (»Veränderung kindlicher Äußerungen unter Einbau der Zielstruktur«),
- das *korrektive Feedback* (»Wiedergabe kindlicher Äußerungen mit berichtigter Zielstruktur«),
- die *modellierte Selbstkorrektur* (»Nachahmung kindlicher Fehler bei der Zielstruktur mit sofortiger Korrektur«) und
- die *Extension* (»Sachlogische Weiterführung der kindlichen Äußerung unter Einbau der Zielstruktur«).

Je nach Ziel der Förderung richten diese Antworten das Augenmerk des Kindes auf bestimmte sprachliche Zusammenhänge. Folgende Beispiele von Dannenbauer, die List (2006) für den Kindergarten entsprechend abgewandelt hat, sollen dies verdeutlichen:

Funktion bzw. Ziel	Inhalt/Gegenstand	Beispiel
Gehäufte Einführung der Zielform	Perfektbildung	»Hast du gesehen? Ich habe eine Kugel genommen. Hast du auch eine gefunden? Dann habe ich …«
Versprachlichung kindlicher Intentionen	Kongruenz (Übereinstimmung) innerhalb einer Phrase	»Du willst wohl ein rotes Auto, aha ein rotes. Und dieser grüne Bagger?«
Versprachlichung von beachteten Merkmalen	Wortschatz zum Bereich Essen bzw. Besteck	»Ein komischer Löffel. Er ist groß. Hast du auch so einen? Siehst du den kleinen? Gib ihn mir …«
Vervollständigung kindlicher Äußerungen	Ortsbestimmung	»Wauwau fort!« – »Ja, der Wauwau läuft fort. Er läuft zum Tor.«
Veränderung kindlicher Äußerung	Umstellung der Wortfolge	»Wir Pferde nehmen.« – »Gut, dann nehmen wir Pferde. Nehmen wir auch …?«
Korrektive Rückmeldung mit berichtigter Zielstruktur	Modalverben	»Der Doktor nicht kommen muss.« – »Nein, der Doktor muss nicht kommen …«

Weiterführung kindlicher Äußerungen mit Zielstruktur	Verb und Negation	»Du kannst nicht das machen.« – »Nein, ich habe das nicht gelernt …«

Abb. 30: Beispiele für Scaffolding (nach List 2006, S. 46 f.)

Kontextoptimierung

Gegenüber der entwicklungsproximalen Sprachtherapie entwickelte Motsch (2006) das didaktische Konzept der Kontextoptimierung, weil er in der Therapie mit dysgrammatischen Kinder festgestellt hatte, diese hätten »unterschiedliche Erwerbsstile für grammatisches Lernen, d. h., dass nicht alle von den gleichen Therapieanordnungen optimal profitieren« (Motsch 2006, S. 82). Außerdem hinge die erfolgreiche Therapiemethode auch von der gewählten grammatischen Zielstruktur und von der durch das Kind erreichten Entwicklungsphase ab. Daraus leitet Motsch folgende drei Fragen ab:

- »Sind bestimmte Methoden für bestimmte individuelle kindliche Voraussetzungen mehr oder weniger geeignet?
- Sind bestimmte Methoden für bestimmte Zielstrukturen mehr oder weniger geeignet?
- Sind bestimmte Methoden für bestimmte Phasen der Aneignung (Vorschulphase, Schulphase) mehr oder weniger geeignet?« (Motsch 2006, S. 83).

Motsch plädiert in seinem Konzept der »Kontextoptimierung« dafür, den Kontext der Sprachförderung, also die »inszenierte Sprachlernsituation« bei der Planung hinsichtlich dieser Elemente zu verändern:

- »das von uns ausgewählte Sprachmaterial, das dem Kind die Entdeckung grammatischer Regeln ermöglichen soll;
- die geplante Situation des Spiel-, Handlungs- oder Unterrichtsrahmens, in der das spezifizierte Sprachmaterial funktional erlebt werden soll (Form-Funktions-Erfahrung);
- die besondere Sprechweise des Therapeuten, der durch prosodische Veränderungen die Aufmerksamkeit des Kindes auf die spezifischen Merkmale des Sprachmaterials lenkt;
- Hilfen zum Entdecken, Übernehmen und Anwenden der grammatischen Zielstruktur (Motsch 2006, S. 85).

Durch die gezielte Veränderung dieser Elemente, also der Optimierung des Kontextes, soll es nach Motsch gelingen, Blockaden im grammatischen Lernen zu beseitigen und grammatische Lernprozesse zu intensivieren; außerdem könnten auf diese Weise für das Kind im Alltag bisher bedeutungslose formale Aspekte des Sprachmaterials – die kritischen Merkmale der Zielstrukturen – in den Fokus der kindlichen Wahrnehmung gerückt werden (Motsch 2006).

Wesentliche Merkmale der Kontextoptimierung sind:
- die Ursachenorientierung,
- die Ressourcenorientierung und
- der Modalitätenwechsel (Motsch 2006, S. 90).

Auf diese Merkmale bezogen gibt Motsch Prinzipien der Kontextoptimierung an, von denen hier diejenigen aufgeführt werden sollen, die bei der Sprachförderung für Vorschulkinder als hilfreich erachtet werden.

Die Prinzipien zur *Ursachenorientierung* reflektieren auf die Ursachen der Probleme, die Kinder mit spezifischen Sprachentwicklungsstörungen haben, wie zum Beispiel beim Erwerb grammatischer Merkmale und Strukturen in den Bereichen der auditiven Aufmerksamkeit, der phonematischen Diskriminationsfähigkeit und der phonologischen Bewusstheit, und sind insofern für die Sprachförderung im Vorschulalter zum Teil weniger relevant. Unter ihnen sollte jedoch dem Prinzip *Sensibilisierung auf Morphemmarkierungen* Beachtung geschenkt werden, nach dem bedeutungstragendes Wortmaterial verwendet werden soll, um daran finale Laute identifizieren zu lassen (Motsch 2006). Mit der Aufforderung »*Hör genau hin!*« wird die Aufmerksamkeit des Kindes z. B. auf Wortendungen gelenkt: Unterscheidungen der Endungen *n* und *m* bei *Bein, Baum, Schwein, Schirm* etc. oder der Endungen *t* und *st* bei *Wut* und *Wurst*. Damit sollen die Kinder für Morphemmarkierungen und für wichtige grammatische Strukturen sensibilisiert werden.

Auch das Prinzip *Sprechweise des Therapeuten* erscheint zumindest bei Kindern, die von sich aus wenig auf sprachliche *Formen* achten, hilfreich zu sein. In der Sprachförderung für Vorschulkinder kann dies ein sinnvolles Instrument sein, weil mit bewusstem Verlangsamen und Betonen, mit fraktioniertem Sprechen und mit leicht übertriebener Sprechmelodie auf relevante Strukturen der Zielsprache aufmerksam gemacht werden kann: »*In deeeenn blauen oder in deeenn roten Rucksack.*« oder: »*Er ist nicht unter deemmm Hut und nicht in deeer Schachtel.*« (Motsch 2006, S. 91).

Die Prinzipien, die zur *Ressourcenorientierung* gehören, entsprechen entweder allgemeinen Prinzipien der frühkindlichen Bildung oder sie beziehen sich speziell auf den Therapiezusammenhang und brauchen deshalb hier nicht näher ausgeführt zu werden.

Als *Modalitätenwechsel* fordert Motsch den kurzrhythmischen Wechsel der drei Modalitäten *rezeptiv, reflexiv* und *produktiv* innerhalb einer Sprachfördereinheit. Dabei geht es um den Wechsel zwischen verstärkt sprachbewussten Arbeitsformen, indem z. B. bestimmte Strukturen vor- und nachgesprochen werden, und Formen eher unbewusster Sprachaneignung wie beim Spiel. Motsch bevorzugt das Setting Rollenspiel, bei dem Themen und Interessen des Kindes aufgegriffen werden. Diese Art des Modalitätenwechsels stellt sicherlich einen interessanten Lösungsansatz dar, um systematisches und situationsorientiertes Vorgehen zu verbinden.

Im Rahmen des Modalitätenwechsels führt Motsch darüber hinaus vier Prinzipien zur Modalität *Rezeption* an, deren Einsatz in der vorschulischen Sprachförderung als sinnvoll erachtet wird:

- *Zwingende Kontexte schaffen*: Wenn die Kinder eine bestimmte Satzstruktur verwenden sollen, muss der Kontext so geschaffen werden, dass diese Anwendung zwingend erforderlich ist. Beispiel: Soll das Kind die Satzstruktur »*ich kaufe …*« verwendt, ist die Erstellung einer Einkaufsliste kein zwingender Kontext, denn dafür genügt die Aufzählung »*Milch, Schokolade …*«. Statt das Kind immer aufzufordern »*Sprich im ganzen Satz!*«, muss der Kontext optimiert werden, indem z. B. das Kind nicht nur für sich, sondern auch für jemand anderes eine Einkaufsliste erstellen soll. Damit wird die Nennung des Subjekts zwingend erforderlich, weil man sonst nicht weiß, wer was einkauft (Motsch 2006, S. 99 f.).
- *Kontrolle der eigenen Redebeiträge* heißt, dass die Äußerungen der Sprachförderperson so gestaltet werden, dass die sinnvolle Reaktion des Kindes in einer elaborierten Äußerung besteht und dass die elliptische Antwortmöglichkeit weitgehend ausgeschlossen wird. Beispiel: Fragt die Sprachförderperson: »*Was kaufst du?*«, ist die Antwort des Kindes »*Schokolade*« völlig ausreichend und damit umgangssprachlich korrekt. Fragt die Sprachförderperson dagegen: »*Ja bitte?*« oder: »*Was darf es sein?*«, wird das Kind eher mit Sätzen wie: »*Ich möchte Schokolade.*« antworten (Motsch 2006, S. 100).
- Das Prinzip *Kommentierungen zwingend machen* fordert zu vermeiden, dass das Kind etwas beschreiben oder erzählen soll, was der Sprachförderperson schon bekannt ist (Motsch 2006, S. 102). Beispiel: Beim gemeinsamen Betrachten eines ungegenständlichen Gemäldes, z. B. von Miro, erzählen die Kinder, was sie in den Figuren erkennen.
- Schließlich sollen die Kinder die *Macht der Worte* spüren, indem sie erfahren, dass sie mit den neu erworbenen grammatischen Fähigkeiten besondere Effekte auslösen können. Dies geschieht beispielsweise anhand von Robotern, die sich nur durch exakt formulierte Befehle steuern lassen, oder durch Zaubersprüche, die genau gesprochen werden müssen (Motsch 2006, S. 102).

4.4.3 Typen von Sprachlernsituationen oder Sprachfördersituationen

Eine zentrale Frage in der aktuellen sprachdidaktischen Diskussion, sowohl was muttersprachliches als auch was zweitsprachliches Lernen anbelangt, ist die nach der angemessenen Organisation, in der die Vermittlung vor allem grammatischer Lernstoffe geschehen soll. Dabei werden häufig kontrastierende Typen von Lernsituationen aufgezeigt. Ähnlich verläuft die Debatte darüber, in welcher Weise sprachliche Defizite bei Kindern im Vorschulalter nachhaltig kompensiert werden können.

4.4.3.1 Im Alltag integriert oder spezifische Sprachfördersituation

Im Wesentlichen fokussieren die Diskussionen auf die Frage, ob sprachliche Förderung spezifische Lernsituationen benötigt oder besser im Kindergartenalltag mehr oder weniger beiläufig geschehen soll. In der didaktischen Diskussion um Sprachunterricht geht es vor allem um vier Gegensatzpaare, die auch für die Sprachförderung im Vorschulalter relevant sind (Eisenberg/Menzel 1995, S. 14 ff.; Knapp 1998; Knapp 2008, S. 139 f.):

1. *situationsorientierte* oder *gesteuerte* Gestaltung des Sprachunterrichts: Während man beim situationsorientierten Vorgehen grammatische Inhalte dann aufgreift, wenn sie in der aktuellen Situation vorkommen und für die Bewältigung der in der Situation aufkommenden sprachlichen Aufgaben relevant sind, werden bei der gesteuerten Gestaltung die relevanten Inhalte durch die Lehrperson bestimmt, wenn sie glaubt, dass diese Inhalte für die Lernenden auf ihrem Weg zum zielsprachlichen Sprechen relevant sind.
2. *kommunikationsorientierte* versus *systematische Gestaltung:* Im kommunikationsorientierten Unterricht wird den Themen Priorität eingeräumt, die in der alltäglichen Kommunikation angewendet werden können. Beim systematischen Unterricht folgt der Aufbau der Unterrichtsinhalte einer sachlogischen Ordnung.
3. *funktionale* versus *formale Gestaltung:* Sie stellt in gewisser Weise eine Variante der ersten beiden dar. Im funktionalen Unterricht ist ein Gegenstand funktional für einen anderen und Lerngegenstände werden dann vermittelt, wenn sie eine Funktion für etwas anderes haben. Dagegen gewinnt der formale Unterricht seine Legitimation aus der Zusammengehörigkeit formaler Aspekte, die in einer gewissen Vollständigkeit abgehandelt werden.
4. *induktive* versus *deduktive* Weise der Vermittlung: Beim induktiven Vorgehen werden Spracherfahrungen aus dem Kontext für die Regelbildung herangezogen, beim deduktiven Vorgehen steht die Regelbildung am Anfang und situiertes Anwenden folgt. Für den vorschulischen Bereich ist ausschließlich induktives Vorgehen sinnvoll.

Die Polarisierung der Ansätze ist nur wenig hilfreich. Als problematisch erweist es sich, wenn einzelne Ansätze in Reinform und unter Umständen auch noch übertrieben in der Praxis umgesetzt werden. Beim gesteuerten, systematischen und formalen Prinzip besteht die Gefahr darin, dass es zu einer alltagsfremden »Verschulung« der Sprachförderung kommt, die der kognitiven und psychischen Entwicklung der Kinder nicht entspricht. Beim situationsorientierten Ansatz beziehungsweise beim kommunikativen und funktionalen Prinzip besteht die Gefahr darin, dass Inhalte in einer gewissen Beliebigkeit behandelt werden, sachliche Zusammenhänge zu wenig hergestellt und lernpsychologisch notwendige Wiederholungen der zu erwerbenden Wörter und Strukturen zu wenig stattfinden. Insofern geht es nicht darum, sich für ein Prinzip zu entscheiden, sondern von Fall zu Fall die Prinzipien abzuwägen, wann welche Gestaltungsvariante am erfolgreichsten eingesetzt werden kann und in welcher Weise sich die Vorgehensweisen ergänzen können.

4.4.3.2 Impliziter und expliziter Spracherwerb
Ob Sprachförderung im Kindergartenalltag oder in spezifischen Fördersituationen stattfinden soll, lässt sich nicht eindeutig beantworten. Vielmehr ist beides notwendig; es ist aber erforderlich, sich dabei genau vor Augen zu führen, wann welches Vorgehen sinnvoll ist.

Beim impliziten Spracherwerb geht man davon aus, dass der Kindergartenalltag genügend reichhaltige Sprechanlässe und Sprachvorbilder bietet, um die Sprachkompetenz auf natürliche Weise zu fördern. Die Vorteile liegen darin, dass sich das Sprechen in für die Kinder bedeutsamen Situationen vollzieht, in Bereichen, die sie interessieren, in denen sie sich anderen mitteilen wollen. Hier stehen die aktive Rolle des Kindes beim Sprechen und sein Involviertsein in die Situation als sprachförderlich im Zentrum.

Die Nachteile zeigen sich darin, dass die Sprachförderung unsystematisch und ohne Strukturen verläuft und vor allem spezifische Schwächen einzelner Kinder unter Umständen nicht ausreichend erkannt und bearbeitet werden. Und spätestens für die schulische Unterrichtssprache Deutsch reicht die Alltagskommunikation nicht aus. Deshalb ist es sinnvoll, auch spezifische Sprachförderung zu betreiben, ohne sie für das Kind inhaltsleer werden zu lassen.

4.4.3.3 Dyade – Kleingruppe

Das Programm der Landesstiftung »Sag' mal was – Sprachförderung für Vorschulkinder« setzte auf Förderung in Kleingruppen von sechs bis acht Kindern. Hier sollten gezielte inszenierte Lernsituationen geschaffen werden. Scaffolding dagegen geschieht idealerweise in der Zweiersituation zwischen Kind und Erwachsenem. Dies kann sowohl in einer längeren gemeinsamen Situation beim Spielen, Bauen, Lesen oder Ähnlichem geschehen als auch zwischendrin in kurzen Alltagssequenzen, z. B. beim Anziehen der Jacke oder Heraussuchen eines Spiels. Um Scaffolding im Alltag kompetent einzusetzen, braucht es keiner dezidierten Vorbereitung, aber dafür einer Sensibilisierung für geeignete Situationen und einer hohen Kompetenz im Umgang damit. Diese Kompetenz kann in Fortbildungen und vor allem im kollegialen oder fachlich betreuten Coaching erworben werden. Auch die Analyse von videografierten Situationen kann dabei hilfreich sein.

Sprachförderung in Kleingruppen hat in der Regel Angebotscharakter. Die Erzieherin hat eine Sequenz vorbereitet, um mit ausgewählten Kindern sprachfördernd zu arbeiten. Das kann eine kürzere Dauer haben, z. B. beim gemeinsamen Betrachten eines Buches und des Austausches darüber, bei einem Experiment und dem Austausch über Vermutungen und Erklärungen oder Ähnlichem, es kann aber auch eine längere Sequenz umfassen. Im Zusammenhang mit der durch die Landesstiftung Baden-Württemberg initiierten Sprachförderung sind vor allem letztere Formen üblich – von etwa einer Dreiviertelstunde täglich. Für die Gestaltung einer solchen Situation sind präzisere Planungen notwendig.

In einer längeren Einheit sollten die Aktivitäten wechseln: singen, lesen, zuhören, ein Spiel machen, etwas herstellen, erzählen, sich bewegen, ein Experiment durchführen, etwas beobachten und so weiter. Im Fokus dieser verschiedenen Aktivitäten kann dieselbe sprachliche Zielstruktur stehen, die aus unterschiedlichen Perspektiven erarbeitet wird. Alle Tätigkeiten werden dabei ausführlich und gezielt sprachlich begleitet.

In den Sprachfördersituationen, die wir im Rahmen unserer Begleituntersuchung gesehen haben, haben wir allzu oft bemerkt, dass die Kinder während der Sprachfördersituation im Kreis sitzen und nur kurz, z.B. bei einem Bewegungsspiel, aufstehen und sich bewegen dürfen. Es herrschte oft eine – im negativen Sinne – schulische Situation vor mit wenig Eigenaktivität der Kinder. Solche Situationen lähmen die Motivation und Freude der Kinder am Sprachelernen und bescheren der Erzieherin schwierige Situationen, weil sie auf einmal Disziplinprobleme zu bewältigen hat, denn einzelne Kinder möchten nicht mehr still sitzen und zuhören, sondern lieber mit den anderen Kindern im Garten spielen usw. Es verlangt von der Erzieherin ein hohes didaktisches Geschick, alle Kinder in einer solchen Situation zu begeistern, anzuregen und zu aktivem Sprechen zu veranlassen. Dabei hilft es zum einen, differenzierte Angebote zu machen, die jedes Kind auf seinem Niveau herausfordern, und zum anderen, die Kinder zu ermuntern, möglichst viel selbst aktiv zu sein, sich gegenseitig zu unterstützen oder gemeinsam eine Aufgabe zu bewältigen.

4.4.3.4 Heterogene und homogene Gruppen

Werden Kleingruppen zur Sprachförderung gebildet, ist die Frage zu klären, nach welchen Kriterien die Kinder gruppiert werden. Zum einen können die Kinder zusammengefasst werden, die vergleichbare Sprachschwierigkeiten haben. Das Ziel ist dann, für diese Gruppe ein ihrem Sprachstand angepasstes Lernangebot zu machen. Man kann aber auch Kinder mit und ohne Defizite in der Sprachkompetenz mischen, damit sie sich gegenseitig anregen und voneinander lernen. Wong Fillmore (zit. in List 2006) zeigt die Bedeutung der Sprachanregungen durch andere Kinder in einer Fallstudie, in der sie fünf Kinder spanischer Herkunft über einen langen Zeitraum in einem kanadischen Kindergarten beobachtet und ihre Interaktionen in der Zweitsprache Englisch, aber auch in ihrer Erstsprache Spanisch protokolliert hat. Die Kinder mit Englisch als Zweitsprache imitierten Äußerungen anderer englischsprachiger Kinder, griffen sie auf und verwendeten sie, um sich mitzuteilen (List 2006). Dies zeigt, welche Bedeutung die sogenannte Peergroup, also die Kindergruppe, für den Spracherwerb hat. Setzt sich die Gruppe nur aus Kindern mit Deutsch als Zweitsprache zusammen, kann diese Interaktion nicht so anregend sein wie Interaktionen mit deutschsprachigen Kindern. Eine Mischung in den Kindergartengruppen, eine heterogene Zusammensetzung kann also hilfreich sein.

Gespräche über Sprache werden in sprachlich heterogen zusammengesetzten Gruppen ebenfalls provoziert: Für einen Gegenstand gibt es verschiedene Worte, in anderen Sprachen klingen sie anders, wer kann die Worte nachsprechen usw.

4.4.3.5 Differenziertes Vorgehen

Schon die genaue Lernausgangslage, also der jeweilige Sprachstand, eines Kindes unterscheidet sich von dem eines anderen (s. Kap. 2 und Kap. 3). Darüber hinaus haben zahlreiche Fallstudien gezeigt, dass Kinder ganz unterschiedliche Möglichkeiten und Ressourcen haben, um Fortschritte im Erst- oder Zweitspracherwerb zu erzielen (Lengyel 2009; Albers 2009, Reich 2009). Diese hängen mit verschiedenen Faktoren, die im Kind und seinem Umfeld liegen, aber auch mit dem jeweiligen Input, der ihm im Kindergarten geboten wird, zusammen. Für die Planung und die Durchführung der Sprachförderung reicht also die sorgfältige Förderdiagnose, wie sie in Kapitel zwei beschrieben wurde, nicht aus, sondern diese muss durch eine Kind-Umfeld-Diagnose und vor allem durch eine sorgfältige Beobachtung der Lernprozesse des Kindes in verschiedenen Interaktionen und Lernsituationen ergänzt werden. Ein Vorgehen, wie z. B. eine Bilderbuchbetrachtung, das bei dem einen Kind zahlreiche und lehrreiche Sprechanlässe bietet, kann bei dem anderen Kind fehlschlagen. Hier bieten vielleicht eher der Austausch über sein Bauvorhaben in der Bauecke, das Einbinden in ein Rollenspiel oder das Vorbereiten eines Essens für die Gruppe förderliche Sprechanlässe.

4.5 Inhalte der Sprachförderung

Um eine Sprache angemessen zu lernen, genügt es nicht, den Wortschatz zu erweitern. Insbesondere bezugsloses »Vokabellernen« ist gerade im Kindesalter wenig wirksam. Deshalb kommt es darauf an, verschiedene Sprachbereiche zum Gegenstand von Sprachförderung zu machen. Dabei werden nicht die einzelnen Teilbereiche isoliert gefördert, aber es können bestimmte Schwerpunkte gelegt werden. Welche Schwerpunkte bei welchem Kind in welchem Ausmaß und wann gelegt werden sollen, muss sorgfältig geplant werden (s. Kap. 3).

Die nachfolgende Tabelle (Abb. 31) führt relevante Inhaltsbereiche auf und verknüpft sie mit passenden didaktischen Prinzipien, wie sie in Kap. 4.4.2 erläutert wurden:

Sprachbereich	Inhalte und Beispiele	Didaktische Prinzipien
Wortschatz	Um den Wortschatz zu erweitern genügen Benennungsübungen nicht (z. B. »Was ist das?«). Die Wörter müssen in einen für das Kind interessanten und bedeutsamen Zusammenhang gebracht werden, in dem sie immer wieder auftauchen. Sie umfassen auch nicht nur Substantive, sondern alle Wortarten.	Verfahren des Scaffoldings sind geeignet, aber auch situationsbezogene Aktivitäten wie Buchbetrachten und Rollenspiele.
Lautbildung	Exakte und klare Aussprache ist notwendig, um verstanden zu werden und später richtig schreiben zu können. Hierbei sind Sprachvorbilder wichtig (exakte Aussprache durch die Erzieherinnen).	Implizite Fehlerkorrektur durch Paraphrasieren; Markierungen; besondere Betonung beim Sprechen.

Satzverständnis	rezeptiv: klare Aufträge erteilen, die das Kind ausführen soll. aktiv: Kind beschreibt, was es tut, erzählt Geschichten nach.	Modalitätswechsel zwischen rezeptiv, reflexiv und aktiv. Zwingende Kontexte schaffen, Kommentierungen erzwingen.
Grammatik	Betrifft sowohl die einzelnen Wörter, z. B.: – Substantive (und Adjektive, Artikel, Pronomen) in den verschiedenen Fällen, in Ein- und Mehrzahlbildung, zugehöriger Artikel; – Verben in den verschiedenen Zeiten und Personalformen; – Präpositionen und ihre Bedeutung als auch Satzkonstruktionen, z. B.: – Verbstellung in Haupt- und in Nebensätzen, Verbklammer (*ausziehen*: Das Kind *zieht* die Schuhe *aus*); – Verbindung von Haupt- und Nebensätzen, Bedeutung der Konjunktionen (z. B. und, aber, weil, dass); – Satzarten (z. B. Fragesatz).	Scaffolding in Alltagsgesprächen; korrekter Input; Zweierkontakt zwischen Erzieherin und Kind; Formen der Expansion, der Modellierung; Markierung; Kommentierung erzwingen.
Kommunikation	Sich im Alltag verständlich machen, sich mit Erwachsenen und Kindern austauschen können, Gedanken und Gefühle verbalisieren.	Gesprächssituationen im Alltag in der Großgruppe, mit wenigen Kindern, zwischen zwei Personen.
Sprachbewusstsein	Das Austauschen und sich Gedanken machen über Sprache, deren Funktion und Aufbau; Konfrontation mit verschiedenen Sprachen, Vergleich Erst- und Zweitsprache bzw. Erst- und Fremdsprache.	Metakommunikation über Sprache kann bewusst erst etwa ab dem 6. Lebensjahr eingesetzt werden. Dennoch können vorher schon Gedanken über die Sprache angestellt werden (Reime, wie heißt das auf Türkisch? Wie auf Englisch? Was klingt gleich/ähnlich?).

| Literalität | Schriftsprache als Ausdrucksform kennenlernen: Das Gesprochene kann schriftlich festgehalten werden. Kinder begegnen Schriftsprache in verschiedenen Formen schon früh, es fasziniert sie, auch wenn sie Geschriebenes zunächst als Bild und nicht als etwas aus einzelnen Buchstaben Zusammengesetzes erleben. Bücher betrachten, Schreiben »spielen«. | Vorlesen; Bilderbuch betrachten; mit Schrift experimentieren. |

Abb. 31: Inhalte von Sprachförderung

4.6 Zusammenfassung

Bei der Vorbereitung und Planung von Sprachförderung ist zu klären, bei welchem Kind welcher Sprachbereich schwerpunktmäßig gefördert werden soll. Alle verwendeten Methoden und Arbeitsmittel oder Medien sind daraufhin zu prüfen, ob damit tatsächlich auch der vorgesehene Bereich gefördert werden kann. Erst wenn Klarheit darüber herrscht, welches Kind sich mit welchem Inhalt und mit welcher Zielvorstellung auseinandersetzen soll, können methodische Überlegungen angestellt werden. Die eingesetzten Methoden und Techniken haben die Funktion, den Inhalt auf die Art und Weise dem Kind anzubieten, dass es sich damit erfolgreich – im Sinne der Ziele – auseinander setzen kann. Das bedeutet im Einzelnen:

- Das Kind muss Interesse verspüren, also motiviert sein,
- das Angebot muss seinem Niveau bzw. seinen Voraussetzungen angepasst sein
- sowie konkrete Bezüge und Handlungen ermöglichen und
- es muss das Kind aktiv werden lassen.

Methodische Überlegungen beziehen sich auf folgende Bereiche:
- Alltags- oder spezifische Situation,
- mögliche Handlungsformen für das Kind bzw. Erwachsene und Kind,
- Abwechslung zwischen Formen, An- und Entspannung,
- differenziertes Vorgehen,
- unterschiedliche Sozialform,
- eingesetzte Medien und Materialien (s. Kap. 5).

Grundvoraussetzungen für erfolgreiche Sprachförderung sind zusammengefasst:

- Kind als kompetent und aktiv wahrnehmen: Es hat seine Stärken, entwickelt sich aktiv und tritt in Interaktion mit der Umwelt. Die Erwachsenen »vermitteln« Sprache nicht, sondern das Kind ist selbst Konstrukteur seiner Sprachentwicklung, d. h., es entscheidet selbst, was es von anderen aufnimmt und was nicht.
- Orientierung an der spezifischen Lebenssituation des Kindes, an seiner familienspezifischen und kulturellen Lebenswelt, Kontakt mit den Eltern.
- Unterschiedliche Voraussetzungen und Lernzugänge der Kinder respektieren und berücksichtigen.
- Miteinbeziehen anderer Tätigkeiten und Entwicklungen, keine reine kognitive Auseinandersetzung mit Sprache: Bewegung, experimentieren, Ideen entwickeln und umsetzen, sich über Wahrnehmungen austauschen etc.
- Erzieherin als Sprachvorbild mit einem anregungsreichen und korrekten Sprachangebot.
- Vielfältige Sprech- und Erfahrungsmöglichkeiten bereitstellen und natürliche Sprechanlässe aufgreifen und nutzen (Zehnbauer/Jampert 2005).

5 Konzepte der Sprachförderung

5.1 Ziele und Zielgruppen der vorschulischen Sprachförderung

Sprachförderung für Kinder im Vorschulalter wurde für verschiedene Zielgruppen aus zum Teil ganz unterschiedlichen Gründen gefordert und durchgeführt. In diesem Abschnitt wird ein Überblick darüber gegeben, für welche Zielgruppen welche Ziele der sprachlichen Förderung formuliert wurden.

Einen wesentlichen Impuls bekam die Diskussion um die (Sprach-)Förderung der Vorschulkinder im Zuge der Bildungsreformdebatte in den 1960er- und 1970er-Jahren. In dieser Zeit stellte man fest, dass viele Kinder aus unteren Schichten in ihrer sprachlichen Entwicklung gegenüber anderen Kindern benachteiligt waren, und kritisierte dies auch. Es entstanden kompensatorische Sprachförderprogramme, die vor allem »für Kinder aus sozial schwachen Familien konzipiert« (Leist 2003, S. 674) waren und mit denen die Benachteiligungen ausgeglichen (kompensiert) werden sollten.

Ein anderes Problem wurde in den 1970er- und 1980er-Jahren erkannt. Viele der seit Anfang der 1960er-Jahre nach Deutschland gekommenen Arbeitermigranten kehrten nicht so bald wieder in ihr Heimatland zurück, wie dies ursprünglich erwartet wurde. Stattdessen kamen auch die Familien der Arbeitermigranten nach Deutschland. Bald wurde das Problem der Sprachförderung für »ausländische Kinder« erkannt (Gerstacker/López-Blasco 1977; Luchtenberg 1982), wozu Fördermaßnahmen wie zum Beispiel das bekannte Denkendorfer Modell (Lumpp 1980) entwickelt wurden. Es wurde das Ziel verfolgt, dass die Kinder mit Migrationshintergrund so schnell wie möglich Deutsch lernen sollten.

Aber nicht nur das Lernen der deutschen Sprache wurde als Ziel der vorschulischen Sprachförderung formuliert. In Untersuchungen zum Zweitspracherwerb wurde festgestellt, dass Kinder dann eine Zweitsprache besser lernen können, wenn sie über ein höheres Niveau in der Erstsprache verfügen (Cummins 1984). Diesen Erkenntnissen folgend wurde die Förderung der Kinder mit Deutsch als Zweitsprache in der Erstsprache gefordert (Gogolin 1988).

Im Zusammenhang mit der Förderung von Kindern mit Lese- und Rechtschreibschwierigkeiten verbreitete sich in den 1980er- und 1990er-Jahren die Erkenntnis, dass der Schriftspracherwerb, also das Lernen des Lesens und des Schreibens, beim Schuleintritt nicht an einem Nullpunkt beginnt, sondern dass zuvor schon wesentliche Grundlagen dafür geschaffen werden. Die Entwicklung der Vorläuferfähigkeiten für den Schriftspracherwerb rückte immer mehr in den Vordergrund der pädagogisch-psychologischen und sprachdidaktischen Diskussion. Insbesondere erkannte man die

Bedeutung der phonologischen Bewusstheit für den Erwerb der Schriftsprache. Darunter versteht man die Fähigkeit, die Lautstruktur der Wörter wahrzunehmen, also zu erkennen, welche Laute an welchen Stellen im Wort vorhanden sind und wie die Silbenstruktur eines Wortes aussieht. Ihre Förderung wird seither als wichtiges Ziel angesehen (Schneider et al. 1998).

Unabhängig davon weisen einige Kinder spezifische Sprachentwicklungsstörungen auf. Bei ihnen setzt der Spracherwerb verspätet ein bzw. er verläuft verlangsamt und qualitativ anders. Insbesondere der Erwerb der formalen Merkmale der Grammatik verläuft bei ihnen gestört (Grimm 2003). Diese Kinder haben einen besonderen Förderungs- beziehungsweise Therapiebedarf.

Bislang wurde von besonderen Zielgruppen der Sprachförderung gesprochen. Sprachförderung wird aber nicht nur für besondere Zielgruppen, sondern für alle Kinder durchgeführt. In der Schule gibt es Sprachunterricht für alle Kinder, also zum Beispiel Deutschunterricht für deutsche Kinder. In vorschulischen Einrichtungen nennt man die Förderung sprachlicher Kompetenzen aber nicht Unterricht, sondern Sprachförderung, da ein systematischer Unterricht nicht altersgemäß wäre (Knapp 2009). In der Sprachförderung »wird vor allem die Perzeption und Produktion gesprochener Sprache [gefördert], gleichzeitig werden sprachliche und außersprachliche (z. B. feinmotorische) Voraussetzungen für den schulischen Schriftspracherwerb geschaffen« (Leist 2003, S. 673). Ziele der vorschulischen Sprachförderung, die man auch als sprachliche Bildung bezeichnen kann, findet man beispielsweise im Orientierungsplan für Kindergärten in Baden-Württemberg:

»Kinder
- erweitern und verbessern ihre nonverbalen und verbalen Ausdrucksfähigkeiten.
- erweitern in der Verknüpfung von Sprache mit Musik, rhythmischem Sprechen und Bewegung ihre Sprachkompetenzen.
- nutzen Sprache, um mit anderen zu kommunizieren, eigene Ziele zu erreichen und mit ihren Mitmenschen zu leben.
- mit einer anderen Herkunftssprache erwerben Deutsch als Zielsprache und bauen es aus.
- erfahren unterschiedliche Sprachen als Ausdrucksmöglichkeit und Reichtum.
- lernen Schrift als alltäglichen Teil ihrer Lebensumwelt kennen und setzen sie ein« (Ministerium für Kultus, Jugend und Sport Baden-Württemberg 2006, S. 94).

Einen guten Überblick über die Bereiche der Förderung bieten die »Inhaltlichen Leitsätze« der Landesstiftung Baden-Württemberg, die für die Förderung aufgestellt wurden. Ziel der Förderung durch die Landesstiftung Baden-Württemberg ist die Verbesserung »der individuellen Lebenschancen von Kindern durch Unterstützung des Spracherwerbs – insbesondere der deutschen Sprache – im Vorschulalter« (Landesstiftung 2008). Dazu werden folgende Förderbereiche aufgeführt:

»1.   Bei den Kindern durch Gedichte und Lieder, durch Märchen und Erzählungen, durch Geschichten und Berichte die Freude am Sprechen und Singen, am Hören und Nacherzählen wecken. [Kommunikation]

2. Den Kindern beim Hören und Erzeugen von Geräuschen und Klängen, beim Zuhören und Sprechen die Ohren schärfen und die Aussprache verfeinern. [Phonologie, Intonation]
3. Mit den Kindern in ihrer Umwelt und in Bilderbüchern auf Wörterschatzsuche gehen. [Lexik, Semantik]
4. Den Kindern durch Fragen und Antworten, Erzählen und Zuhören das Wechselspiel von Hören und Sprechen erschließen. [Kommunikation]
5. Die Kinder beim Spielen und Musizieren, bei Rede und Gegenrede den Wert von Regeln für Sprache erkennen lassen. [Syntax]
6. Den Kindern über Alltagssituationen und Rollenspiele unterschiedliche Sprach- und Mitteilungsformen erschließen. [Textarten]«
(Landesstiftung Baden-Württemberg 2008)

In der folgenden Übersicht sind die Zielgruppen und Ziele der vorschulischen Sprachförderung zusammengestellt:

	Kinder mit Deutsch als Erstsprache	Kinder mit Deutsch als Zweitsprache
sprachlich unauffällige Kinder	Weiterentwicklung der sprachlichen Kompetenzen, insbesondere des Wortschatzes, Festigung und Weiterentwicklung grammatischer Kompetenzen, Entwicklung kommunikativer Kompetenzen (z. B. Hören und Sprechen im Gespräch/Gesprächsregeln, Erzählen, Argumentieren), Entwicklung eines Textverständnisses, Kennenlernen erster literarischer Formen (Gedichte, Lieder, Erzählungen, Märchen), Sensibilisierung für sprachliche Phänomene durch Sprachspiele.	
		Förderung der Erstsprache, um schon vorhandene Kompetenzen weiterzuentwickeln und den Zweitspracherwerb zu unterstützen.
Kinder mit Sprachförderbedarf	Gezielte und verstärkte Förderung, Ziele wie bei sprachlich unauffällig entwickelten Kindern.	Gezielte und verstärkte Förderung in der Zweitsprache, Ziele wie bei sprachlich unauffällig entwickelten Kindern, insbesondere lexikalische und morphologische/syntaktische Kompetenzen (Wortschatz, Grammatik). Förderung der Erstsprache, um schon vorhandene Kompetenzen weiterzuentwickeln und den Zweitspracherwerb zu unterstützen.

Kinder, die bei einem Screening zur Früherkennung von Lese- und Rechtschreibschwierigkeiten (LRS) auffallen	Förderung der Vorläuferfähigkeiten für den Schriftspracherwerb – Sprachbewusstheit/phonologische Bewusstheit (Wahrnehmung von Lautstrukturen in Wörtern).
Kinder mit einer spezifischen Sprachentwicklungsstörung (SSES)	Behebung der SSES durch gezielte Therapie.

Abb. 32: Ziele und Zielgruppen vorschulischer Sprachförderung

Bei der Tabelle ist zu beachten, dass man nicht alle Kinder genau in eine Zielgruppe einteilen kann. Dementsprechend überschneiden sich die Bereiche der Förderung.

5.2 Vorstellung einzelner Konzepte

Im Folgenden werden ausgewählte Konzepte vorschulischer Sprachförderung vorgestellt, wobei kein Anspruch auf eine vollständige Darstellung besteht. Der Begriff Konzepte wird weit gefasst. Dazu gehören Maßnahmen, die von bestimmten Trägern durchgeführt werden und für die Richtlinien oder Materialien entwickelt wurden. Außerdem gibt es didaktische und/oder methodische Schriften zur vorschulischen Sprachförderung, die zum Teil bestimmten pädagogischen oder didaktischen Grundvorstellungen folgen. Manche dieser Schriften enthalten auch Materialien oder Spielvorschläge. Schließlich gibt es Sammlungen von Materialien und Spielen für die Sprachförderung.

Zuerst werden sieben Konzepte für Kinder mit Deutsch als Zweitsprache, insbesondere mit besonderem Förderbedarf, vorgestellt (»Denkendorfer Modell«, Konzept von Maier, Konzept von Jampert, »Kieler Modellversuch«, »Lernszenarien«, »Wir verstehen uns gut«, »Kon-Lab«). Es folgen ein Konzept, das zur Integration von Kindern mit Spracherwerbsstörungen in den Kindergartenalltag entwickelt wurde und das insofern allgemein für die Sprachförderung geeignet ist (Konzept von Kolonko), ein Konzept zur Prävention von Lese- und Rechtschreibschwierigkeiten (»Würzburger Trainingsprogramm«) sowie zwei Konzepte für alle Kinder (»Sprachförderung in Bildungsbereichen«, »Literacy-Konzept«). Einen umfassenden Überblick über Konzepte, Projekte und Maßnahmen zur sprachlichen Bildung und Förderung im Kindergarten findet man in dem Buch »Schlüsselkompetenz Sprache« (Jampert et al. 2007). In Kapitel 5.3 werden die Konzepte typologisch geordnet. Zum Abschluss werden Überlegungen zum Umgang mit den Konzepten angestellt.

5.2.1 Denkendorfer Modell – Bausteine zur situationsbezogenen Sprachförderung von Lumpp

Eines der frühesten Konzepte der »Sprachförderung für ausländische Kinder im Kindergarten« ist das Denkendorfer Modell, das bereits 1973 von Gesine Lumpp konzipiert wurde. Im Lauf der Jahrzehnte wurde es immer weiterentwickelt. Die Grundlagen mit Materialien werden in Lumpp (1980) dargestellt (Fortbildungsstätte Kloster Denkendorf 2001; Jampert et. al 2007; Jampert 2002,).

An Themen und Situationen orientiert und somit dem situationsorientierten Ansatz verpflichtet stellt Lumpp (1980) Bausteine zur situationsbezogenen Sprachförderung vor, die in zehn Themenbereichen zusammengefasst sind. Ausgehend vom Kind selbst werden durch die Themen verschiedene Lebensräume abgeschritten. Dementsprechend werden in einer losen Anordnung zunächst die Themen »Kennenlernen«, »Miteinander spielen«, »Mein Körper«, »Meine Familie« aufgeführt, über die man dann zu weiteren Themen wie »Essen und Trinken«, »Unsere Stadt« oder »Die Jahreszeiten« gelangt. Zu den einzelnen Themen werden Beschäftigungsvorschläge zusammengestellt, bei denen in erster Linie der Wortschatz erworben werden soll. Es handelt sich um Vorschläge, bei denen Erwachsene das Handeln sprachlich begleiten und die Kinder sich durch Hören und Wiederholen imitierend und variierend (analogiebildend) die Sprache aneignen. Weiterhin werden Spiele angeboten, »bei denen erworbene Sprache nach Spielregeln abgerufen und dadurch gefestigt wird« (Lumpp 1980, S. 50). Schließlich unterbreitet Lumpp Gesprächsvorschläge, die es ermöglichen sollen, dass die Kinder individuelle Erfahrungen ausdrücken. Die Vorschläge werden nach Aussage von Lumpp auf drei Stufen des Zweitspracherwerbs bezogen, sie korrespondieren aber eher mit dem Alter und sind eigentlich pädagogisch motiviert. Für die Dreijährigen, die als schüchtern charakterisiert werden, schlägt Lumpp vor, ihnen »kleine vorgeformte Sprachgebilde« (Lumpp 1980, S. 42) wie Lieder und Verse anzubieten und Situationen zu vermeiden, in denen sie spontan reagieren müssen. Für die vier- bis fünfjährigen Kinder, die geringe Deutschkenntnisse haben, schlägt Lumpp vor, Bilderbücher anzuschauen, kleine Geschichten zu erzählen und sie an entscheidenden Stellen mit Gestik und Mimik zu verdeutlichen (Lumpp 1980). Auch Spiele mit stereotypischen Wendungen könnten angeboten werden. Die dritte Gruppe der fünf- und sechsjährigen Kinder wird von Lumpp so charakterisiert, dass sie einen beträchtlichen Wortschatz erworben haben, relativ viel verstehen und das ausdrücken können, was sie mitteilen wollen (Lumpp 1980). Sie müssten nun motiviert werden, sich den Sprachformen der Erwachsenen anzugleichen. Dazu dienen Geschichten mit einfacher und »übernehmbarer« Sprache sowie Rollenspiele. Außerdem sollen Sprechanlässe geschaffen werden, bei denen die Kinder möglichst korrekt sprechen müssen. Mithilfe eines Tonbandes werden zudem sprachliche Muster wiederholt. Schließlich sollen mit differenziertem Bildmaterial der Wortschatz erweitert und die Kinder zum Erzählen angeregt werden.

Die Darstellung der Vorschläge macht deutlich, dass der Stand der Sprachkompetenz nicht mit linguistischen Kategorien, sondern auf der Basis einer allgemeinen und unspezifischen Beobachtung bestimmt wird. Dementsprechend undifferenziert sind die Vorschläge, auch wenn die Angebote äußerlich den drei Stufen zugeordnet werden.

Erwähnenswert sind die Ausführungen Lumpps zum angemessenen Sprachverhalten der Erzieherin. Sie fordert ein Sprachverhalten, bei dem die Erzieherin die sprachlichen Äußerungen des Kindes nicht bestätigt und abschließt, sondern den Beitrag des Kindes aufnimmt und weiterführt und somit weitere kindliche Äußerungen anregt (Lumpp 1980). Neben diesem von Lumpp »Entfaltung« genannten Muster schlägt sie die Möglichkeit einer »behutsamen Korrektur« vor, bei der die »richtige« Sprachform neben die des Kindes gestellt wird und somit dem Kind ein Modell angeboten werden soll (Lumpp 1980, S. 39). Diese Vorschläge entsprechen, wenn sie auch noch wenig ausdifferenziert sind, den Grundsätzen des »inszenierten Spracherwerbs« von Dannenbauer (1999; vgl. Kapitel 4).

Bei der Einschätzung des Denkendorfer Modells muss berücksichtigt werden, dass es schon 30 Jahre alt ist. Es fehlt eine linguistische Fundierung, neuere Erkenntnisse der Zweitspracherwerbsforschung bleiben zwangsläufig unberücksichtigt. Es enthält jedoch viele wertvolle Anregungen für die Praxis. Insofern lohnt sich eine Auseinandersetzung damit nach wie vor.

5.2.2 Methodisch orientiertes Curriculum von Maier

Maier (1999, 2001) stellt ein Programm zur Zweitsprachvermittlung im Vorschulalter bereit. Er gibt dazu methodische Empfehlungen, die sich auf Aspekte wie Schwierigkeiten bei der richtigen Aussprache, phonetische Spiele sowie auf Lernen und Erweitern des Wortschatzes beziehen. Weiterhin empfiehlt er »kindgemäße Medien und Aktivitäten« wie Handpuppen und Kasperlfiguren sowie Kasperltheater, Bilder und Bilderbücher, Kinderlieder, Rätsel und Reime. Sein Ansatz ist situations- und kommunikationsorientiert, weil er davon ausgeht, dass jede Tätigkeit Sprechanlass sein kann (Maier 1999, S. 44). Dementsprechend fordert er das »Versprachlichen« der Tätigkeiten und Vorgänge im Kindergarten, was insbesondere beim Malen, Basteln und Spielen geschehen soll. Für sein Sprachvermittlungsprogramm entwickelt Maier einen methodisch-didaktischen Leitfaden, der sich auf die drei Komponenten »Grundstrukturen«, »Grundwortschatz« und »Sprachlernspiele« bezieht. Als Grundstrukturen werden Satzrahmen präsentiert, deren Leerstellen gefüllt werden sollen, wobei jeweils sowohl der Impuls der Erzieherin als auch die Reaktion des Kindes angegeben wird (Maier 1999, S. 50 ff.). Die erste Struktur zum Thema »Wie heißt du?« sieht beispielsweise so aus:

Erzieherin:
»Ich heiße + Namen.
Wie heißt du?
Heißt du + Namen?«

Kind:
»Ich heiße + Namen.«
(Maier 1999, S. 53)

Den Grundstrukturen wird ein Grundwortschatz zugeordnet, der nach Bereichen geordnet ist und »die wichtigsten Sprechanlässe und Kommunikationssituationen im Kindergarten« (Maier 1999, S. 90) berücksichtigt. Die Lernspiele werden gegliedert in Kennenlernspiele, phonetische Spiele, Wortschatzspiele (gegliedert nach Wortarten), grammatische Spiele und in Spiele »zur gezielten Sprachanwendung«, worunter solche zum Beschreiben und Vergleichen, zum Begründen und Rechtfertigen und Rollenspiele fallen. Bei der Auflistung der Grundstrukturen werden jeweils die für die Struktur geeigneten Lernspiele aufgeführt (Maier 1999).

Der Vorteil des Leitfadens liegt darin, dass viele praktische Vorschläge systematisiert dargestellt werden. Er enthält ein Curriculum, das progressiv geordnet ist. Ein gewisser Widerspruch liegt in der einerseits von Maier erhobenen Forderung, von alltäglichen Kommunikationssituationen auszugehen, und einer zuweilen sehr formalen Vorgehensweise, die fern des alltäglichen Sprachgebrauchs liegt. Dies wird zum Beispiel in dem Tipp deutlich, bei der Vermittlung der Struktur »Das ist ein Apfel« solle die Erzieherin »damit beginnen, dass sie auf den Apfel zeigt und sagt: ›Apfel‹. Als nächstes deutet sie mit erhobenem Daumen die Zahl ›1‹ an und sagt: ›Ein Apfel‹. Erst zum Schluss sagt sie dann, den Satz mit einer hinweisenden Geste begleitend: ›Das ist ein Apfel‹« (Maier 1999, S. 37).

Wie bei Lumpp liegt der Vorzug der Darstellung von Maier im Praxisbezug. Vor allem die Präsentation der konkreten Strukturen kann beim Erstellen eines Curriculums eine Hilfe darstellen. Allerdings folgt der Leitfaden nicht konsequent der Spracherwerbsfolge und müsste auf der Basis der neuesten Erkenntnisse der Zweitspracherwerbsforschung modifiziert werden.

5.2.3 Weiterentwickung des situationsorientierten Ansatzes bei Jampert

In dem Buch »Schlüsselsituation Sprache« unterbreitet Jampert (2002) Vorschläge für eine sprachunterstützende Arbeit in Kinderbetreuungseinrichtungen, wobei sie besonders den Spracherwerb bei mehrsprachigen Kindern berücksichtigt. Ihr Anliegen ist, durch eine bewusste und präventive Förderung allen Kindern frühzeitig die nötigen sprachlichen Kompetenzen zu vermitteln. Jampert ist dem situationsorientierten Ansatz verpflichtet, kritisiert aber, dass unter dem Deckmantel der Situationsorientierung die gezielte Förderung der Kinder manchmal zu kurz komme: »Die Konzentration auf das Kind als soziales Wesen und die ganzheitliche Sichtweise des Kindes führten dazu, dass in vielen Einrichtungen inhaltliche Verflachung und Beliebigkeit Einzug hielten. Der Situationsansatz lieferte wider Willen für diese Haltung die Begrifflichkeiten, die einen Rückzug vom pädagogischen Engagement legitimierten« (Jampert 2002, S. 124). Am Umgang mit der Sprache im Kindergarten kritisiert Jampert ferner, dass es ein »Wechselbad von Langeweile und Überforderung« (Jampert 2002, S. 129) gebe. Einerseits finde im Alltag die Sprache oft zu wenig Beachtung und andererseits würden Phasen geschaffen, in denen konzentriert und verdichtet Sprachübungen durchgeführt würden. Beide Varianten des Umgangs mit Sprache würden der Lage der Kinder nicht gerecht.

Für die Sprachförderung entwickelt Jampert ein Stufenmodell. Auf der ersten Stufe geht es um die Förderung der kommunikativen Kompetenz. Neben der gesprochenen Sprache werden im Dialog mit Kindern, die nur wenig (Deutsch) sprechen können, nonverbale Mittel wie Gestik, Mimik, Körpersprache oder Situationsdeutung eingesetzt. Auch wenn nur wenige sprachliche Mittel zur Verfügung stehen, kommt es darauf an, den Kindern emotionale Geborgenheit und Sicherheit zu vermitteln. Strukturen und Abläufe in der Einrichtung sollen durch Symbole und Rituale durchschaubar gemacht werden, so z. B. Symbole in Räumen, die anzeigen, wofür der Raum dient, oder Rituale zur Orientierung, wie eine feststehende Art der Begrüßung, eine Glocke, die zur Essenszeit läutet, Musik zum Beginn der Schlafenszeit. Um die Orientierung zu erleichtern, sollen auch Angebote und Aktivitäten beschränkt und wiederholt werden. Die Muttersprache soll auf jeden Fall positiv gewertet und möglichst einbezogen werden, wobei unter Umständen Familienmitglieder oder Kinder mit der gleichen Muttersprache als Paten Unterstützung leisten können.

Auf der zweiten Stufe soll die Bedeutungsentwicklung gefördert werden. Wahrnehmungen, Handlungen und Vorgänge sollen mit Sprache verknüpft, also versprachlicht werden. Um differenzierte Bedeutungen der Wörter zu entwickeln, werden die Wörter in verschiedenen Situationen verwendet und mit unterschiedlichen Handlungen verknüpft.

Auf der dritten Stufe ist die Sprachentwicklung der Kinder schon fortgeschritten und eine Kommunikation zu einem breiten Themenspektrum möglich. Die Sprache wird aus dem situativen Kontext herausgelöst. Man spricht über Vergangenes (z. B. Erzählen) und Zukünftiges (z. B. Planen). Symbol- und Rollenspiele tragen zur Ablösung der Sprache von der konkreten und gegenwärtigen Situation bei. Der spielerische Umgang mit Sprache (z. B. Lautmalereien, Erfinden von Unsinnswörtern) nimmt zu. Mit der Sprache können nun Erfahrungen und Gefühle verbalisiert werden.

Es ist anzunehmen, dass sich die drei Stufen (Förderung der kommunikativen Kompetenz-Förderung der Bedeutungsentwicklung-Ablösung von Sprache aus dem situativen Kontext) stark überschneiden. Beispielsweise gehen auch Kinder, die noch sehr wenig sprechen, spielerisch mit Sprache um. Zu allen drei Stufen stellt Jampert Leitfragen zur Beobachtung der kindlichen Sprachentwicklung vor, mit denen diese differenziert wahrgenommen und dokumentiert werden kann. Für jeden Beobachtungsaspekt wird angegeben, warum er wichtig ist. Ebenso werden zu jeder Stufe methodische Anregungen gegeben. Durchweg legt Jampert Wert darauf, die Muttersprache positiv wahrzunehmen und die Kinder zu ermutigen, die Muttersprache in die Kindertageseinrichtung einzubringen.

Der große Vorzug des Konzeptes liegt darin, dass differenziert entfaltet wird, wie einerseits alltagsnah, andererseits aber doch gezielt sprachliche Kompetenzen gefördert werden können. Eine Auseinandersetzung mit dem Konzept führt zu einer erhöhten Sensibilität für Situationen, die zur Sprachförderung genutzt werden können.

5.2.4 Kieler Modellversuch zur sprachlichen Frühförderung von zweisprachig aufwachsenden türkischen Kindern im Vorschulbereich

Aus der Zweitspracherwerbsforschung ist bekannt, dass gute Kompetenzen in der Muttersprache den Erwerb der Zweitsprache erleichtern. Es gibt daher gute Gründe, Kinder mit einer anderen Muttersprache als Deutsch auch in ihrer Muttersprache zu fördern. Einige Modellkindergärten haben deshalb bilinguale Konzeptionen. Als Beispiel dafür wird der Kieler Modellversuch näher beschrieben.

Die in Ballungsgebieten zu beobachtende Tatsache, dass manche Kindertageseinrichtungen überwiegend oder sogar ausschließlich von Kindern mit Migrationshintergrund besucht werden, führte zum »Kieler Modellversuch zur sprachlichen Frühförderung von zweisprachig aufwachsenden türkischen Kindern im Vorschulbereich«. Als sich im Jahr 2002 erstmals abzeichnete, dass in Kiel eine türkische Gruppe ohne deutsche Kinder gebildet werden musste, entstand eine Arbeitsgruppe, die konzeptionelle Überlegungen für Fördermaßnahmen in einer solchen Modellgruppe ohne deutsche Kinder anstellte, die in 16 Punkten dargelegt wurden (Apeltauer 2004, S. 55 ff.). Das Grundproblem bestand darin, in einer rein türkischen Kindergruppe die Zweitsprache Deutsch so zu vermitteln, dass die für den Schulbesuch erforderlichen sprachlichen Kompetenzen erreicht werden konnten. Die Gruppe wurde von einer balanciert zweisprachigen (Türkisch, Deutsch) sozialpädagogischen Assistentin und einer deutschen Erzieherin, die über Grundkenntnisse im Türkischen verfügte, betreut.

In der Konzeption spielen Überlegungen zum *Verhältnis zwischen Erstsprache Türkisch und Zweitsprache Deutsch* eine wichtige Rolle. Wesentliche Merkmale des Modellversuchs sind eine zweisprachige Eingewöhnungszeit für die Kinder mit der Möglichkeit, Erfahrungen in der Erstsprache zu sammeln und gleichzeitig Grundkenntnisse in der Zweitsprache spielerisch zu erwerben (Punkte 1 und 2). Auf die Pflege der Erstsprache wird großer Wert gelegt, wobei vor allem die Eltern angeregt werden, in der Erstsprache vorzulesen und zu erzählen beziehungsweise Kindererzählungen zuzuhören. Hiervon verspricht man sich eine positive kognitive und sprachliche Entwicklung und somit günstige Lernvoraussetzungen für den Zweitspracherwerb (Punkt 3). Nach der Eingewöhnungszeit soll die Alltagssprache in der Kindertageseinrichtung vorwiegend Deutsch sein, wobei auf Ausflügen oder zu Hause sowie bei bestimmten Ereignissen weiterhin die Erstsprache verwendet werden soll, nicht zuletzt, um eine Marginalisierung der türkischen Sprache zu vermeiden (Punkt 4). Im Alltag sollen durch die türkische Erzieherin Übersetzungshilfen gegeben werden, außerdem werden Bilderbuchgeschichten zuerst auf Türkisch erzählt bzw. vorgelesen und dann, wenn die Kinder den Inhalt verstanden haben, auf Deutsch präsentiert (Punkt 6). Zum Gebrauch der deutschen Sprache soll durch regelmäßige Besuche in Kindergartengruppen mit einem hohen Anteil an Kindern deutscher Muttersprache angeregt werden (Punkt 9).

Wie beim Gestalten des Vorlesens in der Kindertageseinrichtung und im Elternhaus schon deutlich wurde, stellt ein zweites wichtiges Ziel im Kieler Modellversuch das *Anbahnen von Literalität* dar. Insbesondere auf das korrekte Hören und die Entwicklung des Hörverstehens wird Wert gelegt, »weil korrektes Hören Voraussetzung für korrektes Sprechen« (Apeltauer 2004, S. 60) ist. Neben dem Vorlesen werden hierzu auch Hörbücher eingesetzt (Punkte 7 und 15). Außerdem sollen Lesepatinnen für Deutsch und Türkisch einmal wöchentlich zum Vorlesen kommen (Punkt 16).

Ein wichtiges sprachdidaktisches Prinzip im Kieler Modellversuch stellen *Formeln als Einstiegshilfen* dar (Apeltauer 2004). Ausgehend von der Beobachtung, dass der Gebrauch sprachlicher Formeln die Aneignung der Erstsprache erleichtert, werden solche Formeln systematisch eingesetzt. Sie stellen eine Hilfe beim Erschließen von sprachlichen Regularitäten dar. Es werden insbesondere Grußformeln und Formeln zu immer wiederkehrenden Ritualen verwendet, wie *Zähne putzen*, »*kannst du mir helfen*«, »*du bist dran*«. In der wissenschaftlichen Begleituntersuchung wurde beobachtet, dass Formeln mit dem Sprachstand in ihrer Komplexität wachsen (Apeltauer 2004).

Ein weiteres wichtiges Prinzip stellt die *Berücksichtigung der Einhörphase* dar. In den ersten Wochen und Monaten, in denen Kinder eine fremde Sprache lernen, benötigen sie eine Einhörphase, in der sie »die Grundlagen für die Lautwahrnehmung in der fremden Sprache entwickeln« (Apeltauer 2004, S. 66). In dieser Phase werden zwar auch schon Wörter und Formeln erworben, doch der Wortschatzzuwachs bleibt noch gering. Erst nach dieser Einhörphase findet ein zügiger Wortschatzerwerb statt. Dies ist einer der Gründe für die Favorisierung des Vorlesens und Erzählens in diesem Ansatz. Apeltauer kritisiert in diesem Zusammenhang auch sogenannte Crashkurse für Vorschüler, die ein halbes Jahr vor Schulbeginn durchgeführt werden: Die Kinder könnten sich erst auf den Wortschatzerwerb einlassen, wenn sie sich in die fremde Sprache eingehört hätten, daher wäre der Crashkurs zu spät angesiedelt (Apeltauer 2004). Mit der Einhörphase berücksichtigt Apeltauer in anderèr Form die von Penner (2005) geforderte Sensibilisierung für sprachrhythmische Informationen (siehe Kapitel 5.2.7).

Im Zusammenhang mit dem Anbahnen der Literalität stellt das dritte wichtige Ziel die *Wortschatzvermittlung* dar, die vor allem im Zusammenhang mit dem Vorlesen und Erzählen stattfinden soll (Punkt 7). Schließlich spielt auch in diesem Modellversuch die *situative Einbindung* der Sprachförderung eine wichtige Rolle. Es soll von alltäglichen Situationen ausgegangen werden, bei Exkursionen und Ausflügen sollen sprachliche Kenntnisse erweitert werden (Punkt 8).

Die *intensive Zusammenarbeit mit den Eltern* beinhaltet gründliche Aufnahmegespräche mit allen Eltern auf Türkisch, die Einbeziehung der Eltern in der Anfangszeit im Rahmen von Reflexionsgesprächen, regelmäßige Elternabende und die Einbeziehung der Eltern in muttersprachliche Angebote, wenn zum Beispiel Märchen auf Türkisch vorgelesen werden (nähere Ausführungen zur Elternarbeit finden sich in Kapitel 6). Eine *fachliche und wissenschaftliche Begleitung* sind weitere Merkmale des Modellversuchs.

Insgesamt stellt dieses Konzept den besonderen Versuch dar, ein Modell für eine homogene Gruppe von Kindern mit Deutsch als Zweitsprache zu entwickeln. Es berücksichtigt verschiedene Ebenen des sprachlichen Inputs und bietet eine Fülle an Ideen und Anregungen dazu, wie unter spezifischen Bedingungen die deutsche Sprache vermittelt werden kann.

5.2.5 Sprechanlässe in Lernszenarien (Hölscher)

Unter Leitung von Petra Hölscher wurden am Staatsinstitut für Schulpädagogik und Bildungsforschung in München Lernszenarien zum Lernen von Deutsch als Zweitsprache entwickelt. Neben den Lernszenarien für die Schule (Hölscher et al. 2004) gibt es auch einen Vorkurs zum Deutschlernen vor Schulbeginn (Hölscher et al. 2003; vgl. zur Begründung Hölscher/Piepho/Roche 2006). Ein Lernszenarium ist ein Themenbereich, der offen strukturiert ist und vielfältige Lernangebote liefert. Das einzelne Szenario besteht aus verschiedenen Sprechanlässen, Aufgaben und Lernstationen. Dazu werden in einem Koffer unterschiedliche Materialien (Handpuppe, große Ereignisbilder, Bildergeschichtenkarten, CDs mit Hörbeispielen, Domino, »Memory«) angeboten, außerdem wird die Arbeit mit Materialien (Wollfaden, Wasserfarben, Schere, Tapete, etc.) angeregt (Hölscher et al. 2004). Insgesamt wird angestrebt, möglichst reale Lernsituationen zu schaffen. Die Kinder können aus dem Lernszenarium individuell bzw. in kleinen Gruppen ihre Aufgaben aussuchen. Die Aufgaben sind so angelegt, dass die Kinder möglichst viel miteinander sprechen. Besonderer Wert wird auf die Schulung des Hörverstehens gelegt. Ziel ist, die Sprache nicht linear und formal zu lehren und das Üben von Vokabeln und Grammatik zu vermeiden. Damit wird das Motto von Piepho verfolgt: »Gebt den Kindern Wörter – Grammatik lernen sie von selbst« (aus der Anleitung zum DaZ-Lernkoffer; Hölscher et al. 2004). Es wird bewusst keine Progression vorgegeben, sondern die Sprache soll durch handelndes und entdeckendes Lernen angeeignet werden. Für die vorschulische Förderung werden (ohne Koffer) drei Lernszenarien angeboten: »Neu in der Schule«, »Der Zahlenfresser – Sprachwachstum durch vielfältige Aktivitäten rund um das Gestalten eines Buches«, »Der Natur auf der Spur – Ein Kunstbuch entsteht«.

Wenn man Medien für die Sprachförderung einsetzen will, findet man mit den Lernszenarien ein gelungenes Beispiel für die Gestaltung einer vielseitigen, ideenreichen und anregenden Lernumgebung. Dabei wird Wert auf möglichst realitätsnahe Lernsituationen gelegt, in denen sich die Kinder gut wiederfinden können und die daher sehr motivierend wirken.

5.2.6 *Wir verstehen uns gut (Schlösser)*

Für die Regionale Arbeitsstelle zur Förderung von Kindern und Jugendlichen aus Zuwandererfamilien (RAA) im Kreis Düren veröffentlichte Elke Schlösser (2001) unter dem Titel »Wir verstehen uns gut – Spielerisch Deutsch lernen« in Form eines Ringbuches Methoden und Bausteine zur Sprachförderung für deutsche und zugewanderte Kinder. Es handelt sich um ein Programm, das für etwa ein Jahr, vorzugsweise das letzte Kindergartenjahr, ausgelegt ist. Die Kinder sollen ein- bis zweimal pro Woche in einer Gruppe mit etwa acht bis zehn Kindern an der Sprachförderung teilnehmen. Mit dem Programm kann aber auch in der gesamten Kindergartengruppe gearbeitet werden. Es soll von Mitarbeiterinnen in der Einrichtung und nicht von externen Kräften durchgeführt werden, da der vertraute Kontakt die Sprachentwicklung erleichtere und die lebendige Beziehung der Erzieherinnen zu den Kindern den Eindruck des »Programmcharakters« lindere (Schlösser 2001, S. 13). Eine Programmeinheit dauert etwa 20–30 Minuten.

Zur Zielgruppe gehören Kinder, deren Familiensprache nicht Deutsch ist, Kinder aus Aussiedlerfamilien sowie deutsche Kinder mit einem deutlichen sprachlichen Entwicklungsbedarf (Schlösser 2001). Ziele des Programms sind, »den Grundwortschatz zu erhöhen und die Vielfalt der kindlichen Ausdrucksfähigkeit zu steigern« (Schlösser 2001, S. 11) bzw. »die kindliche Sprachentwicklung durch eine kreative Nutzung des Programms zu fördern« (Schlösser 2001, S. 15).

»Wir verstehen uns gut – Spielerisch Deutsch lernen« ist in neun thematische Bereiche unterteilt, die jeweils aus einzelnen Bausteinen zusammengesetzt sind. Die neun thematischen Bereiche lauten: »Das bin ich«, »Das bist du«, »Das ist meine Familie«, »Hier im Kindergarten«, »Bald gehe ich in die Schule«, »Mein Stadtteil«, »Ich bin krank«, »Alle Tiere dieser Welt« sowie »Formen – Farben – Mengen«. Jeder Baustein enthält vier Elemente.

- Erstens wird das Sprachziel angegeben. Das sind immer die Wörter, manchmal auch weitere sprachliche Elemente, die vermittelt werden sollen. Der aufgeführte Wortschatz besteht überwiegend aus Nomen.
- Zweitens wird die Methodik dargelegt, wozu eine Verlaufsplanung für die Durchführung des Bausteins gegeben wird.
- Drittens werden Materialien genannt, mit denen der Baustein durchgeführt werden kann. Zum Teil werden auch Kopiervorlagen bereitgestellt.
- Das vierte Element ist für alle Bausteine gleich, es handelt sich um die Reflexion.

Weiterhin umfasst jeder Baustein didaktische Hinweise, die allerdings in keinem inhaltlichen Bezug zu den Bausteinen stehen. Stattdessen werden grundlegende Informationen zur Interkulturellen Pädagogik sowie zur sprachlichen Förderung von Kindern gegeben. Dazu werden Themen wie »Die Kinder«, »Die Eltern«, »Die Mehrsprachigkeit« oder »Die Interkulturelle Pädagogik« behandelt.

Im Anhang des Buches wird ein Reflexionsbogen als Kopiervorlage abgedruckt, auf dem zu verschiedenen vorgegebenen Aspekten Bemerkungen notiert werden können.

Weiterhin werden im Anhang zwei Fragebogen zur Sprachstandseinschätzung angeboten. Der erste ist ein Aufnahmebogen, der bei der Erstaufnahme eines Kindes in der Einrichtung eingesetzt wird, um »die sprachliche Situation des Kindes und der Familie zu erfassen« (Schlösser 2001, S. 189). Mit ihm werden Daten zum Kind und zur Familie, zum Migrationshintergrund, zur Gesundheit des Kindes, zur sprachlichen Situation des Kindes (mit welchen Sprachen ist das Kind in welchen Konstellationen konfrontiert) sowie zur Sprachfähigkeit in der Muttersprache und in Deutsch nach Einschätzung der Eltern erhoben. Der zweite ist ein Sprachstandsbogen, mit dessen Hilfe das sprachliche Verhalten des Kindes differenziert beobachtet werden kann. Er besteht im ersten Teil aus allgemeinen Fragen zur Beobachtung (z. B.: »Spricht das Kind die Erzieherin eigenständig an?«, »Hat es einen altersgerechten Wortschatz?«, »Muss es sehr lange überlegen, ehe es zu sprechen beginnt?«). Zur differenzierten Beobachtung werden bestimmte Aktivitäten und Aufgaben vorgeschlagen, wie z. B.

- das Betrachten eines Bildes,
- der Auftrag, bestimmte Gegenstände zu holen,
- die Aufgabe, etwas mit einer bestimmten Farbe anzumalen,
- Einzelbilder einer Bildergeschichte in die richtige Reihenfolge zu bringen und dies sprachlich zu begleiten.

Wer ein Programm zur Sprachförderung durchführen will, findet hier Methoden und Bausteine, die sich in der Praxis gut umsetzen lassen. Schließlich wurde das Programm aus der Praxis heraus entwickelt. Besonders nützlich sind der Sprachstands- und der Reflexionsbogen.

5.2.7 Das linguistisch begründete Kon-Lab-Programm von Penner

Auf der Basis einer linguistisch orientierten Darstellung des Erwerbs von Deutsch als Muttersprache und der Beschreibung der linguistischen Kompetenzen der Migrantenkinder vor und nach der Einschulung entwickelt Penner (2005) seine Theorie zur sprachlichen Frühförderung von Migrantenkindern.

Probleme beim Erlernen des Deutschen durch Kinder mit Deutsch als Zweitsprache beobachtet Penner in drei Bereichen:
»1. Die Entwicklung von Regellernen und vom Sprachverstehen,
2. auditive Basisfunktionen,
3. phonologische Bewusstheit« (Penner 2005, S. 103).

Aufgrund einer Analyse der linguistischen Kompetenzen von Migrantenkindern betrachtet Penner (2005, S. 109) die »reduzierte Bootstrapping-Kapazität« als zentrale Ursache der Defizite von DaZ-Kindern. Unter »Bootstrapping« versteht er »die Strategie der Regelableitung im Spracherwerb durch die ›Kreuzung‹ zweier Informationsachsen oder ›Module‹« (Penner 2005, S. 107). Die »spezifische Lernschwäche« der Daz-Kinder führt Penner auf den fehlenden deutschsprachigen Input in der »kritischen Phase des Spracherwerbs« (Penner 2005, S. 110) zurück. Dies wäre die präverbale Phase der ersten Lebensmonate, in der die Kinder für sprachrhythmische Informationen besonders sensibel sind. Wenn Kinder erst im vierten und fünften Lebensjahr Deutsch lernen, haben sie keinen oder nur noch einen partiellen Zugang zu den rhythmisch basierten Regeln und es fällt ihnen schwer, solche Regeln zu entdecken. Dementsprechend beanstandet Penner, dass die meisten Lehr- und Fördermittel für Deutsch als Zweitsprache im Vorschulalter dieses durch mangelnde Kenntnis der Sprachrhythmik verursachte, Sprachlerndefizit nicht berücksichtigen und an falscher Stelle mit der Förderung ansetzen.

Mit dem Kon-Lab-Programm sollen Defizite im Regellernen behoben und damit das Sprachverstehen verbessert werden. Die Förderung konzentriert sich auf drei Gebiete:
- Sprachrhythmus und prosodische Morphologie,
- Grammatik der Satzstruktur und des Artikels und
- Verblexikon
   (Penner 2005, S. 103 f.).

Daraus entwickelt Penner ein 3-Stufen-Programm:
- *Stufe 1: Sprachrhythmus, Wortbildung und Wortlernprinzipien:* Die Kinder werden für die sprachrhythmischen Regeln des Deutschen sensibilisiert, die dafür verantwortlich sind, dass aus einer Lautfolge ein prosodisch markiertes Wort entsteht. In diesem Zusammenhang sollen auch die Wortbildungsmechanismen erworben werden, um Wörter ableiten zu können und den Wortschatz auszubauen. Damit einhergehend wird der Bedeutungserwerb berücksichtigt.
- *Stufe 2: Grundlagen der Grammatik-Satzbau und Artikel:* Die Kinder erwerben die »Grammatik, die dem Artikelgebrauch zugrunde liegt, sowie die Grundregeln des Satzbaus« (Penner 2005, S. 118), wobei Penner diese sprachlichen Fertigkeiten als für die Entwicklung des Sprachverstehens entscheidend ansieht.
- *Stufe 3: Sprachverstehen – die logische Form in der Schnittstelle zwischen Lexikon-Grammatik-Bedeutung:* Die in den Stufen 1 und 2 gewonnenen Erkenntnisse in den Bereichen Grammatik und Wortschatz werden gezielt »umgesetzt, um komplexe Verstehensmerkmale (wie z. B. Mengen, Fragen oder Zeitstruktur von Ereignissen) zu erlernen« (Penner 2005, S. 118).

Der Wert des Ansatzes von Penner liegt sicherlich in der Betonung der Relevanz einer frühen Sensibilisierung für sprachrhythmische Informationen und in der gezielten Schulung der Erzieherinnen für die Sprachförderung. Dieser Punkt wurde in den früheren Ansätzen zur Sprachförderung unterschätzt. Außerdem basieren die Förderinhalte auf Forschungsergebnissen mit Kindern, die Deutsch als Zweitsprache sprechen, und betreffen somit gezielt Problembereiche für diese Kinder. Problematisch ist dagegen, dass Einengungen vorgenommen werden (zum Beispiel Schwerpunktsetzung auf Satzbau und Artikel in Stufe 2), die kaum zu begründen sind und zu einer Einseitigkeit bei der Förderung führen. Hier wird deutlich, dass Penner Erfahrungen aus der Therapie bei Kindern mit Dysgrammatismus einbringt, wobei seine Vorstellungen auch in diesem Bereich nicht unumstritten sind (Motsch 2006, S. 59). Kritisch angemerkt wird die Vernachlässigung der kindlichen Alltagssituationen und der pragmatischen Kompetenzen.

5.2.8 Interaktionsorientierter Ansatz bei Kolonko

Ausgehend von Erfahrungen, die in der Therapie von Kindern mit SSES gewonnen wurden, stellt Kolonko (2001) Grundlagen für die sprachpädagogische Arbeit von Erzieherinnen dar. Kinder mit Spracherwerbsstörungen sollen in die Regelgruppe integriert und zusammen mit den anderen gefördert werden. Insofern sind Kolonkos Ausführungen für die Sprachförderung aller Kinder relevant. Dabei ist Kolonko dem Situationsansatz und der offenen Kindergartenarbeit verpflichtet (Kolonko 2001). Kolonko geht davon aus, »dass eine Unterstützung sprachlichen Lernens nicht in erster Linie in speziell inszenierten ›Unterstützungsangeboten‹ stattfindet« (Kolonko 2001, S. 110), sondern dass es wesentlich auf die alltäglichen Kommunikationssituationen ankommt.

An den Beginn der sprachpädagogischen Arbeit stellt sie die Beobachtung von Kommunikation und Sprache im Kindergarten, die gezielt und theoriegeleitet erfolgen soll (Kolonko 2001). Die Beobachtung stellt die Basis für die Unterstützung von Lernprozessen dar, erfüllt die Funktion der Selbstkontrolle der Sprachförderperson und ermöglicht eine »differenzierte Einschätzung der kindlichen Sprache und Kommunikation« (Kolonko 2001, S. 111). Ziel ist nicht eine Sammlung von Einzeldaten über Auffälligkeiten bei der Sprachverwendung des Kindes, sondern eine entwicklungsorientierte Einordnung der beobachteten Normabweichungen. Dabei legt Kolonko Wert auf die Funktion der sprachlichen Äußerungen des Kindes im Gegensatz zu einer beschränkten Beobachtung formaler Aspekte. Vor allem geht es darum, ob Kinder ihre sprachlich-kommunikativen Mittel erweitern können, ob sie sprachlich Handlungen initiieren und ob sie Korrekturen äußern. Bei der Beobachtung ist insbesondere die Kommunikation der Erzieherin von Bedeutung: Wie strukturiert sie Gesprächssituationen, wie passt sie ihre eigene Sprache an das kindliche Sprachniveau an, wie unterstützt sie das Kind bei Verständigungsproblemen und inwieweit gelingt es ihr, ein Klima des sozialen und kommunikativen Umgangs miteinander zu schaffen (Kolonko 2001).

Die Beobachtung der kindlichen Sprache und Kommunikation umfasst folgende Komponenten:

»1. Allgemeine Beschreibung des Sprachgebrauchs
2. Bevorzugte Sprechsituationen
3. Kommunikative Absichten
4. Dialogfähigkeit
    a) Kontaktaufnahme
    b) Dialoge und dialogähnliche Situationen
    c) Berücksichtigung des Zuhörers

d) Selbstkorrekturen
e) Reaktion auf Nachfragen und Verständigungsprobleme
5. Wortschatz
6. Sprachverständnis
7. Aussprache (Phonetik und Phonologie)
8. Grammatik«
(Kolonko 2001, S. 114).

Bei der Beobachtung der Sprache und Kommunikation der Erzieherin werden folgende Komponenten berücksichtigt:

»1. Kontaktaufnahme
2. Gesprächsverhalten
3. Sprache der Erzieherin
4. Reaktion auf Verständigungsprobleme«
(Kolonko 2001, S. 119).

Die Beobachtungshilfen von Kolonko sind nicht zuletzt deshalb interessant, weil mit ihnen indirekt Kriterien einer effektiven Sprachförderung geliefert werden. Ihrer interaktionsorientierten Grundintention entsprechend legt Kolonko bei der Förderung vor allem auf die Unterstützung sprachlichen Lernens im Dialog Wert. Dazu ist zunächst eine Beziehung zwischen Erzieherin und Kind nötig, die dem Kind Sicherheit bietet, ohne das Kind bindend einzuengen. Dabei soll sich die Unterstützung des sprachlichen Lernens »in gemeinsamen Handlungssituationen im Kindergartenalltag ergeben« (Kolonko 2001, S. 123). Gegenüber einem *direktiven* Vorgehen, bei dem die Erzieherin kein echtes Interesse an einer Kommunikation mit dem Kind bekundet, sondern lediglich bestimmte sprachliche Leistungen einfordert, plädiert Kolonko für ein *prozessorientiertes* Vorgehen, mit dem die Erzieherin das Kind zu sprachlichen Äußerungen motiviert, aber auch auf Impulse des Kindes eingeht. Dabei sollen in die Situation Handlungsroutinen eingebracht werden, die aus wiederkehrenden sprachlichen Mustern und stabilen Rollen bestehen und dem Kind sprachliches Lernen erleichtern. In verschiedenen Beispielen verdeutlicht Kolonko, wie die Kommunikation der Erzieherin gestaltet sein soll, um das Gespräch mit dem Kind zu erleichtern. Dabei kommt es vor allem darauf an, »dem Kind den *Nutzen von Sprache* als Mittel der Kommunikation« zu verdeutlichen (Kolonko 2001, S. 127). Mit *Strategien der Verständnissicherung* und mit *Sprachanpassungen* kann die Erzieherin die Kommunikation aufrechterhalten. Schließlich soll die Erzieherin das Kind durch die *Demonstration von Sprache* unterstützen. Damit ist das Kommentieren eigener Handlungen, das Inszenieren von Dialogen, das Versprachlichen kindlicher Handlungen oder Handlungsabsichten gemeint. Somit bietet die Erzieherin den Kindern sprachliche Modelle. Auch das *Stellen von Fragen* und die *Schaffung von Sprechanlässen* sind Formen der Unterstützung des sprachlichen Lernens. In diesem Zusammenhang verweist Kolonko auch auf die *Techniken des Modellierens* von Dannenbauer (1999), die in Kapitel vier dargestellt wurden. Anstelle von formalen Übungen schlägt Kolonko das themenorientierte

Arbeiten vor, wobei sie am Beispiel des Themas »Unsere Küche« Möglichkeiten der Sprachförderung darstellt (Kolonko 2001, S. 136 ff.).

Kolonko entfaltet ein Konzept der Förderung aller Kinder, auch solcher mit einer Spracherwerbsstörung. Ausführlich behandelt sie, wie das Kommunikationsverhalten der Kinder und der Erzieherin theoriegeleitet beobachtet werden kann, um daraus Ziele und Themen der Förderung abzuleiten. Die Auseinandersetzung mit dem Konzept lohnt sich insbesondere, wenn eine Erzieherin ihr kommunikatives Verhalten optimieren will, um Kinder in alltäglichen Situationen zu fördern.

5.2.9 Förderung der phonologischen Bewusstheit zur Vorbereitung des Schriftspracherwerbs: Würzburger Trainingsprogramm

In einigen Konzepten der vorschulischen Sprachförderung werden vor allem die Vorläuferkompetenzen für den Schriftspracherwerb gefördert. Eine wesentliche Voraussetzung für das Lesen- und Schreibenlernen besteht darin, die Lautstruktur von Wörtern wahrnehmen zu können. Dazu gehört, die Laute zu erkennen, die in einem Wort enthalten sind, oder identifizieren zu können, an welcher Stelle im Wort ein bestimmter Laut vorkommt. Diese Wahrnehmungsfähigkeit nennt man phonologische Bewusstheit. Zwar wird die phonologische Bewusstheit als Voraussetzung für den Schriftspracherwerb betrachtet, umgekehrt wird sie durch den Schriftspracherwerb aber auch maßgeblich vorangetrieben. Deshalb ist es nicht nur Aufgabe des Kindergartens, die phonologische Bewusstheit zu fördern.

In Konzepten zur Förderung der phonologischen Bewusstheit werden insbesondere die Wahrnehmungsfähigkeit und das Segmentieren von Lauten unterstützt. Dazu werden Geräusche, Musik und gesprochene Laute eingesetzt, die nachgesprochen oder identifiziert werden sollen. Außerdem werden Übungen zur Durchgliederung von Wörtern durchgeführt, insbesondere zur Segmentierung von Silben (Kin-der-wagen). Das bekannteste dieser Konzepte ist das Würzburger Trainingsprogramm »Hören, lauschen, lernen« (Küspert/Schneider 2008). Auch in den Osnabrücker Materialien (Tophinke 2003) spielen Übungen zur phonologischen Bewusstheit eine große Rolle.

Das Würzburger Trainingsprogramm richtet sich an alle Kinder, die vor der Einschulung stehen, und ist nicht speziell für Kinder mit sprachlichen Verzögerungen oder Schwierigkeiten gedacht. Es wird im letzten Halbjahr vor der Einschulung, also mit fünf- und sechsjährigen Kindern, durchgeführt. In einem Schulungshandbuch wird ein detaillierter Zeitplan mit Spiel- und Übungsvorschlägen vorgegeben. In dem Trainingsplan werden viele Spiele beschrieben, die zu sechs Bereichen gehören. Die Spiele werden teilweise durch Bildkarten ergänzt, die Objekte, Tiere, Menschen und Handlungen zeigen. Die sechs Bereiche, die aufeinander aufbauen, sind:

Lauschspiele: Mit ihnen soll das Gehör der Kinder für die Geräusche in der Umgebung der Kinder geschult werden. Die Kinder erraten den Ursprung von Geräuschen, die die Erzieherin erzeugt. Das können beispielsweise das Klirren eines Schlüsselbundes oder das Rascheln beim Zerknüllen von Papier sein. Später erzeugen die Kinder selbst Geräusche. Die Wichtigkeit einer deutlichen Aussprache erkennen die Kinder beim Austauschen geflüsterter Nachrichten.

Reime: Durch die Arbeit mit Reimen (ab der zweiten Woche) sollen die Kinder ähnliche Lautstrukturen erkennen. Zuerst sprechen die Kinder Reime nach, später reimen sie selbst. Dabei kommt es nicht darauf an, dass das Gereimte einen Sinn ergibt.

Sätze und Wörter: Ab der dritten Woche werden Sätze analysiert. Die Kinder sollen erfahren, dass man einen Satz in kleinere Einheiten, die Wörter, aufteilen kann. Dazu wird jedes Wort mit einer Bewegung markiert. Außerdem werden zusammengesetzte Wörter (Komposita) in ihre Bestandteile zerlegt (Schneemann = Schnee + Mann). Weiterhin gibt es Übungen zum Zusammensetzen von Wörtern (Wurst + Brot = Wurstbrot).

Silben: Ab der sechsten Woche werden Wörter in ihre Silben zerlegt. Die Silbengrenzen werden mithilfe von Bewegungen, Klatschen oder rhythmischem Sprechen verdeutlicht. Bildkärtchen werden eingesetzt, damit Kinder möglichst vielsilbige Wörter herausfinden.

Anlaute: In der neunten Woche beginnen Übungen zum Erkennen der Anlaute. Die Erzieherin spricht Worte, wobei sie den Anlaut überdehnt. Die Kinder sprechen dies nach. Weiterhin versuchen sie, den Anlaut ihres Vornamens herauszufinden. Darauf werden diejenigen Bildkärtchen herausgesucht, die Wörter mit dem gleichen Anlaut repräsentieren. Schließlich folgen Spiele, bei denen Anlaute von Wörtern entfernt oder hinzugefügt werden.

Phoneme: Ab der zwölften Woche werden den Kindern die Lautgrenzen innerhalb eines Wortes bewusst gemacht. In Übungen wird zuerst die Phonemsynthese durchgeführt, also die Zusammensetzung von Wörtern aus einzelnen Lauten. Zum Beispiel werden h – u – t zu *Hut* zusammengesetzt. Wenn die Kinder dies beherrschen, folgt die Analyse der Phoneme. Dazu werden Bildkarten eingesetzt, auf denen Wörter mit unterschiedlicher Anzahl an Lauten dargestellt werden. Die Kinder sollen lange und kurze Wörter erkennen oder möglichst viele Wörter finden, welche die gleiche Anzahl an Lauten aufweisen. Außerdem wird nach einzelnen Lauten innerhalb der Wörter gesucht. Also zum Beispiel: Welcher Laut kommt in B-ie-n-e nach dem *i*?

Beim Einsatz des Würzburger Trainingsprogramms ist darauf zu achten, wofür es konzipiert wurde und wofür nicht. Es wurde nicht zur allgemeinen und umfassenden Förderung sprachlicher Kompetenzen entwickelt, sondern spezifisch für die Förderung der phonologischen Bewusstheit. Deshalb kann es bei der Förderung des Zweitspracherwerbs höchstens ergänzend eingesetzt werden.

5.2.10 Sprachliche Förderung durch Angebote aus verschiedenen Bildungsbereichen

In dem von Jampert et al. (2006) vorgelegten Konzept wird »Sprachförderung als Querschnittsaufgabe des Kita-Alltags« (Jampert et al. 2006, S. 9) verstanden. Exemplarisch werden in dem Buch die Potenziale der vier Bildungs- und Erziehungsbereiche Bewegung, Musik, Naturwissenschaften und Medien für das sprachliche Lernen herausgearbeitet. Der Grundgedanke ist, dass Sprache für Kinder überall stattfindet. Bei allen alltäglichen Aktivitäten können Kinder sprachliche Erfahrungen machen und Sprache anwenden; mit der Sprache wird es Kindern ermöglicht, die Welt zu verstehen und sie zu gestalten. Da der Erwerb sprachlicher Strukturen mit der kognitiven und sozialkommunikativen Entwicklung verbunden ist, sollen diese Bereiche integrativ gefördert werden. Die Sprache soll »im Alltag systematisch wahrgenommen und gefördert, jedoch nicht als isolierte ›Trainingseinheit‹ verstanden werden« (Jampert et al. 2006, S. 9 f.). Von den Kindern soll sie als nützliches Handwerkszeug entdeckt werden. Für die sprachliche Förderung in der Kita werden dazu allgemeine Prinzipien umrissen (Jampert et al. 2006, S. 46 f.):

Kontinuität: Sprachliche Förderung soll vom ersten Tag an im Kita-Alltag stattfinden und nicht als Zusatzangebot.

Progression: Sprachliche Anforderungen sollen bewusst an die Fähigkeiten der Kinder angepasst werden.

Kompetenzansatz: Die sprachliche Bildung knüpft an den Fähigkeiten, Interessen und Wissensständen der Kinder an.

Deutsch als Zweitsprache: Die Entwicklung der Kinder in der Muttersprache in Verbindung mit der damit einhergehenden kognitiven Entwicklung soll berücksichtigt werden. Sprachliche Anforderungen sind an den Fähigkeiten auszurichten. Auch unabhängig von Sprache sollen adäquate Handlungsmöglichkeiten geschaffen werden.

Mehrsprachigkeit: Die Mehrsprachigkeit in der Kita soll als Chance genutzt werden. Dadurch kann Sprachbewusstheit geweckt werden, die sich für die sprachlich-kognitive Entwicklung als förderlich erweist.

Schrift: Kinder sollen früh an die Schrift herangeführt werden, was durch eine spielerische Auseinandersetzung mit Schrift geschehen kann.

Geschlechtsspezifische Aspekte: Unterschiedliche Bildungsbereiche »ermöglichen es, an den unterschiedlichen Erlebens- und Erfahrungswelten von Mädchen und Jungen anzuknüpfen« (Jampert et al. 2006, S. 48).

Die Auswahl der vier exemplarischen Bereiche wird folgendermaßen begründet: Bewegung und Musik stehen für traditionelle Bildungsinhalte in Kitas, die schon lange eine wesentliche Rolle in der frühkindlichen Pädagogik spielen. Mit dem kreativen Umgang mit Medien wird ein neues Lernfeld aufgeschlossen, das für das sprachliche Lernen ein großes Potenzial bietet. Die verstärkte Auseinandersetzung mit naturwissenschaftlichen Inhalten wird in der aktuellen Bildungsdiskussion stark gefordert. Dabei ergeben sich aus der Beschäftigung mit naturwissenschaftlichen Fragen viele sprachliche Lernmöglichkeiten. Zu jedem dieser vier Bildungsbereiche werden die Möglichkeiten sprachlichen Lernens in der Kita aufgezeigt.

Sprachliches Lernen im Bildungsbereich Musik: Ausgangspunkt der Überlegungen ist die Affinität der Musik zur Sprache. Die Sprache enthält viele musikalische Elemente, wie Rhythmus oder Klang, die insbesondere für den frühen Spracherwerb sehr wichtig sind. Insofern stellen die Klang- und Lautbildung, die Artikulation sowie die Sprachmelodie Anknüpfungspunkte zwischen Sprache und Musik dar. Bei der Förderung sollen folgende Bereiche berücksichtigt werden:

- »Klangwahrnehmung (auditive Differenzierungsfähigkeit), Bedeutungserschließung und (Sprach-)Melodie (Prosodie),
- Erweiterung von Begriffen und sprachlichen Formen mit den Mitteln der Rhythmik (rhythmische Differenzierung fein- und grobmotorischer Bewegungsabläufe),
- Koordination von Klang, Vorstellung und Bewegung sowie die Koordination von abstrakten Symbolen und bildlichen Vorstellungshilfen,
- Musik als eigene Sprache der Kommunikation« (Jampert et al. 2006, S. 66).

Sprachliches Lernen im Bildungsbereich Bewegung: In der Bewegungserziehung will man den Kindern zu verschiedenen Erfahrungen verhelfen, wozu Körperwahrnehmung und Körpererfahrung, Selbsterfahrung, Sinneserfahrung, Sozialerfahrung und Materialerfahrung gehören (Jampert et al. 2006, S. 86 ff.). Durch Bewegung kann man sich ausdrücken und mitteilen, insofern dient die Bewegung der Kommunikation. Sprechen selbst stellt eine motorische Aktivität dar und kann durch motorische Aktivitäten unterstützt werden. Gestik, Mimik und Körpersprache sind Ausdrucksmittel, die in der alltäglichen Kommunikation ständig vorkommen und eng mit Sprache zusammenhängen. Im negativen Sinne weiß man, dass sprachliche Auffälligkeiten häufig mit Beeinträchtigungen im motorischen Bereich einhergehen. Umgekehrt gibt es Erfahrungen, die zeigen, »dass eine Stimulierung von kindlichen Bewegungsabläufen dazu führen kann, Kinder auch sprachlich zu aktivieren« (Jampert et al. 2006, S. 90). Mit Bewegung kann die Artikulation gefördert werden, z.B. durch Produzieren von Lauten, Tönen und Geräuschen mit den Mundwerkzeugen. So lässt sich das Lautspektrum erweitern. Auch in vielen traditionellen Spielen und Liedern wird Sprache mit Bewegungsaktivitäten vereint.

Sprachliches Lernen im Bildungsbereich Naturwissenschaften: Kinder interessieren sich für ihre Umwelt und stellen dazu Fragen. Viele dieser Warum-Fragen beziehen sich auf naturwissenschaftlich erklärbare Phänomene. Die Verbindung der Auseinandersetzung mit der Umwelt und der Entwicklung der Sprache ist offensichtlich, beides unterstützt sich gegenseitig, so wie sich auch sprachliche und kognitive Entwicklung gegenseitig beeinflussen. Im Bildungsbereich Naturwissenschaften unterscheidet man zwei Phasen. In der ersten geht es um die Annäherung an naturwissenschaftliche Phänomene. Erfahrungen der Kinder, z.B. wie sich Kastanien, Bucheckern und Eicheln anfühlen, werden im Gespräch aufgegriffen. Wesentlich komplexer ist der sprachliche Anteil in Phase zwei, in der systematische Phänomene erkundet werden, wozu Fragestellungen aufgeworfen, Vermutungen aufgestellt, Experimente durchgeführt und Schlussfolgerungen gezogen werden. Sprachliche Handlungen wie beschreiben, vergleichen, fragen, interpretieren, Vermutungen und Erkenntnisse äußern, über Erklärungen der Phänomene diskutieren liegen nahe. Differenzierte Gespräche tragen zur Entwicklung des Wortschatzes, der Grammatik und der kommunikativen Kompetenzen bei.

Sprachliches Lernen im Bildungsbereich Medien: Im Bildungsbereich Medien steht die aktive Medienarbeit im Vordergrund. Dabei können im Kindergarten Foto, Audio,

Video und Computer eingesetzt werden. Die Produktpalette, die von Kindern erstellt werden kann, »reicht von der Fotocollage, dem Bilderrätsel und dem Fotobilderbuch über ein Hörspiel, die Neuvertonung der Teletubbies (nun können sie endlich sprechen!) bis hin zu Daumenkino, Kratzfilm, Trickbox, Ton-Dia-Show und schließlich zu einer virtuellen Foto-Hör-Geschichte sowie einem kleinen Videofilm, in dem etwa Stabpuppen die handelnden Figuren sind« (Jampert et al. 2006, S. 135). Häufig werden die Medien als Werkzeuge des Selbstausdrucks gebraucht. Insbesondere das erzählerische Potenzial der Medien gibt den Kindern die Möglichkeit, ihre Ausdrucksfähigkeiten anzuwenden und zu erweitern. Erfahrungen, Gefühle und Wünsche können artikuliert werden. Neben den Ausdrucksmöglichkeiten, die sie bietet, regt die aktive Medienarbeit auch zum Gespräch an, weil sie organisiert und geplant werden muss. Man hört anderen zu, bringt eigene Vorschläge ein, bespricht das weitere Vorgehen. In mehrsprachigen Kindergartengruppen kann man auch ein mehrsprachiges Hörspiel produzieren, wobei auch die Eltern einbezogen werden können.

Für jeden der vier Bildungsbereiche werden in Tabellen die Verknüpfungsmöglichkeiten mit Sprache (Phonetik, Phonologie, Lexikon, Semantik, Morphologie, Syntax, Kommunikation, Text) dargestellt.

Der Wert des Konzeptes liegt darin, dass auf die Bedeutung von Sprachförderung in alltäglichen Situationen geachtet wird, aber doch differenziert das Potenzial verschiedener Bildungsbereiche für die Förderung sprachlicher Kompetenzen aufgezeigt wird.

5.2.11 Literacy-Konzept: Förderung einer positiven Einstellung zum Lesen und zur Literatur – Vorlesen und Anbahnen von Literalität

Bei den Bahn Vorlesestudien (2007; 2008) wurden 2007 1 000 Eltern, im Jahr 2008 875 vier- bis elfjährige Kinder zum Thema Vorlesen befragt. Die Ergebnisse sind erschreckend. Im Kindergartenalter findet eine regelrechte »Vorlese-Diät« statt, da 33 Prozent der Eltern ihren Kindern nicht regelmäßig vorlesen, elf Prozent davon nie. Diese Eltern benachteiligen ihre Kinder in hohem Maße, da Vorlesen an sich einen wichtigen Beitrag zum späteren Lernerfolg von Kindern darstellt. Ergebnisse aus der Hirnforschung zeigen, dass Vorlesen und Erzählen in der frühen Kindheit neuronale Strukturen für Spracherwerb und Lernerfolg formen. Die Sozialforschung bestätigt den Einfluss des Vorlesens im Vorschulalter auf Lesemotivation und die Förderung von Lesekarrieren. Kinder, die vorgelesen bekommen, sind weitaus motivierter selbst lesen zu lernen. Lernen am Modell ist also auch in Bezug auf Vorlesen und Lesenlernen ein stark zu berücksichtigender Faktor. Experten, die im Zuge der Bahn Vorlesestudie 2007 ebenfalls befragt wurden, bestätigen, dass Vorlese-Rituale im Vorschulalter für die Literalitätsentwicklung und für das Begreifen der Welt von Bedeutung sind.

Die Bahn Vorlesestudie 2008 brachte hervor, dass das »Nicht-Vorlesen« ein Problem aller sozialen Schichten ist. Mehr als ein Drittel der Eltern liest ihren Kindern nicht vor. Bildungsgrad und Einkommen der Eltern spielen nur eine sehr geringe Rolle. Ausgehend von diesen Ergebnissen wird klar, dass Pädagogen nicht mehr davon ausgehen können, dass alle Kinder lesesozialisiert in eine pädagogische Einrichtung kommen, sondern vielmehr der Hauptanteil der Lesesozialisation in den Händen der Erzieherinnen und Lehrer/innen liegt. Vor allem innerhalb der Sprachförderung im Vorschulalter können dadurch eventuell Defizite im Bereich der Vorläuferfähigkeiten für den Schriftspracherwerb aufgefangen werden.

In einer Reihe von aktuellen Maßnahmen wird das Ziel verfolgt, dass die Kinder eine positive Einstellung zum Lesen und zum Umgang mit Büchern bekommen. Diese Maßnahmen firmieren z. T. unter dem Begriff Literacy bzw. Literacy-Konzept. Derartige Maßnahmen stammen ursprünglich aus dem anglo-amerikanischen Raum und fanden in den letzten Jahren in Deutschland Verbreitung. Literacy dient als Sammelbegriff für kindliche Erfahrungen, die mit Büchern und Schrift im weitesten Sinne zu tun haben (Ulich 2003). Es zeigte sich, dass Kinder, die bereits in der frühen Kindheit vielfältige Erfahrungen mit Literacy sammelten, langfristige Entwicklungsvorteile bei der Sprach-, Lese- und Schreibkompetenz haben (Ulich 2003; Henzler 2004). Die Literacy-Förderung bezieht sich sowohl auf die Familie als auch auf den Kindergarten. Es geht darum, Bücher in den Kindergartenalltag einzubeziehen. Dazu gehört das regelmäßige, am besten tägliche Vorlesen und die dazugehörige Kommunikation, die während des Lesens und im Anschluss daran stattfindet und in der das Gelesene erläutert und reflektiert wird. Das Mitbringen von Lieblingsbüchern, aus denen vorgelesen und über die gesprochen wird, ist ein weiteres Mittel, um eine positive Einstellung zum Lesen und zu Büchern zu vermitteln. Im Folgenden werden dazu einige Beispiele aus der Umgebung der Pädagogischen Hochschule Weingarten aufgeführt:

Im Projekt »Story-Bag« an Laupheimer Schulen (Henzler 2004) erhält jedes Kind eine Stofftasche. Die Eltern wählen aus verschiedenen Literaturvorschlägen ein Buch aus, das den Vorlieben ihres Kindes entspricht. Dieses Buch wird in den Story-Bag gesteckt und an einem bestimmten Tag in den Kindergarten mitgebracht. Alle Kinder bringen an diesem Tag ein Buch in dem Story-Bag mit. Im Kindergarten tauschen die Kinder ihre Bücher aus. So bekommt jedes Kind jede Woche ein anderes Buch nach Hause, das ihm von den Eltern oder von anderen Personen vorgelesen werden soll.

Für Kindergartenkinder im Raum Ravensburg/Weingarten bieten die Lesewelt Ravensburg, die Buchhandlung RavensBuch und die Grundschule Weißenau Vorleseangebote an. In der Lesewelt Ravensburg finden wöchentliche Vorlesestunden von Ehrenamtlichen statt, die Kindern selbst ausgewählte und vorbereitete Geschichten vorlesen. Das Angebot wird durch die Lesewelt Ravensburg vermittelt, entweder durch Anfrage des Kindergartens oder durch neue Vorleser, die in ihrer Umgebung vorlesen möchten. Es wird auch im Familientreff der Caritas und in der Stadtbücherei Ravensburg, also in öffentlichen und für jedes Kind zugänglichen Orten für diese Zielgruppe vorgelesen – hier werden erfahrungsgemäß die Kinder von sowieso schon sehr bildungsbewussten Eltern erreicht.

Eine ähnliche Maßnahme sind die Vorlesekoffer, die von verschiedenen Institutionen, u. a. von der Stiftung Lesen, zur Verfügung gestellt werden. Beispielsweise stellt die Bürgerstiftung des Landkreises Ravensburg solche Vorlesekoffer zusammen. Studierende der Pädagogischen Hochschule Weingarten gehen als Vorlesepaten mit den Vorlesekoffern in Kindergärten und lesen den Kindern im Vorschulalter die Bücher vor. Dazu werden sowohl erzählende Bilderbücher als auch Sachbilderbücher eingesetzt. Nach der Vorlesephase verbleiben die Koffer noch sechs Wochen im Kindergarten, damit die Kinder sich weiterhin mit ihnen beschäftigen können.

Auch in anderen Konzepten der vorschulischen Sprachförderung spielt die Förderung der Literalität eine prominente Rolle. Hier ist insbesondere der Kieler Modellversuch zu nennen, der bereits in Kapitel 5.2.4 näher ausgeführt wurde.

Die Förderung der Literalität wurde seit der PISA-Studie zu einem wichtigen bildungspolitischen Thema, dessen Relevanz für die sprachliche Entwicklung nicht unterschätzt werden darf. In jeder Kindertageseinrichtung sollten entsprechende Maßnahmen ergriffen werden.

5.3 Typologie der Konzepte der Sprachförderung

Nachdem verschiedene Konzepte im Einzelnen vorgestellt wurden, sollen sie im Folgenden typologisch geordnet werden. Man kann ein Konzept nach folgenden Aspekten charakterisieren:

- Zielgruppe (siehe Kapitel 5.1),
- Herkunft des Konzepts,
- Didaktisch-methodischer Ansatz,
- Curriculum,
- Sozialform.

Zur Übersicht werden die Konzepte nach den oben genannten Aspekten charakterisiert. Wenn einem Konzept ein bestimmtes Merkmal zugeordnet wird, bedeutet dies nicht, dass ausschließlich dieses Merkmal vorkommt, sondern dass es besonders akzentuiert wird. Die überblicksartigen Zuordnungen ersetzen es nicht, sich mit den Konzepten detailliert zu beschäftigen.

5.3.1 Zielgruppe

Die ersten sieben Konzepte, die dargestellt wurden (»Denkendorfer Modell«, »Konzept von Maier«, »Konzept von Jampert«, »Kieler Modellversuch«, »Lernszenarien«, »Wir verstehen uns gut«, »Kon-Lab«), haben Kinder mit Deutsch als Zweitsprache als Zielgruppe, insbesondere solche mit besonderem Sprachförderbedarf. Kolonko entwickelt ein Konzept der integrierten Förderung von Kindern mit Spracherwerbsstörungen. Für Kinder, die bei einem Screening zur Früherkennung von Lese- und Rechtschreibschwierigkeiten auffielen, wurde das »Würzburger Trainingsprogramm« konzipiert. Für alle Kinder ist die »Sprachförderung in Bildungsbereichen« gedacht. Ebenfalls alle Kinder, aber insbesondere Kinder mit besonderem Sprachförderbedarf, stellen die Zielgruppe des »Literacy-Konzeptes« dar.

5.3.2 Herkunft des Konzeptes

Es gibt unterschiedliche Gründe für den Entwurf eines Konzeptes für die vorschulische Sprachförderung. Manche Konzepte wurden aus der Praxis heraus entwickelt. Dazu gehören das »Denkendorfer Modell« und »Wir verstehen uns gut«. Andere Konzepte sind wissenschaftlich fundiert. Aus der Erziehungswissenschaft und der frühkindlichen Pädagogik stammen die Konzepte von Jampert und die »Sprachförderung in Bildungsbereichen«. Linguistisch begründet ist »Kon-Lab«. Aus der Linguistik in Verbindung mit der Didaktik Deutsch als Zweitsprache stammt der »Kieler Modellversuch«. Maiers Konzept wurde durch die Fremdsprachendidaktik beeinflusst. Die Lernszenarien stammen aus der Sprachdidaktik und Kolonkos Konzept stammt aus der Sprachheilpädagogik. Linguistisch und psychologisch basiert ist das »Würzburger Trainingsprogramm«. Das »Literacy-Konzept« ist vorwiegend literaturdidaktisch und psychologisch begründet.

5.3.3 Didaktik-methodischer Ansatz

Es gibt Konzepte, bei denen die Kinder im Alltag gefördert werden sollen, und andere, bei denen gezielt einige Kinder zusammengefasst werden, um mit ihnen ein genau geplantes Förderprogramm durchzuführen. Dazwischen gibt es verschiedene Varianten der Förderung. Die »Sprachförderung in Bildungsbereichen« und das »Literacy-Konzept« sind im Alltag integriert; zu weiten Teilen gilt dies auch für das Konzept Jamperts. Viele Konzepte sind situationsorientiert, d.h., die Sprache wird in natürlichen Kommunikationssituationen gefördert, wobei je nach Konzept mehr oder weniger Übungen und Spiele durchgeführt werden. Zu den situationsorientierten Konzepten zählen das »Denkendorfer Modell«, das Konzept von Maier, der »Kieler Modellversuch«, die »Lernszenarien« und das Konzept von Kolonko. Weitgehend auf Übungen konzentrieren sich »Wir verstehen uns gut«, »Kon-Lab« und das »Würzburger Trainingsprogramm«.

5.3.4 Curriculum

Das Curriculum, also die Abfolge von Inhalten der Förderung, kann offen oder in Form eines Programms fest vorgegeben sein. Die Inhalte können einer Progression folgen, die thematisch oder linguistisch basiert ist. Programme mit einer linguistisch basierten Progression sind »Kon-Lab« und das »Würzburger Trainingsprogramm«. »Wir verstehen uns gut« und das Konzept von Maier sind Programme mit linguistisch und thematisch begründeter Progression. Im Denkendorfer Modell wird eine offene Themenfolge angeboten. Die anderen Konzepte haben ein offenes Curriculum, d.h., es werden Themen, Materialien und Übungen angeboten, die nach Bedarf eingesetzt werden können.

5.3.5 Sozialform

Bei manchen Konzepten werden Kinder mit besonderem Sprachförderbedarf in kleineren Gruppen zusammengefasst, um mit ihnen die Sprachförderung durchzuführen. Dazu gehören das »Denkendorfer Modell«, das Konzept von Maier, die »Lernszenarien«, »Wir verstehen uns gut«, »Kon-Lab« und das »Würzburger Trainingsprogramm«. Andere Konzepte können sowohl in einer Teilgruppe als auch in der Gesamtgruppe durchgeführt werden. Dies sind das Konzept von Jampert, der »Kieler Modellversuch« und das Konzept von Kolonko. Für die Gesamtgruppe sind die »Sprachförderung in Bildungsbereichen« sowie das »Literacy-Konzept« vorgesehen.

Im Abb. 33 wird eine Übersicht über verschiedene Konzepte und deren Merkmale gegeben.

Konzept	Zielgruppe	Herkunft	Didaktik und Methodik	Curriculum	Sozialform
Denkendorfer Modell (Lumpp)	DaZ, Sprachförderbedarf	Praxis	sit.orientiert, Spiele	Themenfolge, programmartig	Teilgruppe
Maier	DaZ, Sprachförderbedarf	Fremdsprachendidaktik	sit.orientiert, Übungen	Programm, thematische und linguistische Progression	Teilgruppe
Schlüsselsituation Sprache (Jampert)	DaZ, Sprachförderbedarf	Elementarpädagogik	Integration Alltag, sit. orient.	offen	Gesamtgruppe, Teilgruppe
Kieler Modellversuch	DaZ, Sprachförderbedarf	Linguistik, Didaktik DaZ	sit.orient.	offen	Gesamtgruppe, Teilgruppe
Lernszenarien (Hölscher)	DaZ, Sprachförderbedarf	Sprachdidaktik	sit.orient., Übungen, Spiele	offen	Teilgruppe, Einzelarbeit
Wir verstehen uns gut (Schlösser)	DaZ, Sprachförderbedarf	Praxis	Übungen, Spiele	Programm, linguistische und thematische Progression	Teilgruppe
Kon-Lab (Penner)	DaZ, Sprachförderbedarf	Linguistik	Übungen, Spiele, multimedial	Programm, linguistische und thematische Progression	Teilgruppe

Interaktions-orientiert (Kolonko)	Alle Kinder, insbesondere Kinder mit Sprach-erwerbs-störungen	Sprachheil-pädagogik	situations-orientiert	offen	Gesamt-gruppe, Teilgruppe
Würzburger Trainings-programm	Kinder, die bei einem Screening zur Früher-kennung von LRS auffielen	Linguistik, Psychologie	Übungen	Programm, linguistische Progression	Teilgruppe
Sprach-förderung in Bildungs-bereichen (Jampert et al)	Alle Kinder	Elementar-pädagogik	Integration Alltag	offen	Gesamt-gruppe
Förderung der Literalität	Alle Kinder, Sprach-förderbedarf	Literatur-didaktik, Psychologie	Integration Alltag, Vorlesen	offen	Gesamt-gruppe

Abb. 33: Konzepte der Sprachförderung und ihre Merkmale

5.4 Umgang mit den Konzepten der Sprachförderung

Wie eingangs des Kapitels schon festgestellt wurde, sind die Konzepte der Sprachförderung völlig unterschiedlicher Natur. Wer sich mit ihnen befassen will, sollte sich zuvor überlegen, welches Ziel er in der Sprachförderung verfolgen möchte: Geht es um eine größere Gruppe von Kindern mit Deutsch als Zweitsprache oder um eine Förderung der phonologischen Bewusstheit? Soll auf den Erwerb bestimmter grammatikalischer Strukturen Wert gelegt werden oder auf eine integrierte, motivierende, sprachfördernde Umgebung? Wer ein Programm zur Sprachförderung durchführen will, entscheidet sich nach dem Ziel, das er mithilfe dieses Programms erreichen will.

Für die Förderung der phonologischen Bewusstheit ist das »Würzburger Trainingsprogramm«, für die Förderung in Deutsch als Zweitsprache sind als Programme »Wir verstehen uns gut«, »Kon-Lab« und das Konzept von Maier gedacht. Züge eines curricularen, progressiven Programms weist auch das Denkendorfer Modell auf.

Für eine rein türkische Kindergruppe wurde der »Kieler Modellversuch« entwickelt. Man findet in den Schriften dazu viele linguistisch und sprachdidaktisch begründete Erkenntnisse und Anregungen zum Zweitspracherwerb und zur Sprachförderung, die in jeder Kindertagesstätte umgesetzt werden können.

Wer Materialien für die Sprachförderung sucht, kann mit den »Lernszenarien«

arbeiten, weil in ihnen konsequent die Situationsorientierung verfolgt wird. Viele ideenreiche Übungen und Spiele findet man im »Denkendorfer Modell«, bei »Wir verstehen uns gut«, »Kon-Lab« (dort auch digitale Medien) und beim »Würzburger Trainingsprogramm«.

Die Konzepte von Jampert, Kolonko und »Sprachförderung in Bildungsbereichen« entfalten, wie gezielte Sprachförderung im Alltag umgesetzt werden kann, ohne dass Kinder aus der Gesamtgruppe herausgegriffen werden. Die Lektüre dieser Bücher empfiehlt sich für alle, die ihre Sensibilität für sprachförderliche Situationen erhöhen und alltägliche Gelegenheiten zur Förderung nutzen wollen.

Mit Anregungen zur Förderung der Literalität wird ein Grundprinzip zum Umgang mit Bildern und zum dialogorientierten Vorlesen entfaltet, das über die Sprachförderung im engeren Sinne hinausgeht und allgemein zur kulturellen Bildung beiträgt.

6 Einbeziehung von Eltern in die Sprachförderung von Kindern mit Migrationshintergrund

6.1 Einleitung

Bereits während der Entwicklungsphase der Programme zur Sprachförderung hat sich ein starkes Bewusstsein dafür etabliert, dass eine Sprachförderung von Kindern mit Migrationshintergrund auf die Mitarbeit der Eltern angewiesen ist und diese mit einbeziehen muss (Textor 2005). Ohne die Unterstützung seitens der Eltern ist die Nachhaltigkeit der Sprachförderung infrage gestellt und die Hoffnung darauf, dass mit ihrer Hilfe die Bildungschancen der Kinder erhöht werden können, gering.

Die Abgrenzung der drei Begriffe *Elternarbeit*, *Elternpartizipation* und *Elternbildung* erscheint nicht ganz einfach, obwohl sich unterschiedliche Konzepte mit dem Gebrauch dieser Begriffe verbinden. Während in der Vergangenheit sowohl im therapeutischen als auch im schulischen Kontext und im Elementarbereich meist von *Elternarbeit* gesprochen, und darunter die Wahrnehmung der Aufgabe seitens der Pädagoginnen und Therapeuten verstanden wurde, die Eltern über die Vorgänge in Schule, Kindergarten und Therapie zu informieren und sie in mehr oder weniger professioneller Weise mit einzubeziehen, spricht man heute vielmehr von *Elternpartizipation* und meint damit eine partnerschaftliche Zusammenarbeit, bei der die Aufgaben der beteiligten Personen (Erzieherin/Lehrerin auf der einen Seite, Eltern auf der anderen Seite) sehr klar voneinander getrennt sind, aber der wechselseitige Austausch, das Verfolgen gemeinsamer Ziele und auch das Voneinanderlernen zu einer für beide Seiten gewinnbringenden und hilfreichen Zusammenarbeit führt. Schließlich ist unter *Elternbildung* ein ganzes Bündel an Angeboten zu verstehen, das die Kindertageseinrichtungen oder andere Träger (Volkshochschulen, Kommunen, etc.) den Eltern anbieten, um deren Allgemeinbildung zu fördern. Dies können Alphabetisierungsangebote sein ebenso wie Angebote zur Erweiterung der erzieherischen Kompetenzen der Eltern etc.

Eine wesentliche Frage, die im Zusammenhang mit Elternarbeit und sprachlicher Förderung von Kindern lange Zeit kontrovers diskutiert wurde und zu der es auch heute noch häufig zu Missverständnissen kommt, ist die, ob eine Förderung im Elternhaus in der Erst- oder in der Zweitsprache erfolgen sollte. Hier ist man heute der Ansicht, dass die Förderung sprachlicher Kompetenzen vor allem mit der Differenziertheit und der Präzision der Sprache sowie mit dem Umfang des Wortschatzes und der Adäquatheit der Syntax zusammenhängt. Die Frage der sprachlichen Förderung hängt daher in besonderem Ausmaß davon ab, welche Sprache die Eltern selbst besser beherrschen, in welcher Sprache sie sich selbst besser ausdrücken und komplexe Zusammenhänge verdeutlichen können. Dies reicht vom Benennen verschiedener Tiere bei einem Zoobesuch bis zum Erklären von Zusammenhängen des Alltags, z. B. weshalb der Wind weht oder weshalb das Wasser kocht.

Neben der Frage, in welcher Sprache Eltern mit ihren Kindern sprechen sollen, bestehen auch im Hinblick auf die Art und Weise, wie Eltern dazu angeregt und ermuntert werden können, ihre Kinder sprachlich zu fördern, unterschiedliche Ansichten. Des Weiteren herrscht wenig Übereinstimmung darüber, wie die Zusammenarbeit mit den Eltern gestaltet werden kann, bzw. wie diese in die Sprachförderung einbezogen werden können. In manchen Programmen werden eher unspezifische Hinweise zur Zusammenarbeit gegeben, oder eine Reihe an Ideen vermittelt und Anstöße gegeben (Sánches Otero/Jendryschik 2003; Kegler 2008), in anderen Programmen werden eigene Modelle der Elternarbeit mit einer klaren Struktur entwickelt, wie dies zum Beispiel in den Programmen HIPPY (Home Instruction for Parents of Preschool Youngsters, s. HIPPY 2006), Opstapje (Sann 2007) oder Rucksack (Caritas Bodensee-Oberschwaben 2005; Springer-Geldmacher 2008) der Fall ist.

In der vorliegen Übersicht sollen die wichtigsten Aspekte von Elternarbeit an einigen exemplarischen Beispielen aufgezeigt werden. Dabei liegt der Schwerpunkt zwar auf der sprachlichen Förderung der Kinder, dies kann jedoch nicht losgelöst von anderen Aspekten der Interaktion zwischen Eltern und Erzieherinnen betrachtet werden. Schließlich wird als letzter Aspekt die Evaluation der verschiedenen Modelle betrachtet und deren Ergebnisse werden zusammenfassend dargestellt.

6.2 Besondere Probleme in der Zusammenarbeit mit Eltern mit Migrationshintergrund

Die ersten Erfahrungen in der Zusammenarbeit mit Eltern mit Migrationshintergrund haben gezeigt, dass die gemeinsame Arbeit mit einer sehr heterogenen, kulturell gemischten Gruppe manchmal mit erheblichen Schwierigkeiten konfrontiert ist. Als Begründung für die Probleme in der Zusammenarbeit mit Eltern, insbesondere Eltern mit Migrationshintergrund, wird häufig auf das Vorurteil zurückgegriffen, diese Eltern hätten wenig Interesse an der Bildung ihrer Kinder. Dies ist nach unseren eigenen und auch anderen empirischen Untersuchungen unzutreffend (Gasteiger-Klicpera/Knapp/Kucharz/Patzelt/Vomhof 2008). In unseren Studien konnte ein hohes Maß an Engagement und Interesse von Eltern mit Migrationshintergrund an der Bildung und den sozialen Beziehungen ihrer Kinder nachgewiesen werden. Dass weder die Schule noch die Kindertagesstätten imstande sind, dieses Interesse und die Bedürfnisse der Eltern wahrzunehmen, liegt zum einen daran, dass die Eltern ihre Vorstellungen den Institutionen gegenüber nicht deutlich genug artikulieren können, zum anderen möglicherweise an zu geringem gegenseitigem Vertrauen oder auch an sprachlichen Problemen. Daher ist ein wichtiger Punkt, der in der vorliegenden Arbeit betrachtet werden soll, die Frage der Einbeziehung und der Motivation der Eltern für die Zusammenarbeit.

Ein weiteres Problem stellen neben sprachlichen Barrieren auch kulturelle Differenzen und unterschiedliche Einstellungen dar. In unserer eigenen Untersuchung waren wir erstaunt darüber, wie wenig die Eltern selbst die Mehrsprachigkeit ihrer Kinder als Gewinn und als Chance für deren sprachliche Entwicklung betrachten. Bei den Eltern unserer Stichprobe überwog die Ansicht, dass ein Aufwachsen mit mehreren Sprachen eher die sprachliche Ausdrucksfähigkeit der Kinder vermindere und für diese eher eine Gefahr darstelle (Gasteiger-Klicpera/Knapp/Kucharz/Patzelt/Vomhof 2008). Dies ist sicherlich unzutreffend. Wie eingangs erwähnt, hängt die sprachliche Entwicklung der Kinder vielmehr von der sprachlichen Präzision und Differenziertheit der Elternsprache ab. Neben diesen allgemeinen Vorurteilen sind noch weitere Unterschiede in den kulturellen Einstellungen für die Zusammenarbeit von Bedeutung.

Des Weiteren sind Eltern mit Migrationshintergrund oft mit ökonomischen und sozialen Schwierigkeiten konfrontiert. Häufig leben die Familien in bestimmten Stadtvierteln mit hohem Ausländeranteil, niedrigem Einkommen sowie in sozioökonomisch schwierigen Verhältnissen. Auch diese Aspekte dürfen in Bezug auf die Zusammenarbeit mit den Eltern nicht außer Acht gelassen werden. Es ist daher als primäres Ziel der Elternarbeit zu betrachten, dass die Erzieherinnen eine offene Haltung der Akzeptanz den Eltern mit Migrationshintergrund gegenüber einnehmen.

6.3 Voraussetzungen einer gelungenen Zusammenarbeit

Voraussetzung jeder Form von Zusammenarbeit mit Eltern ist ein wertschätzender, respektvoller Umgang mit ihnen. Dies erscheint umso wichtiger, je größer die sprachlichen und kulturellen Differenzen zu den Eltern sind. Häufig haben Eltern mit Migrationshintergrund keine klare Vorstellung davon, welche Aufgabe ein Kindergarten hat, und noch weniger ist ihnen ihre eigene Rolle in diesem Zusammenhang bewusst. Hier sollte den Eltern von vornherein verdeutlicht werden, dass ein Kindergarten eine Bildungseinrichtung ist, dessen Ziel in erster Linie in der Förderung der Entwicklung der Kinder besteht. Auch erscheint es wichtig, mit den Eltern konkret zu besprechen, was von ihnen erwartet wird und welche Anforderungen an sie gerichtet werden. Da sie sich selbst manchmal nicht als kompetent in Bezug auf die Bildung ihrer Kinder einschätzen, überlassen sie dies lieber den Erzieherinnen, die sie dafür als Experten betrachten, und halten sich eher zurück.

Die erste Herausforderung in der Elternarbeit besteht darin, diese Zurückhaltung zu überwinden und die Eltern für die Zusammenarbeit zu begeistern und sie dafür zu motivieren. Da dies keine einfache Aufgabe ist, wurden darüber auch international bereits intensive Diskussionen geführt und es wurde engagiert nach Möglichkeiten der Weiterentwicklung gesucht und Ideen dazu erarbeitet (Mitchel 2003; Hornby 2000). Ein entscheidender Aspekt dabei ist, dass die Eltern die unmittelbaren Vorteile der Elternarbeit sofort erleben, dass sie darin einen Mehrwert für sich selbst und ihre Kinder entdecken können. Hier spielen auch die Erwartungen der Eltern an die Zusammenarbeit mit dem Kindergarten eine Rolle. Befragt man die Eltern nach diesen Erwartungen, so werden neben Informationen über die Alltagsgestaltung im Kindergarten auch Elternabende, Hausbesuche, Gesprächsrunden zu bestimmten Themen sowie schließlich Beratungsangebote und Elternfortbildung, z. B. zu Erziehungs- und Bildungsfragen, genannt.

Auch für die Elternarbeit ist es wichtig, zunächst die Bedürfnisse und Erwartungen der Eltern zu erheben, um die Angebote dann darauf abstimmen zu können. Allerdings fehlt den Eltern manchmal der Erfahrungshintergrund, sie können daher keine spezifischen Erwartungen äußern. In diesem Fall könnte das Unterbreiten verschiedener Vorschläge, zu denen sie Stellung beziehen können, ihnen eine Hilfe sein.

6.4 Inhaltliche Schwerpunkte von Elternarbeit

Für die Zusammenarbeit mit den Eltern scheinen bestimmte Gesichtspunkte wesentlich (s. u. a. Stöhr 2005):

- Niedrigschwelligkeit des Angebotes,
- Akzeptanz und Wertschätzung von unterschiedlichen kulturellen und religiösen Einstellungen und Gesichtspunkten,
- Orientierung an der Lebenswelt der Betroffenen, Anknüpfen an ihren unmittelbaren Bedürfnissen und Notwendigkeiten,
- emotionale Begeisterung wecken, emotionales Engagement fördern, so dass die Begeisterung der Kinder auch auf die Eltern überspringen kann, oder von Eltern zu Eltern
- Integration und Einbeziehung, Partizipation der Eltern in unterschiedlichen Bereichen so weit möglich,
- praxisnahe Angebote, keine theoretischen Grundsatzanalysen, gemeinsame Aktionen und Erlebnisse, Einladungen zum Mitmachen,
- Verdeutlichung des unmittelbaren und erreichbaren Vorteils des Angebots.

Elternbildung: Da das Bildungsniveau der Eltern selbst häufig sehr niedrig ist, müssen den Eltern auch in dieser Hinsicht entsprechende Angebote unterbreitet werden. In diesem Fall kann die Zusammenarbeit mit Eltern kaum von dem Anliegen der Elternbildung getrennt werden. Elternbildung sollte eine allgemeine Erziehungsberatung mit einschließen, also über die reine Sprachförderung hinausgehen und auch die kognitive, soziale und emotionale Entwicklung der Kinder einbeziehen. Darüber hinaus sind Kursangebote für Alphabetisierung und Grundbildung der Eltern ebenfalls als notwendiges und hilfreiches Angebot zu sehen. Gerade wenn Eltern beobachten, wie ihr Kind im Kindergarten neues Wissen erwirbt, könnte dies ein Ansporn sein, ihr eigenes Wissen zu erweitern und sich parallel zu den Kindern zu bilden und dazuzulernen.

Förderung der Literalitätserziehung: Einen weiteren Schwerpunkt der Elternarbeit bei Eltern mit Migrationshintergrund bildet die Förderung der Literalitätserziehung in der Familie, da auch hier neue Wege beschritten werden können. Internationale Erfahrungen dazu liegen aus einer bekannten New Yorker Interventionsstudie vor, in der afroamerikanische Mütter mit sehr geringem Einkommen untersucht und begleitet wurden (Britto/Brooks-Gunn 2001), aber auch aus einer Erhebung des Deutschen Jugendinstituts von Franzmann (2002).

In der New Yorker Interventionsstudie (Britto/Brooks-Gunn 2001) haben sich drei Aspekte familiärer Literalität als entscheidend für die Literalitätsentwicklung der Kinder herausgestellt: Sprache und verbale Interaktionen, das Lernklima sowie das soziale und emotionale Klima in den Familien. Demnach ist einerseits der Umfang an sprachlicher Interaktion in den Familien von großer Bedeutung für die schulische Entwicklung und den zukünftigen Schriftspracherwerb der Kinder, aber auch die unterschiedlichen Themen, über die sich Eltern mit ihren Kindern austauschen, und die Differenziertheit der Argumentation in den Gesprächen. Ein weiterer wesentlicher Punkt stellt der Gebrauch dekontextualisierter Sprache dar. Kinder erlernen relativ früh (s. Kap. 2 zur Sprachentwicklung), sich mit Erwachsenen über Ereignisse auszutauschen, die zeitlich und räumlich in einem anderen Kontext geschehen sind. Wenn ein Kind z. B. seiner Mutter beim Abholen davon erzählt, was es heute im Kindergarten erlebt hat, so wird damit über Ereignisse außerhalb des aktuellen Kontexts gesprochen. Im Gegensatz dazu wird Sprache innerhalb des aktuellen Kontexts benutzt, wenn das Telefon klingelt und die Mutter das Kind bittet hinzugehen, oder die Familie beim Essen sitzt und der Bruder das Kind bittet, ihm das Salz zu reichen. Der Gebrauch dekontextualisierter Sprache stellt einen wichtigen Prädiktor für die schriftsprachliche Entwicklung der Kinder dar, da die Kinder lernen, über vergangene oder zukünftige Ereignisse zu sprechen, ihre Erlebnisse in einer zusammenhängenden Erzählung zu schildern und ihre Erzählung an den Zuhörer anzupassen, sodass dieser die Informationen auch gut verstehen kann. Zum Lernklima in den Familien gehört auch eine positive Einstellung zum Gebrauch von Büchern, zum Erwerb von Kenntnissen etc. Schließlich hat das soziale und emotionale Klima in den Familien viel damit zu tun, wie die Kinder von den Eltern geschätzt werden und wieweit die Eltern ihnen mit emotionaler Wärme und Zuneigung begegnen.

Eltern von Kindern mit Migrationshintergrund haben oft sehr hohe Erwartungen an den schulischen Erfolg ihrer Kinder. Da sie jedoch das deutsche Bildungssystem zu wenig kennen, können sie ihre Kinder bei anfallenden Übergängen oder Entscheidungen wenig unterstützen, ebenso wie sie ihnen bei der Bewältigung der schulischen Anforderungen kaum Hilfen geben können. Beispielsweise wird die Bedeutung der Kenntnisse der deutschen Sprache für den Schriftspracherwerb von Eltern mit Migrationshintergrund häufig zu wenig erkannt und deutlich unterschätzt. Aber selbst wenn die Förderung der sprachlichen Kompetenzen von den Eltern anerkannt und als wichtig betrachtet wird, müssen diese aufgrund ihrer Lebenssituation die Prioritäten manchmal anders setzen. Wenn die Familie nur über ein geringes Einkommen verfügt und nicht weiß, wie das Geld für Bücher und Spielzeug beschafft werden soll, erscheint es müßig zu fordern, dass die Eltern den Kindern regelmäßig vorlesen. Hier braucht es verschiedene parallele Angebote, die umfassend sind und den Eltern auf vielen verschiedenen Ebenen Unterstützung und Hilfe anbieten (s. Kap. 5.2.11).

Die Angebote des Kindergartens sollten daher flexibel auf die Bedürfnisse der Familie und der Eltern abgestimmt werden können. Dazu wäre es notwendig, diese auch in die Konzeption einzubeziehen und ihre Ideen anzunehmen. Die Ermunterung der Eltern, eigene Initiativen einzubringen, die auch von ihnen gestaltet werden, gehört hier wesentlich dazu. Dies könnten beispielsweise Vorlese- und Gesprächsrunden in der Muttersprache sein, gemeinsame Ausflüge oder Aktivitäten oder sogar Initiativen, die sich in erster Linie an die Mütter oder Eltern richten, wie Elterncafés oder Mütterrunden.

6.5 Berücksichtigung der verschiedenen Erstsprachen im Kindergarten

Ein beispielhafter Aspekt, der für die Eltern vertrauenerweckend wirkt und daher die Türen öffnen kann, ist die sichtbare Wertschätzung der verschiedenen Erstsprachen im Kindergarten. Dies kann durch unterschiedliche Zeichen verdeutlicht werden. Bereits bei der Begrüßung oder wenn die Eltern den Kindergarten betreten, sollten sie auf einige Worte in ihrer Muttersprache treffen. Daher wäre es hilfreich, wenn Hinweisschilder in mehreren Sprachen angebracht würden, ebenso sollte Informationsmaterial für die Eltern stets in verschiedenen Sprachen bereitliegen.

Des weiteren wäre es möglich, dass die Erzieherin die Eltern zumindest in ihrer Muttersprache begrüßt. Dies stellt für die Eltern ein wichtiges Signal dar, selbst wenn die Erzieherin ansonsten die Sprache nicht beherrscht. Stammt ein größerer Teil der Eltern aus einem Kulturkreis und spricht dieselbe Erstsprache, so würden sich Überlegungen lohnen, ob es nicht sinnvoll wäre, eine Erzieherin aus dem Kulturkreis anzustellen, aus dem die Eltern kommen. Anderenfalls ist es hilfreich, wenn Erzieherinnen Grundlagen einer der Sprachen im Kindergarten lernen, auch wenn es nur elementare Wendungen sind. Dann wäre es möglich, dass die Erzieherin den Kindern auch einmal in ihrer Muttersprache vorliest. Zumindest sollten Spielmaterial und Bücher in verschiedenen Sprachen vorhanden sein. Bei vielen verschiedenen Zweitsprachen ist dies sicherlich schwierig, aber oft genügt bereits ein Zeichen, um den Eltern zu vermitteln, dass sie willkommen sind und in ihrer besonderen Sprache und Kultur akzeptiert werden.

Zudem ist es notwendig, nach Wegen zu suchen, wie sich die Erzieherinnen mit den Eltern verständigen können. Wenn Eltern die deutsche Sprache nicht ausreichend beherrschen und es nicht möglich ist, zweisprachige Erzieherinnen einzustellen, sollte zumindest versucht werden, unter den Eltern Personen zu finden, die sich bereit erklären, Gespräche zu übersetzen, und auch bei Elternabenden für eine Simultanübersetzung sorgen können. Bei Elterngesprächen hingegen, bei denen erwartet wird, dass es um die persönliche Situation der Eltern und der Familie gehen kann, ist es manchmal eher hilfreich, dass ein neutraler Dolmetscher das Gespräch übersetzt. Jedoch kann dies nicht immer von vornherein entschieden werden. Welche Person als Übersetzer das Vertrauen der Eltern genießt, kann auch mit diesen besprochen und gemeinsam mit ihnen nach einer passenden Lösung gesucht werden. Auch dies stellt ein Zeichen der Wertschätzung der Eltern und der verschiedenen Sprachen dar, die natürlich bei vielen anderen Gelegenheiten ebenfalls deutlich werden kann.

6.6 Konzepte der Zusammenarbeit mit Eltern mit Migrationshintergrund

Im folgenden Abschnitt sollen verschiedene Konzepte der Zusammenarbeit mit Eltern mit Migrationshintergrund vorgestellt werden, die einen sehr unterschiedlichen Fokus aufweisen. Zum einen haben unterschiedliche Konzepte unterschiedliche Projektziele. Der allgemeine Fokus des Programms kann auf die sprachliche, kognitive, soziale oder emotionale Förderung der Kinder gerichtet sein. Die Zielsprache der Programme ist ebenfalls unterschiedlich. Manche Konzepte präferieren die Förderung der deutschen Sprache, andere wiederum stellen die Muttersprache in den Mittelpunkt oder die Verzahnung von Erst- und Zweitspracherwerb. Manche Konzepte legen großen Wert auf die Niederschwelligkeit des Angebotes und betonen daher vor allem die Motivation und Betreuung der Eltern; andere wiederum setzen auf Multiplikatoren oder Koordinatoren, die in besonderer Weise qualifiziert und fortgebildet werden.

Da sich die Zusammenarbeit mit den Eltern nur in seltenen Fällen auf die Förderung der sprachlichen Fähigkeiten konzentrieren kann, werden in den meisten Modellen auch allgemeinere Aspekte der Elternbildung und Elternarbeit thematisiert. So umfasst beispielsweise das Angebot von MIKELE (Miteinander-Inter-Kulturelle-Elternbildung-Ludwigsburg-Eglosheim; Hennige 2004) auch Elternbildungsseminare für Mütter in Erst- und Zweitsprache, aber auch Deutsch- und Alphabetisierungskurse. Auch im Frankfurter Projekt »Mama lernt Deutsch« erhalten die Mütter Gelegenheit, ihre deutschen Sprachkenntnisse zu verbessern. MIKELE verfolgt neben der Förderung sprachlicher Bildung auch das Ziel, die Erziehungskompetenz der Eltern zu erweitern. Zudem geht es um eine Verbesserung der Allgemeinbildung der Eltern, insgesamt also um die gesellschaftliche Integration von Eltern mit Migrationshintergrund. Ein weiteres Beispiel ist KiFa (Kinderbetreuung und Familienbildung) als ganzheitliches Konzept der Elternbildung (Pfeiffer 2008; Fröhlich-Gildhoff/Engel/Rönnau 2005), aber auch das Modellprojekt zur Familienbildung in Kooperation mit Kindertageseinrichtungen aus Chemnitz (Refle/Schmitz 2004), das Projekt »Spielen zu Hause«, das aus den Niederlanden stammt und in Cottbus auf Deutschland übertragen wurde (Paetzold 2005), und schließlich die Projekte zur Familienbildung in Baden-Württemberg, die John (2003) in einer Übersicht zusammenfasst.

Derzeit werden drei Modelle der Zusammenarbeit mit Eltern mit Migrationshintergrund unterschieden (Apeltauer 2006):

- **traditionelle Modelle der Elternarbeit**, die von einer Institution (Kindertagesstätte) aus organisiert werden und dort ihren Mittelpunkt haben, z. B. das Kieler Modell oder das Schlösser-Modell
- **Multiplikatorenmodelle**, bei denen die Qualifikation der Mütter im Mittelpunkt steht und die auf die Eltern – vorwiegend Mütter – mit Migrationshintergrund setzen, die die Elternbildung dann weiterführen (Rucksack, Opstapje, HIPPY etc.);
- **Modelle,** die ein **kommunales Netzwerk** als Basis haben.

Daneben gibt es auch »Elternbegleiter«, die in den traditionellen Modellen eingesetzt werden können. Es handelt sich dabei um zweisprachige Eltern, die eine Brückenfunktion zwischen deutsch- und fremdsprachigen Eltern einnehmen und ehrenamtlich den Kontakt herstellen, Fragen beantworten, übersetzen, Initiativen vorbereiten, eventuell auch Elternnachmittage durchführen und in der Elternbildung mitarbeiten.

6.6.1 Traditionelle Modelle der Elternarbeit

Das bekannteste Modell, das auf traditionelle Methoden der Elternarbeit setzt, ist das **Kieler Modell** (vgl. Kapitel 5.2.4) der Kooperation mit Eltern (Apeltauer 2004). Es zeichnet sich dadurch aus, dass die Eltern schon sehr früh in die Zusammenarbeit einbezogen werden. Bereits zu Beginn des Kindergartenbesuchs werden sie von den Erzieherinnen zu Einzelgesprächen eingeladen. Bei diesen Aufnahmegesprächen interessieren sich die Erzieherinnen in besonderer Weise für das Kind, erfahren seine Vorlieben, sein Lieblingsspielzeug, aber auch die Lebensgewohnheiten der Familie. Dadurch können die Erzieherinnen die Eltern gut kennenlernen und über die besonderen Fähigkeiten und Bedürfnisse der Kinder mit ihnen sprechen. Durch die Gespräche wird schon früh gegenseitiges Vertrauen aufgebaut, die Erzieherinnen lernen dadurch auch die Kinder aus einer anderen Perspektive kennen, erfassen von Anfang an deren Bedürfnisse besser und können ihre besonderen Fähigkeiten von Anfang an unterstützen.

Dieser frühe Kontakt zwischen Erzieherinnen und Eltern führt dazu, dass sich die Eltern von Beginn an in der Kindertagesstätte willkommen fühlen, sich daher auch in besonderer Weise engagieren und nicht nur als passive Partner agieren. Es kann ein Austausch und sich Sich-Verständigen über die jeweiligen Erziehungsvorstellungen stattfinden. Die Eltern bringen eigene Ideen ein und beteiligen sich in vielerlei Weise an der täglichen Arbeit im Kindergarten. Besonders beeindruckend erleben die Eltern die Ermutigung, mit ihren Kindern weiterhin in ihrer Herkunftssprache zu sprechen, diese zu pflegen, gemeinsam mit den Kindern Bücher in der Herkunftssprache zu lesen, sich von diesen in der Muttersprache differenziert erzählen zu lassen und mit ihnen zu diskutieren. Zudem werden im Kindergarten Vorleseaktionen organisiert und die Eltern als Vorlesepaten ausgebildet. Einige Ideen aus diesem Modellprojekt sind z. B. das Anlegen einer Leihbücherei mit mehrsprachigen Büchern und Spielen in jeder Gruppe, die die Eltern ausleihen können, die Produktion von deutschen und türkischen Hörbüchern, die Aufführung eines traditionellen türkischen Puppentheaters, das gemeinsame Herstellen von zweisprachigen Büchern etc. (Apeltauer 2006).

Im Programm »**Wir verstehen uns gut. Spielerisch Deutsch lernen**« von Elke Schlösser (2001; vgl. Kapitel 5.2.6) wird Elternarbeit als integriertes Element der Sprachförderung verstanden. Die Eltern werden von Beginn an, z. B. beim Ausfüllen des Aufnahmebogens, in die Diagnostik und die Förderung miteinbezogen. Allerdings erfolgt dies eher auf der Basis wechselseitiger regelmäßiger Information. Die Eltern werden zu Gesprächen eingeladen, in denen über die Fortschritte des Kindes berichtet wird und diese gemeinsam reflektiert werden, wobei die in dem Programm eingesetzten Dokumentationen als Grundlage dienen können.

Diese Anregungen wurden in dem Programm »frühstart« in Hessen (Kegler 2008) als Grundlage für die Elternarbeit herangezogen. Dieses Programm setzt auf die Bausteine Sprachförderung, interkulturelle Bildung und Elternpartizipation. Insbesondere die Beteiligung der Eltern wurde durch die Einführung von Elternbegleiterinnen erweitert. Dies sind zweisprachige Eltern, die eine besondere Qualifikation erhalten und ehrenamtlich als Beraterinnen für die Eltern mit Migrationshintergrund zur Verfügung stehen. Sie beraten die Eltern in Bezug auf die Bedeutung von Bildung im Kindergarten, erklären das deutsche Bildungssystem und führen auch Nachmittage zur Wissensvermittlung durch.

6.6.2 Multiplikatorenmodelle

Diese haben grundsätzlich eine andere Konzeption als Modelle der Elternarbeit. Hier liegt der Schwerpunkt darin, Eltern nicht nur in die Kindergartenarbeit einzubeziehen, sondern diese so weit zu qualifizieren, dass sie als Multiplikatoren für weitere Eltern ihrer Sprachgruppe fungieren können. Dies ist aus mehreren Gründen ein sehr wirksames Konzept. Eltern mit demselben kulturellen und sprachlichen Hintergrund können sich nicht nur sprachlich leichter und differenzierter verständigen, Multiplikatorinnen aus demselben Kulturkreis genießen auch mehr Vertrauen seitens der Eltern mit Migrationshintergrund. Dies wiederum ermutigt die Multiplikatorinnen in besonderer Weise und stärkt ihr Selbstbewusstsein. Da die Multiplikatorinnen auch Fortbildungen besuchen können, ermöglicht ihnen dies eine weitere Qualifizierung in verschiedenen Bereichen. Dadurch eröffnen sich ihnen neue Möglichkeiten, etwa sich in der Grundschule weiterhin als Elternvertreter zu engagieren oder sich noch weiter zu qualifizieren und dadurch wieder stärker ins Berufsleben einzusteigen. Drei bekannte Modelle der Elternarbeit, die auf dieser Idee aufbauen, werden im Folgenden vorgestellt: das Rucksack-Modell, Opstapje und HIPPY.

6.6.2.1 Das Rucksack-Modell

Das Konzept stammt ursprünglich aus den Niederlanden und wurde dort entwickelt und erprobt. In Deutschland wurde es von der RAA (Regionale Arbeitsstelle zur Förderung von Kindern und Jugendlichen aus Zuwandererfamilien) adaptiert und an die spezifischen Bedingungen angepasst. Kennzeichnend ist eine mehrdimensionale und systemische Sichtweise von Sprachförderung. Es werden vor allem vier Ziele verfolgt:

- die Förderung der sprachlichen Kompetenzen von Kindern mit Migrationshintergrund sowohl in der Erstsprache als auch in der deutschen Sprache, wobei beide Sprachen als wichtig betrachtet werden;
- die Stärkung der Erziehungskompetenz der Mütter; Mütter werden als Expertinnen für die Bildung und Erziehung ihrer Kinder betrachtet und sollen in ihrer Verantwortung gestärkt werden;

- die Stärkung des Selbstwertgefühls der Mütter und ihrer Kinder;
- die Erweiterung der interkulturellen pädagogischen Ansätze und des Mehrsprachenkonzepts der Kindertageseinrichtung.

Die Mütter der Kinder werden als Expertinnen für das Erlernen der Erstsprache betrachtet. Ihnen wird eine Reihe an Arbeitsmaterialien zur Verfügung gestellt. Zudem erhalten die Mütter eine Fortbildung, im Rahmen derer sie auch eine Anleitung für den Umgang mit den Fördermaterialien erhalten.

Eine Gruppe von sieben bis zehn Müttern, deren Kinder die Kindertagesstätte besuchen, treffen sich einmal pro Woche für zwei Stunden über neun Monate. Bei diesen Zusammentreffen lernen die Mütter den Umgang mit den Materialien, Bilderbücher vorzulesen sowie Lieder und Spiele zur Förderung der Erstsprachkompetenz einzusetzen. Das Materialpaket steht in verschiedenen Sprachen (Deutsch, Türkisch, Italienisch, Russisch, Griechisch, Spanisch etc.) zur Verfügung. Die Leitung der Gruppe wird von dafür qualifizierten Elternbegleiterinnen übernommen, die die anderen Mütter im Umgang mit ihren Kindern unterweisen. Sie erhalten ein Honorar für ihre Tätigkeit.

Die Anleitung der Mütter sollte in deren Muttersprache erfolgen, in heterogenen Gruppen wird dies jedoch auch in Deutsch durchgeführt. Ein besonders wichtiger Aspekt des Programms besteht darin, dass anschließend die Mütter die Aufgaben mit den Kindern zu Hause in ihrer Muttersprache ausführen sollen.

Zusätzlich erfolgt die Förderung der deutschen Sprachkompetenz im Kindergarten. Dort werden die Themen parallel aufbereitet, sodass das Kind in beiden Kontexten dieselben Themenbereiche bearbeiten kann, allerdings mithilfe unterschiedlicher Sprachen. Die Themen werden aus der kindlichen Erfahrungswelt genommen. Zudem kommen soziokulturelle Themen, Themen aus Alltag und Freizeit zur Sprache, ebenso wie Feiertage, Feste und Religion. Aus den Materialien können die Erzieherinnen darüber hinaus verschiedene Ideen zur Gestaltung der interkulturellen Arbeit im Kindergarten entnehmen.

Die *praktische Umsetzung des Programms* ist von den Rahmenbedingungen abhängig. In Nordrhein-Westfalen wird das Konzept in zwei unterschiedlichen Modellen umgesetzt. In der einen Variante werden Mütter eingesetzt, die ihre Muttersprache, aber auch die deutsche Sprache gut sprechen und zu Stadtteilmüttern oder Elternbegleiterinnen ausgebildet wurden. Diese leiten jeweils eine Gruppe von Müttern, deren Kinder die Kita besuchen. In der zweiten Variante werden die Müttergruppen durch Erzieherinnen mit Migrationshintergrund angeleitet.

Insgesamt wurden bis 2003 in Nordrhein-Westfalen 1 200 Mütter im Rahmen von 107 Gruppen begleitet, weitere Projekte gibt es in Bayern, Baden-Württemberg (Caritas Bodensee-Oberschwaben 2005) etc.

Die bisherigen Erfahrungen der Erzieherinnen und Eltern mit dem Rucksack-Modell sind überwiegend positiv. Beispielsweise hat sich die Beziehung zwischen den Erzieherinnen und den Müttern verstärkt, die sprachliche Kompetenz des Kindes und die Interaktion zwischen Mutter und Kind haben sich verbessert. Zudem ist eine Reihe an weiteren Auswirkungen beobachtet worden. So etwa haben die Eltern mit den Erzieherinnen das Projekt weiterentwickelt und weitere kleine Aktionen hinzugefügt wie etwa Vorleseprojekte etc. Die Lernfreude der Kinder hat sich verbessert, das Selbstbewusstsein der Mütter zugenommen und ihr Engagement für das Lernen der Kinder hat sich erhöht. Schwierig in der Umsetzung ist die Forderung, herkunftshomogene Gruppen zu bilden. In Kindertagesstätten mit 14 verschiedenen Nationalitäten lässt sich dies kaum realisieren (Springer-Geldmacher 2008).

6.6.2.2 Opstapje – Schritt für Schritt

Bei diesem Programm handelt es sich um ein niederschwelliges Angebot der Elternbildung auf Basis eines Hausbesuchsprogramms. Ziele dieses präventiven Förderprogramms sind die Entwicklungsförderung der Kinder sowie die Stärkung der Erziehungskompetenz der Eltern. Die Kinder in ihrer kognitiven, sozialen, emotionalen aber auch motorischen Entwicklung zu fördern, ist das wichtigste Ziel dieses Programms.

Die Zielgruppe sind zweijährige, sozial benachteiligte Kinder. Das tragende Element des Programms sind Hausbesuche, die durch geschulte Laien aus dem Umfeld der geförderten Personen durchgeführt werden. Diese erhalten für diese Arbeit eine besondere Ausbildung durch eine sozialpädagogische Fachkraft und werden während ihrer Tätigkeit weiterhin supervidiert.

Die Hausbesucherin fungiert für die Mütter als Modell. Als Methoden der Vermittlung werden vor allem gemeinsames, spielerisches Lernen und Modelllernen eingesetzt. Darüber hinaus wird eine Veränderung der Rahmenbedingungen angestrebt, indem der Anregungsgehalt der häuslichen Umgebung erhöht wird und die Mütter dafür sensibilisiert werden, den Kindern pädagogisch wertvolles Material anzubieten. Die Eltern lernen einerseits direkt am Modell der Hausbesucherin, zudem wird ihnen Wissen über die Entwicklung von Kindern, Entwicklungsvoraussetzungen und Möglichkeiten der Entwicklungsförderung vermittelt.

Außerdem wird eine ressourcenorientierte Erweiterung des sozialen Netzwerks der Familien angestrebt.

Das erste Programmjahr wird als Modellphase, das zweite Jahr als Verstärkungsphase bezeichnet. Im ersten Jahr werden die Familien wöchentlich besucht; ein Hausbesuch dauert etwa 30 Minuten, im zweiten Jahr erfolgen die Besuche lediglich vierzehntägig. Alle Materialien, die bei diesen Besuchen mitgebracht und bearbeitet werden, verbleiben in den Familien. Dabei handelt es sich um Spielmaterialien, vor allem aber um Bücher sowie um programmeigene Materialien. Die Hausbesucherinnen haben eine Arbeitsmappe, in der eine detaillierte Beschreibung der Instruktionen zur Verfügung gestellt wird.

Die Eltern zahlen für die Programmteilnahme einen Beitrag von etwa 60 Euro pro Jahr.

Neben dem Bereich der Familienbildung eignet sich Opstapje Schritt für Schritt auch für den Einsatz in weiteren Bereichen, wie etwa der Jugendhilfe und Gesundheitsförderung, (weitere Informationen unter www.opstapje.de).

Evaluation: Das Programm wurde vom DJI München gemeinsam mit Projektpartnern an den Universitäten Bremen und Regensburg evaluiert. 84 Familien, die an dem Programm teilnahmen, wurden über zwei Jahre wissenschaftlich begleitet. Die Evaluation konnte eine Reihe an positiven Auswirkungen des Programms belegen, die angestrebten Ziele wurden in verschiedenen Bereichen erreicht. Neben der Unterstützung der Integration der Familien sowie dem Abbau von Belastungen, wurde auch der Aufbau von Kompetenzen (Problemlösefertigkeiten, Erziehungskompetenzen, mütterliche Feinfühligkeit) gefördert. Das Programm wurde als Unterstützung der Familien in ganz unterschiedlichen Bereichen erlebt. Auch die Kinder wurden in ihrer kognitiven, emotionalen und sozialen Entwicklung gefördert.

Kritische Anmerkungen und Optimierungsmöglichkeiten wurden vor allem zur Adaptierung der Praxismaterialien für den deutschen Sprachraum gemacht, da die Handbücher noch nicht zufriedenstellend an die Situation in Deutschland angepasst waren. Auch mangele es an Büchern in deutscher Sprache etc. Darüber hinaus wird vor allem in Bezug auf die Implementierung und die Nachhaltigkeit des Programms weiterer Forschungsbedarf angemerkt (Sann 2007).

6.6.2.3 HIPPY (Home Instruction for Parents of Preschool Youngsters)

Das Konzept wurde ursprünglich in Israel entwickelt und rasch von verschiedenen Ländern übernommen und international bekannt. Es wird mithilfe einer franchiseähnlichen Struktur organisiert. Für die Familien ist es vor allem in finanzieller Hinsicht etwas aufwendiger, da ein relativ hoher Beitrag gefordert wird. Das Programm ist ähnlich konzipiert wie die beiden vorherigen, allerdings mit einer klareren Struktur und genaueren Vorgaben. Der Fokus liegt auf der Förderung der Sprache des Ziellandes, also des Deutschen. Ein Kind im Alter von vier bis sechs Jahren wird zu Hause von der HIPPY Mutter gezielt mit Materialien gefördert. Die Förderung findet über zwei Jahre täglich etwa 15–20 Minuten lang statt.

Zentrales Element sind Hausbesuche, die 14-tägig stattfinden, während derer den Müttern der Umgang mit dem speziell entwickelten Material demonstriert und intensiv mit dem Kind gespielt wird. Den Müttern werden bestimmte Handlungen genau vorgegeben. Dadurch ist das Programm auch durch geringer qualifizierte Hausbesucherinnen durchführbar, allerdings fördert dies nicht unbedingt das Selbstbewusstsein und die Eigenverantwortung der Mütter.

In jeder zweiten Woche findet eine gemeinsame Sitzung aller teilnehmenden Mütter mit der Hausbesucherin statt. Auch in dieser Sitzung werden das Material der kommenden Woche und der Umgang damit erklärt.

Durch die gemeinsamen Treffen der Mütter werden die Kommunikation untereinander sowie der soziale Austausch gefördert und die Migrantinnen stärker vernetzt. Inhaltlicher Schwerpunkt des Konzepts ist die Verdeutlichung der Wichtigkeit der Beherrschung der Landessprache, aber auch die Vorbereitung auf das schulische Lernen und die Bewältigung des Übergangs in die Schule.

Kritische Aspekte: Kritisch zu sehen ist, dass das Programm sehr strukturiert vorgeht und ein gutes Zeitmanagement der Mütter voraussetzt; dies führt teilweise zu einer Verunsicherung der Mütter, da diese sich dem Modell der Hausbesucherinnen nicht gewachsen fühlen, und auch die zeitliche Organisation nicht immer bewältigen können. Des Weiteren ist kritisch zu sehen, dass die Förderung in Deutsch erfolgen soll. Manche Mütter sprechen diese Sprache aber nicht gut genug, um die Texte, die sie vorlesen, auch verstehen zu können. Andererseits führt dies sicherlich dazu, dass die Kenntnisse der Mütter in der deutschen Sprache zunehmen. Schließlich werden relativ hohe Abbruchquoten berichtet (Zwengel 2005).

Weiters haben die hohen Elternbeiträge zu Kritik geführt, da es sich bei den infrage kommenden Eltern vor allem um jene handelt, die nicht über umfangreiche finanzielle Ressourcen verfügen. Diese Kritik empfinden wir als durchaus berechtigt: Die infrage kommenden Eltern benötigen Unterstützung, aber nicht unter der Bedingung eines so hohen Eigenbeitrages. Es ist zwar verständlich, dass man auf diese Weise versucht, die Abbruchquoten, unter denen diese Programme leiden, zu senken, allerdings scheint dadurch die Anforderung, ein möglichst niedrigschwelliges Angebot an die Eltern zu richten, nicht mehr zutreffend zu sein.

Zusammengefasst ist anzumerken, dass sich viele Konzepte die Förderung der Handlungskompetenz der beteiligten Eltern zum Ziel gesetzt haben, mit der eine Steigerung des Selbstwerts verbunden ist, d.h. dass eine Ermutigung und Förderung auch der Erwachsenen im Fokus der Programme steht. Kritisch zu sehen ist, dass bei größeren Vereinen, wie z.B. HIPPY, kaum darauf geachtet wird, wieweit das Prinzip der Partizipation auch in den höheren Hierarchieebenen der Vereine berücksichtigt wird. Wenn Eltern mit Migrationshintergrund hier lediglich in nachgeordneten Positionen zu finden sind, so lässt dies nicht auf eine aufmerksame und authentische Führungsstruktur schließen.

Des Weiteren sind die Förderung des Bezugs zu Institutionen der Aufnahmegesellschaft (Schule, Kindergarten, Gemeinde etc.) sowie die Rolle der Bildungseinrichtungen, mit denen im Rahmen der Ansätze kooperiert wird, in den einzelnen Modellen sehr unterschiedlich. Auch hier wären verstärkte Anstrengungen nötig.

6.6.3 Konzepte im Rahmen eines kommunalen Netzwerks

Im Rahmen kommunaler Netzwerke gibt es eine Reihe an Informations- und Unterstützungsangeboten für Eltern mit Migrationshintergrund. Aus den vielen Modellprojekten können nur einige exemplarisch herausgenommen werden:

KiFa (Kinderbetreuung und Familienbildung) ist ein ganzheitliches Präventionskonzept für den Elementarbereich. Der Fokus ist nicht speziell auf Sprachförderung konzentriert, sondern es wird ein breiterer Ansatz der Elternbildung verfolgt.
Das Projekt besteht aus drei Modulen:
- Qualifizierung und Fortbildung der Erzieherinnen,

- Durchführung von Elterngruppen, Qualifizierung von Mentorinnen,
- Vernetzung, Kooperation, Öffnung zum Gemeinwesen.

Durch diese Initiativen soll die Erziehungskompetenz der Eltern gestärkt und die sprachliche und Persönlichkeitsentwicklung der Kinder gefördert werden. Das Projekt konzentriert sich auf die Stadt Ludwigsburg und wurde im Auftrag der Landesstiftung Baden-Württemberg wissenschaftlich begleitet (Pfeiffer 2008).

Schließlich soll noch die Frage der speziellen Projekte für Familien mit einer Reihe an verschiedenartigen Problemen, sogenannte *Multiproblemfamilien*, angesprochen werden. Dies sind Familien, die in sozioökonomisch begrenzten Bedingungen leben, bei denen die Mütter alleinerziehend sind, in denen es Probleme mit Alkohol, psychische Probleme etc. gibt. Während es im deutschen Sprachraum im Rahmen dieser Modellprojekte meist keine eigenen Programme für Multiproblemfamilien gibt und diese mit ihren besonderen Bedürfnissen unberücksichtigt bleiben, sind im internationalen Umfeld solche Programme bereits entwickelt und evaluiert worden. Ein wesentliches Hindernis stellt immer wieder die mangelnde Bereitschaft dieser Familien zur Zusammenarbeit dar. Es werden daher besondere Anstrengungen unternommen, sie anzusprechen und eine Kooperation mit ihnen aufzubauen und zu pflegen. Dass dies mit viel Mühe und Geduld verbunden ist und dabei auch immer wieder Rückschläge verzeichnet werden müssen, liegt auf der Hand. Dennoch erscheint es wichtig, gerade diese Familien nicht aus den Augen zu verlieren.

Nach diesem kurzen Überblick über Konzepte und Modelle der Elternarbeit soll noch als weiterführender Hinweis das Buch von Elke Schlösser zur Elternarbeit erwähnt werden. In diesem Buch finden sich viele Ideen und Anregungen für die Gestaltung der Zusammenarbeit mit den Eltern, für gemeinsame Projekte und Veranstaltungen etc. (Schlösser 2004).

6.7 Evaluation von Elternarbeit: Was hat sich bewährt, was ist erfolgreich?

Betrachtet man die ersten Evaluationsberichte der verschiedenen Modelle der Elternberatung oder der Elternarbeit bei Eltern mit Migrationshintergrund, so scheinen hier Ideenreichtum und Flexibilität in besonderer Weise eine Rolle zu spielen. Viele Programme, die sich nicht mit den traditionellen Formen von Elternarbeit begnügten, sondern diese in verschiedene Richtungen weiterentwickelten, konnten besonders erfolgreiche Elternarbeit leisten. Allerdings kämpfen viele traditionelle Modelle mit mangelnden Ressourcen. Natürlich müssen auch die Rahmenbedingungen für Elternarbeit geschaffen werden. Den Erzieherinnen muss die dafür notwendige Zeit zur Verfügung gestellt werden und sie müssen die notwendigen Materialien erhalten. Schließlich benötigen sie die Qualifikation, um sich mit den Eltern auch über komplexe Themen wie Sprachförderung zu verständigen und sie darin beraten zu können.

Darüber hinaus gibt es Hinweise darauf, dass Multiplikatorenmodelle für Eltern besonders effektiv sind, wie dies z. B. Opstapje, Hippy, Rucksack oder Stadtteilmütter sind. Diese werden von den Eltern als besonders hilfreich eingestuft. Sowohl die Gelegenheit, in Gruppen mit anderen zu lernen und sich auszutauschen, als auch die erweiterten Erziehungskompetenzen werden von den Eltern sehr positiv beurteilt. Allerdings sind nur wenige dieser Projekte empirisch evaluiert worden, wie z. B. ›Opstapje – Schritt für Schritt‹ (Sann 2007) oder MIKELE (Hennige 2004), aber mit überwiegend positiven Ergebnissen.

6.8 Zusammenfassung und Fazit

Ausgehend von der besonderen Situation von Eltern mit Migrationshintergrund wurden im vorliegenden Überblick Ideen und Modelle der Zusammenarbeit mit Eltern vorgestellt. Gerade bei einer multikulturellen Gruppe erscheint es notwendig, zunächst eine Grundlage gegenseitigen Verständnisses zu schaffen, auf der in der gemeinsamen Arbeit aufgebaut werden kann. Die Eltern sollen sich in der Einrichtung willkommen fühlen und mit ihrem kulturellen Hintergrund akzeptiert werden. Dies kann durch ein klares Signal der Wertschätzung verschiedener Sprachen deutlich gemacht werden. Wichtig sind Gespräche zwischen Eltern und Erzieherinnen, in denen die Entwicklung des Kindes thematisiert wird, aber auch versucht wird, die Eltern in ihrer kulturellen Vielfalt zu verstehen. Schließlich sind bei der Gestaltung von Elternabenden Überlegungen zur Einbeziehung der Eltern notwendig.

Es wurden verschiedene Modelle der Elternarbeit vorgestellt, wobei der Schwerpunkt auf Multiplikatorenmodellen lag, da diese von den Eltern als besonders hilfreich erlebt werden. Das Kennzeichen dieser Modelle besteht darin, dass Eltern mit Migrationshintergrund durch Fortbildungen eine besondere Qualifikation erhalten und als Elternbegleiter oder Koordinatorinnen mit einer kleinen Gruppe von Eltern arbeiten und diese bei der Sprachförderung begleiten und sie dazu anleiten.

Elternarbeit wird häufig durch verschiedene Angebote der Elternbildung ergänzt, z. B. Informationen zu Erziehungsfragen, und durch zusätzliche Angebote erweitert, die die sozialen Beziehungen der Eltern untereinander fördern, wie etwa Elterncafés.

Schließlich wurde ein kurzer Blick auf Evaluationsstudien geworfen. Dabei fällt auf, dass gerade die Verminderung von Abbruchquoten, die Motivierung der Eltern für die Teilnahme und der geduldige und beharrliche Versuch, sie immer wieder einzubeziehen, als ein wichtiges Kriterium für eine effektive Elternarbeit gelten kann. Ein Bereich, der in der Elternarbeit bisher ebenfalls kaum thematisiert wurde, stellen Multiproblemfamilien dar, die auf diese Weise erreicht werden könnten, für die es jedoch besonderer und vielfältiger Unterstützungsangebote bedarf.

Literaturverzeichnis

Abraham, U. (2006): Literaturdidaktik Deutsch. Eine Einführung. Berlin: Schmidt.

Ahrenholz, B. (2008): Zweitspracherwerbsforschung. In: Ahrenholz, B./Oomen-Welke, I. (Hrsg.): Deutsch als Zweitsprache. Handbuch zur Didaktik der deutschen Sprache und Literatur in elf Bänden. Band 9, Baltmannsweiler: Schneider Verlag Hohengehren, S. 64–80.

Albers, T. (2009): Sprache und Interaktion im Kindergarten. Bad Heilbrunn: Klinkhardt.

Apeltauer, E. (2004): Sprachliche Frühförderung von zweisprachig aufwachsenden türkischen Kindern im Vorschulbereich. Bericht über die Kieler Modellgruppe (März 2003 bis April 2004). Flensburger Papiere zur Mehrsprachigkeit und Kulturenvielfalt im Unterricht – Sonderheft 1. Universität Flensburg: Abteilung Deutsch als fremde Sprache.

Apeltauer, E. (2006): Kooperation mit zugewanderten Eltern. Flensburger Papiere zur Mehrsprachigkeit und Kulturenvielfalt im Unterricht – Heft 40/41. Universität Flensburg: Abteilung Deutsch als fremde Sprache.

Apeltauer, E. (2007): Grundlagen vorschulischer Sprachförderung. Flensburger Papiere zur Mehrsprachigkeit und Kulturenvielfalt im Unterricht – Sonderheft 4. Universität Flensburg: Abteilung Deutsch als fremde Sprache.

Bahn Vorlesestudie (2007): Vorlesen in Deutschland 2007. Eine Forschungsinitiative der Deutschen Bahn AG, der ZEIT und der Stiftung lesen. www.stiftunglesen.de (Abruf: 14.06.2009).

Bahn Vorlesestudie (2008): Vorlesen im Kinderalltag 2008. Repräsentative Befragung von Kindern im Vor- und Grundschulalter (4 bis 11 Jahre). Eine Studie der Deutschen Bahn AG, der ZEIT und der Stiftung lesen. www.stiftunglesen.de (Abruf: 11.11.2009).

Baur, R. S./Meder, G. (1992): Zur Interdependenz von Muttersprache und Zweitsprache bei jugoslawischen Migrantenkindern. In: Baur, R. S./Meder, G./Previsic, V. (Hrsg.): Interkulturelle Erziehung und Zweisprachigkeit. Baltmannsweiler: Schneider Verlag Hohengehren, S. 109–140.

Bausch, K.-R./Kasper, G. (1979): Der Zweitspracherwerb: Möglichkeiten und Grenzen der »großen« Hypothesen«. In: Linguistische Berichte, 64, S. 3–35.

Belke, G. (1999): Mehrsprachigkeit im Deutschunterricht. Sprachspiele, Spracherwerb, Sprachvermittlung. Baltmannsweiler: Schneider Verlag Hohengehren.

Bredel, U. (2005): Sprachstandsmessung – Eine verlassene Landschaft. In: Ehlich, K./Bredel, U./Garme, B./Komor, A./Krumm, H. J./McNamara, T./Reich, H. H./Schnieders, G./ten Thije, J. D./van den Bergh, H., (Hrsg.): Anforderungen an Verfahren der regelmäßigen Sprachstandsfeststellung als Grundlage für die frühe und individuelle Sprachförderung von Kindern mit und ohne Migrationshintergrund. Bonn/ Berlin: Bundesministerium für Bildung und Forschung (BMBZ) S. 121–169.

Britto, P. R./Brooks-Gunn, J. (2001): Beyond Shared Book Reading: Dimensions of Home Literacy and Low-Income African American Preschoolers' Skills. In P. R. Britto/J. Brooks-Gunn (eds.): The role of family literacy environments in promoting young children's emerging literacy skills. San Francisco: Jossey-Bass, S. 73–89.

Bruner, J. (2002): Wie das Kind sprechen lernt. 2. Auflage. Bern: Huber.

Brunner, M./Schöler, H. (2001/02): HASE. Heidelberger Auditives Screening in der Einschulungsdiagnostik. Wertingen: Westra.

Bußmann, H. (2002): Lexikon der Sprachwissenschaft. 3. Auflage. Stuttgart: Kröner.

Caritas Bodensee-Oberschwaben (Hrsg.) (2005): Das Rucksack-Projekt. Ein neuer Ansatz der Familienbildung sowie der Sprach- und Entwicklungsförderung für Kinder aus Migrantenfamilien. Ravensburg: Caritas Bodensee-Oberschwaben – Katholische Gesamtkirchengemeinde Ravensburg.

Carle, U. (2008): Kind-Umfeld-Analyse als Werkzeug für die Unterrichtsplanung. In: Graf, U./Moser Opitz, E. (Hrsg.): Diagnostik und Förderung im Elementarbereich und Grundschulunterricht. Baltmannsweiler: Schneider Verlag Hohengehren, S. 54–63.

Chomsky, N. (1969): Aspekte der Syntaxtheorie. Frankfurt a.M.: Suhrkamp.

Cummins, J. (1984): Zweisprachigkeit und Schulerfolg. In: Die Deutsche Schule, 3, S. 187–198.

Dannenbauer, F. (1999): Grammatik. In: Baumgärtner, S./Füssenich, I. (Hrsg.): Sprachtherapie mit Kindern. 4. Aufl. München: UTB, S. 105–161.

Ehlich, K./Bredel, U./Garme, B./Komor, A./Krumm, H. J./McNamara, T./Reich, H. H./ Schnieders, G./ten Thije, J. D./van den Bergh, H. (Hrsg.) (2005): Anforderungen an Verfahren der regelmäßigen Sprachstandsfeststellung als Grundlage für die frühe und individuelle Sprachförderung von Kindern mit und ohne Migrationshintergrund. Bonn/Berlin: Bundesministerium für Bildung und Forschung (BMBF).

Eisenberg, P./Menzel, W. (1995): Grammatik-Werkstatt. In: Praxis Deutsch, 22 (129), S. 14–22.

Elben, C. E./Lohaus, A. (2000): MSVK. Marburger Sprachverständnistest für Kinder. Göttingen: Hogrefe.

Falk, S./Bredel, U./Reich, H. H. (2008): Phonische Basisqualifikation. In: Ehlich, K./ Bredel, U./Reich, H. H. (Hrsg.): Referenzrahmen zur alterspezifischen Sprachaneignung. Bonn/Berlin: Bundesministerium für Bildung und Forschung, S. 35–40.

Fenson, L./Dale, P. S./Reznick, J. S./Bates, E./Thal, D. J./Pethnik, S. J. (1994): Variability in early communicative development. Monographs of the Society for Research in Child Development, 59.

Fortbildungsstätte Kloster Denkendorf (2001): »… – da haben wir gewusst, wie deutsch geht.« Sprachhilfe für ausländische Kinder und Aussiedlerkinder nach dem Denkendorfer Modell. Stuttgart: Steinkopf.

Franzmann, B. (2002): Sprach- und elementare Leseförderung in Familie und Familienbildung. In: Deutsches Jugendinstitut (Hrsg.): Sprachförderung im Vor- und Grundschulalter. Konzepte und Methoden für den außerschulischen Bereich. München: Deutsches Jugendinstitut, S. 173–225.

Fried, L. (2004): Expertise zur Sprachstandserhebung für Kindergartenkinder und Schulanfänger. Eine kritische Betrachtung. München: Deutsches Jugendinstitut.

Fritz, G. (1982): Kohärenz. Grundfragen der linguistischen Kommunikationsanalyse. Tübingen: Narr.

Fröhlich-Gildhoff, K./Engel, E.-M./Rönnau, M. (2005): Abschlussbericht der wissenschafltichen Begleitung des Projektes Kinderbetreuung und Familienbildung (KiFa). Evangelische Fachhochschule Freiburg. zfkj.de/files/u2/Abschlussbericht_KiFa_gesamt.pdf (Abruf: 25.10.2009).

Gasteiger-Klicpera, B./Knapp, W./Kucharz, D. (2009): Wissenschaftliche Begleitung des Programms »Sag' mal was – Sprachförderung für Vorschulkinder der LANDESSTIFTUNG Baden-Württemberg: Abschlussbericht. www.sagmalwas-bw.de

Gasteiger-Klicpera, B./Knapp, W./Kucharz, D./Patzelt, D./Vomhof, B. (2008): Wissenschaftliche Begleitung des Projektes »Sag' mal was – Sprachförderung für Vorschulkinder« der LANDESSTIFTUNG Baden-Württemberg. Zweiter Zwischenbericht. Pädagogische Hochschule Weingarten.

Gerstacker, R./López-Blasco, A. (1977): Ausländische Kinder im Kindergarten. München.

Glumpler, E./Apeltauer, E. (1997): Ausländische Kinder lernen Deutsch. Lernvoraussetzungen – methodische Entscheidungen – Projekte. Berlin: Cornelsen.

Gogolin, I. (1988): Erziehungsziel Zweisprachigkeit – Konturen eines sprachpädagogischen Konzepts für die multikulturelle Schule. Hamburg: Bergmann & Helbig.

Graf, P. (1987): Frühe Zweisprachigkeit und Schule – Empirische Grundlagen zur Erziehung von Minderheitenkindern. München: Hueber.

Graf, W. (2007): Lesegenese in Kindheit und Jugend. Baltmannsweiler Schneider Verlag Hohengehren.

Grießhaber, W. (2005): Sprachstandsdiagnose im kindlichen Zweitspracherwerb. Funktional-pragmatische Fundierung der Profilanalyse. spzwww.uni-muenster.de/~griesha/pub/tprofilanalyse-azm-05.pdf (Abruf: 15.10.2009).

Grimm, H. (2003): Störungen der Sprachentwicklung. 2. Aufl. Göttingen u. a.: Hogrefe.

Grimm, H./Aktas M./Kießig, U. (2003): SSV. Sprachscreening für das Vorschulalter. Göttingen: Hogrefe.

Grimm, H./Aktas, M./Frevert, S. (2001): SETK 3–5. Sprachentwicklungstest für drei- bis fünfjährige Kinder. Göttingen: Hogrefe.

Grimm, H./Aktas, M./Frevert, S. (2000): SETK-2. Sprachentwicklungstest für zweijährige Kinder. Göttingen: Hogrefe.

Grimm, H./Doil, H. (2006): ELFRA. Elternfragebögen für die Früherkennung von Risikokindern. Göttingen: Hogrefe.

Grimm, H./Schöler, H. (1991): HSET. Heidelberger Sprachentwicklungstest. Göttingen: Hogrefe.

Günther, B. / Günther, H. (2004): Erstsprache und Zweitsprache. Einführung aus pädagogischer Sicht. Weinheim: Beltz.

Günther, H. (2003): Sprachförderung: die Fitness-Probe. Bausteine für einen erfolgreichen Schulanfang. Weinheim: Beltz.

Hausendorf, H./Quasthoff, U. M. (1996): Sprachentwicklung und Interaktion. Eine linguistische Studie zum Erwerb von Diskursfähigkeiten. Opladen: VS Verlag.

Häuser, D./Kasielke, E./Scheidereiter, U. (1994): KISTE. Kindersprachtest für das Vorschulalter. Göttingen: Hogrefe.

Helmke, A. (2004): Unterrichtsqualität erfassen, bewerten, verbessern. 2. Aufl. Seelze: Kallmeyer.

Hennige, U. (2004): MIKELE. Interkulturelle Elternbildung in Ludwigsburg-Eglosheim. Abschließender Evaluationsbericht. Ludwigsburg: Evangelische Fachhochschule Reutlingen-Ludwigsburg.

Henzler, K. (2004): Vorschulische Leseförderung durch Literacy am Beispiel eines Vorleseprojekts im Kindergarten. Weingarten: Wissenschaftliche Hausarbeit an der PH Weingarten (unveröffentlicht).

HIPPY (Home Instruction Program for Pre-school Youngsters) (2006): www.hippy.de (Abruf 27.12.2006).

Hoff, E. (2008): Language Experience and Language Milestones during Early Childhood. In: K. McCartney/D. Phillips (Eds.): Early Childhood Development, Malden: Blackwell, S. 223–251.

Hölscher, P./Amberger, C./Brückner, H./Forster, M./Hinterbrander, M./Schier, E./Vogl, J./Ueffing, C./Ulrich, M. (2003): Lernszenarien. Ein neuer Weg, der Lust auf Schule macht. Teil 1: Vorkurs: Deutsch lernen vor Schulbeginn. Oberursel: Finken Verlag.

Hölscher, P. Angelsperger, U./Bihler, E./Eder, S./Grabenbauer, F./Hirdina, K./ Sieber, C./Uhe-Kisch, J./Heiß-Wimmer, J./Piepho, H.-E. (2004): Lernszenarien. Ein neuer Weg, der Lust auf Schule macht. Teil 2: Sprachhandeln in den Klassen 1 bis 4 interkulturell – integrativ – interaktiv. Oberursel: Finken Verlag.

Hölscher, P./Piepho, H.-E./Roche, J. (2006): Handlungsorientierter Unterricht mit Lernszenarien. Kernfragen zum Spracherwerb. Oberursel: Finken Verlag.

Hornby, G. (2000): Improving parental involvement. London: Cassell.

Huttenlocher, J./Vasilyeva, M./Cymerman, E./Levine, S. (2002): Language input and child syntax. Cognitive Psychology, 45, S. 337–374.

Jampert, K. (2002): Schlüsselsituation Sprache. Spracherwerb im Kindergarten unter besonderer Berücksichtigung des Spracherwerbs bei mehrsprachigen Kindern. Opladen: VS Verlag.

Jampert, K./Best, P./Guadatiello, A./Holler, D./Zehnbauer, A. (2007): Schlüsselkompetenz Sprache. Sprachliche Bildung und Förderung im Kindergarten. Konzepte, Projekte und Maßnahmen. 2. Auflage Weimar/Berlin: Verlag das netz.

Jampert, K./Leuckefeld, K./Zehnbaur, A./Best, P. (2006): Sprachliche Förderung in der Kita. Wie viel Sprache steckt in Musik, Bewegung, Naturwissenschaften und Medien? Weimar, Berlin: verlag das netz.

Jeuk, S. (2003): Erste Schritte in der Zweitsprache Deutsch. Eine empirische Untersuchung zum Zweitspracherwerb türkischer Migrantenkinder in Kindertagesein-richtungen. Freiburg i. Br.: Fillibach.

John, B. (2003): Familienbildung in Baden-Württemberg. Stuttgart: Familienwissen-schaftliche Forschungsstelle. Statistisches Landesamt Baden-Württemberg.

Kammler, C. (2006): Literarische Kompetenzen – Standards im Literaturunterricht. Modelle für die Primar- und Sekundarstufe. Seelze: Kallmeyer.

Kany, W./Schöler, H. (2007): Fokus Sprachdiagnostik. Leitfaden zur Sprachstandsbe-stimmung im Kindergarten. Berlin: Cornelsen Scriptor.

Kegler, U. (2008): Projekt Frühstart. www.projekt-fruehstart.de (Abruf. 25.10.2009).

Kemp, R. F./Bredel, U./Reich, H. H. (2008): Morphologisch-syntaktische Basisquali-fikation. In: Ehlich, K./Bredel, U./Reich, H.H. (Hrsg.): Referenzrahmen zur alter-spezifischen Sprachaneignung. Bonn/Berlin: Bundesministerium für Bildung und Forschung, S. 63–82.

Kiese-Himmel, C. (2005): AWST-R 3–5. Wortschatztest für 3–5-jährige Kinder. Göt-tingen: Hogrefe.

Klein, W. (1992): Zweitspracherwerb. Eine Einführung. 2.Aufl. Königstein/Ts.: Athe-näum.

Knapp, W. (1997): Schriftliches Erzählen in der Zweitsprache. Tübingen: Niemeyer.

Knapp, W. (1998): »Situationsorientiert – gesteuert«, »kommunikationsorientiert – systematisch«, »funktional – formal«, »induktiv – deduktiv«: Wider vermeintliche Antithesen im Grammatikunterricht. In: Deutsch lernen, 23 (3), S. 228–252.

Knapp, W. (1999): Verdeckte Sprachschwierigkeiten. In: Grundschule 5/1999, S. 30–34.

Knapp, W. (2001a): Erzähltheorie und Erzählerwerb. In: Didaktik Deutsch, 7 (10), S. 228–252.

Knapp, W. (2001b): Förderung von Kindern aus sprachlichen Minderheiten. In: Grundschule, 33. Jg., H. 5, S. 18–20.

Knapp, W. (2007): Wie Kinder Begriffe erwerben und welche Annahmen Erwachsene darüber haben. In: Jost, R./Knapp, W./Metz, K. (Hrsg.): Arbeit an Begriffen. Fach-wissenschaftliche und fachdidaktische Aspekte. Baltmannsweiler: Schneider Verlag Hohengehren, S. 173–188.

Knapp, W. (2008): Didaktische Konzepte Deutsch als Zweitsprache. In: Ahrenholz, B./Oomen-Welke, I. (Hrsg.): Deutsch als Zweitsprache. Handbuch zur Didaktik der deutschen Sprache und Literatur in elf Bänden. Band 9, Baltmannsweiler: Schnei-der Verlag Hohengehren, S. 133–148.

Knapp, W. (2009): Sprachförderung und ihre wissenschaftliche Erforschung. In: Nan-werck, P. (Hrsg.): Kultur der Mehrsprachigkeit in Schule und Kindergarten. Fest-schrift für Ingelore Oomen-Welke. Freiburg i. Br.: Fillibach, S. 75–95.

Knapp, W./Ricart Brede, J./Gasteiger Klicpera, B./Kucharz, D. (2009): Sprachliche För-derung von Kindern im Vorschulalter – Exemplarische Analyse einer inszenierten Sprachlernsituation. In: Schramm, K./Schroeder, Chr. (Hrsg.): Empirische Zu-gänge zu Sprachförderung und Spracherwerb in Deutsch als Zweitsprache. Müns-ter et al.: Waxmann (erscheint demnächst).

Knapp, W./Ricart Brede, J./Gasteiger-Klicpera, B./Vomhof, B./Kucharz, D./Patzelt, D. (2008): Videogestützte Analyse von inszenierten Sprachlernsituationen im Vorschulalter. In: Ahrenholz, B. (Hrsg.): Zweitspracherwerb. Diagnosen, Verläufe, Voraussetzungen. Freiburg i. Br.: Fillibach, S. 279–298.

Knapp, W./Vomhof, B./Gasteiger-Klicpera, B./Kucharz, D. (2006): Sprachförderung für Vorschulkinder – Bericht über die Anlage eines Forschungsprojektes. In: Ahrenholz, B. (Hrsg.): Kinder mit Migrationshintergrund. Spracherwerb und Fördermöglichkeiten. Freiburg i. Br.: Fillibach, S. 98–114.

Kolonko, B. (2001): Spracherwerb im Kindergarten. Grundlagen für die sprachpädagogische Arbeit von Erzieherinnen. Pfaffenweiler: Centaurus-Verlags-Gesellschaft.

Komor, A./Reich, H. H. (2008): Semantische Basisqualifikation. In: Ehlich, K./Bredel, U./Reich, H. H. (Hrsg.): Referenzrahmen zur alterspezifischen Sprachaneignung. Bonn/Berlin: Bundesministerium für Bildung und Forschung, S. 49–61.

Küspert, P./Schneider, W. (2008): Hören, lauschen, lernen – Sprachspiele für Kinder im Vorschulalter. Würzburger Trainingsprogramm zur Vorbereitung auf den Erwerb der Schriftsprache. 6. Auflage. Göttingen: Vandenhoeck & Ruprecht.

Landesstiftung Baden-Württemberg (2008): Homepage für das Projekt »Sag' mal was – Sprachförderung für Vorschulkinder. www.sagmalwas-bw.de/projekt01/index. php (Abruf 20.10.2008).

Leist, A. (2003): Sprachförderung im Elementarbereich. In: Bredel, U./Günther, H./ Klotz, P./Ossner, J./Siebertott, G. (Hrsg.). Didaktik der deutschen Sprache. Ein Handbuch. Band 2. Paderborn: Schöningh, S. 673–683.

Lengyel, D. (2009): Zweitspracherwerb in der Kita. Eine integrative Sicht auf die sprachliche und kognitive Entwicklung mehrsprachiger Kinder. Münster: Waxmann.

Leu, H. R. (2006): Beobachtung in der Praxis. In: Fried, L./Roux, S. (Hrsg.): Pädagogik der frühen Kindheit. Handbuch und Nachschlagewerk, S. 232–243.

Leu, H. R. (2007): Bildungs- und Lerngeschichten: Bildungsprozesse in früher Kindheit beobachten, dokumentieren und unterstützen. Weimar/Berlin: Verlag das netz.

List, G. (2006): Die Förderung von Mehrsprachigkeit in der Kita. Expertise für das Deutsche Jugendinstitut. www.dji.de/bibs/384_8288_Expertise_List_MSP.pdf (Abruf 2.10.2009).

Luchtenberg, S. (1982): Ausländische Kinder im Kindergarten – Probleme und Möglichkeiten. In: Unsere Jugend 2, S. 199–209.

Lumpp, G. (1980): Dass Ali und Elena mitreden können. Sprachförderung für ausländische Kinder im Kindergarten. Stuttgart: Steinkopf.

Lütje-Klose, B. (2004): Pädagogische Beobachtung und Förderplanung für Schülerinnen und Schüler nichtdeutscher Herkunftssprache in der Grundschule. In: Panagiotopoulou, A./Carle, U. (Hrsg.): Sprachentwicklung und Schriftspracherwerb. Beobachtungs- und Fördermöglichkeiten in Familie, Kindergarten und Grundschule. Baltmannsweiler: Schneider Verlag Hohengehren, S. 53–62.

Maier, W. (1999): Deutsch lernen in Kindergarten und Grundschule. Grundlagen, Methoden und Spielideen zur Sprachförderung und Integration. München: Don Bosco.

Maier, W. (2001): Neue Wege der Sprachförderung. Materialien und Modelle für Kindergarten und Grundschule. (Teil 1–4). München: Don Bosco.

Meltzoff, A. N. (2005): Imitation and Other Minds: The »Like Me« Hypothesis. In: S. Hurley/N. Chater (Eds.): Perspectives on Imitation: From Neuroscience to Social Science (Vol. 2). Cambridge, MA: MIT Press, S. 55–77.

Meng, K. (1991): Erzählen und Zuhören bei Drei- und Sechsjährigen. Eine Längsschnittstudie zur Aneignung der Erzählkompetenz. In: Meng, K./Kraft, B./Nitsche, U.: Kommunikation im Kindergarten. Studien zur Aneignung der kommunikativen Kompetenz. Berlin: Akademie-Verlag, S. 20–131.

Meyer, H. (2004): Was ist guter Unterricht? Berlin: Cornelsen scriptor.

Ministerium für Kultus, Jugend und Sport Baden-Württemberg (2006): Orientierungsplan für Bildung und Erziehung für die baden-württembergischen Kindergärten. Pilotphase. Weinheim/Basel: Beltz.

Motsch, H. J. (2006): Kontextoptimierung. Förderung grammatischer Fähigkeiten in Therapie und Unterricht. 2. Aufl. München: Ernst Reinhardt Verlag.

NAEYC Governing Board (2009): NAEYC Standards for Early Childhood Professional Preparation Programs. A position statement of the National Asssociation for the Education of Young Children. National Association for the Education of Young Children. www.naeyc.org/files/naeyc/file/positions/ProfPrepStandards09.pdf; (Abruf: 30.10.2009).

Oksaar, E. (1987): Spracherwerb im Vorschulalter. Einführung in die Pädolinguistik. 2. Aufl. Stuttgart: Kohlhammer.

Paetzold, U. (2005): Projekt des Fachbereichs Sozialwesen »Interkulturelle Pädagogik – Spielen zu Hause«. Cottbus: Fachhochschule hect.

Penner, Zvi (2005): Auf dem Weg zur Sprachkompetenz. Neue Perspektiven der sprachlichen Frühförderung bei Migrantenkindern. Ein Arbeitsbuch. Frauenfeld: Kon-Lab.

Pfeiffer, A. (2008): KiFa – Programm zur Elternbildung in Kitas in Ludwigsburg. www.kifa.de (Abruf: 25.10.2009).

Piaget, J. (1972): Sprechen und Denken des Kindes. Düsseldorf: Schwann.

Refle, G./Schmitz, U. (2004): Modellprojekt Familienbildung in Kooperation mit Kindertageseinrichtungen. Chemnitz: Sächsisches Landesamt für Familie und Soziales.

Reich, H. H. (2005): Forschungsstand und Desideratenaufweis zu Migrationslinguistik und Migrationspädagogik für die Zwecke des »Anforderungsrahmens«. In: Ehlich, K./Bredel, U./Garme, B./Komor, A./Krumm, H. J./McNamara, T./Reich, H. H./Schnieders, G./ten Thije, J.D./van den Bergh, H., (Hrsg.): Anforderungen an Verfahren der regelmäßigen Sprachstandsfeststellung als Grundlage für die frühe und individuelle Sprachförderung von Kindern mit und ohne Migrationshintergrund. Bonn/Berlin: Bundesministerium für Bildung und Forschung (BMBF), S. 121–169.

Reich, H. H. (2009): Zweisprachige Kinder. Sprachenaneignung und sprachliche Fortschritte im Kindergartenalter. Münster: Waxmann.

Reich, H. H./Roth, H. J. (2003): Hamburger Verfahren zur Analyse des Sprachstands bei Fünfjährigen (HAVAS 5). Hamburg: Landesinstitut für Lehrerbildung und Schulentwicklung.

Ricart Brede, J. (2007): Videobasierte Qualitätsanalyse von inszenierten Sprachlernsituationen. Wissenschaftliche Arbeit im Promotionsaufbaustudium an der Pädagogischen Hochschule Weingarten. (unveröffentlicht).

Ricart Brede, J. (2010): Videobasierte Qualitätsanalyse vorschulischer Sprachfördereinheiten. Dissertation. Pädagogische Hochschule Weingarten (in Vorbereitung).

Ricart Brede, J./Knapp, W./Gasteiger-Klicpera, B./Kucharz, D. (2009a): Lernumgebung in der vorschulischen Sprachförderung. Eine videobasierte Analyse von Aktivitäten, Sozialformen und sprachlichen Förderbereichen. In: Knapp, W./Rösch, H. (Hrsg.) Sprachliche Lernumgebungen gestalten. Freiburg i. Br.: Fillibach, S. 25–40.

Ricart Brede, J./Knapp, W./Gasteiger-Klicpera, B./Kucharz, D. (2009b): Qualitätsanalyse von Sprachförderung für Vorschulkinder – Möglichkeiten der kontrastiven Analyse. In: Ahrenholz, B. (Hrsg.): Empirische Befunde zu DaZ-Erwerb und Sprachförderung. Beiträge aus dem 3. Workshop Kinder mit Migrationshintergrund. Freiburg i. Br.: Fillibach, S. 81–104.

Ricart Brede, J./ Knapp, W./Gasteiger-Klicpera, B./Kucharz, D. (2009c): Die Entwicklung von Beobachtungssystemen in der videobasierten Forschung am Beispiel von Qualitätsanalysen vorschulischer Sprachfördereinheiten. In: Aguado, K./Schramm, K./Vollmer H. J. (Hrsg.): Fremdsprachliches Handeln beobachten, messen und evaluieren. Frankfurt a. M. u. a.: Peter Lang (Reihe Kolloquium Fremdsprachenunterricht).

Rohmann, H./Aguado, K. (2002): Der Spracherwerb: Das Erlernen von Sprache. In: Müller, H. M. (Hrsg.): Arbeitsbuch Linguistik. Paderborn: Ferdinand Schöningh, S. 263–285.

Roos, J./Schöler, H. (2007): Sprachentwicklungsdiagnostik mittels standardisierter Tests. In: Schöler, H./Welling, A. (Hrsg.) Sonderpädagogik der Sprache. Göttingen: Hogrefe.

Roos, J./Schöler, H. (2009): EVAS – Evaluationsstudie zur Sprachförderung von Vorschulkindern. Vortrag auf der Fachtagung: »Sag' mal was«-Sprachförderung im Spannungsfeld zwischen Wissenschaft und Praxis, Stuttgart. http://www.sag-mal-was-bw.de/fachtagung/media/pdf/LsBW_Ergebnisse_PH-Heidelberg_EVAS.pdf (09.11.2009).

Sánches Otero, J./Jendryschik, L. A. (2003): Netzwerk Interkulturelle Erziehung im Elementarbereich. Zweiter Zwischenbericht, Dokumentation 4/2003. Landeszentrum für Zuwanderung NRW.

Sann, A. (2007): Opstapje – Evaluation. Wissenschaftliche Begleitung und Evaluation des Frühförderprogramms. www.intern.dji.de/cgi-bin/projekte/output.php?projekt=158 (Abruf: 25.10.2009).

Schlösser, E. (2001): Wir verstehen uns gut. Spielerisch Deutsch lernen. Methoden und

Bausteine zur Sprachförderung für deutsche und zugewanderte Kinder als Integrationsbeitrag in Kindergarten und Grundschule. Münster: Ökotopia Verlag.

Schlösser, E. (2004): Zusammenarbeit mit Eltern – interkulturell. Informationen und Methoden zur Kooperation mit deutschen und zugewanderten Eltern in Kindergarten, Grundschule und Familienbildung. Münster: Ökotopia.

Schneider, W./Roth, E./Küspert, P./Ennemoser, M. (1998): Kurz- und langfristige Effekte eines Trainings der sprachlichen (phonologischen) Bewusstheit bei unterschiedlichen Leistungsgruppen: Befunde einer Sekundäranalyse. In: Zeitschrift für Entwicklungspsychologie und Pädagogische Psychologie 30, S. 26–39.

Schulz, P./Tracy, R./Wenzel, R. (2008): Linguistische Sprachstandserhebung – Deutsch als Zweitsprache (LiSeDaz): Theoretische Grundlagen und erste Ergebnisse. In: Ahrenholz, B. (Hrsg.): Zweitspracherwerb. Diagnosen, Verläufe, Voraussetzungen. Freiburg i. Br.: Fillibach, S. 9–33.

Senatsverwaltung für Bildung, Jugend und Sport Berlin (2004): Das Berliner Bildungsprogramm für die Bildung, Erziehung und Betreuung von Kindern in Tageseinrichtungen bis zu ihrem Schuleintritt. Berlin: verlag das netz.

Skinner, B.F. (1957): Verbal Behavior. New York: Appleton-Century-Crofts.

Spinner, K. H. (2006): Lesekompetenz erwerben, Literatur erfahren. Berlin: Cornelsen.

Springer-Geldmacher, M. (2008): Rucksack-Projekt. Ein Konzept zur Sprachförderung und Elternbildung im Elementarbereich. http://www.raa.de/rucksack.html (Abruf: 25.10.2009).

Steinmüller, U. (1987): Sprachentwicklung und Sprachunterricht türkischer Schüler (Türkisch und Deutsch) im Modellversuch »Integration ausländischer Schüler in Gesamtschulen«. In: Thomas, H. (Hrsg): Modellversuch »Integration ausländischer Schüler in Gesamtschulen«. Abschlussbericht der Wissenschaftlichen Begleitung. Bd. I. – Berlin: Pädagogisches Zentrum, S. 207–315.

Stöhr, O. (2005): Elternbildung für Migranten, »Malocher« und Arme? Überlegungen und Praxisbeispiele aus einem gemeindepsychologischen Arbeitsfeld in Bremen. psydok.sulb.uni-saarland.de/volltexte/2005/519/pdf/Elternbildungrtf.pdf (Abruf: 12.10.2009).

Szagun, G. (2006): Sprachentwicklung beim Kind. Vollständig überarbeitete Neuausgabe. Weinheim/Basel: Beltz.

Szagun, G. (2007): Frühkindlicher Spracherwerb. In: Brokmann-Nooren, C./Gereke, I./Kiper, H./Renneberg, W. (Hrsg.): Bildung und Lernen der Drei- bis Achtjährigen. Bad Heilbrunn: Klinkhardt, S. 140–152.

Textor, M. R. (2005): Elternarbeit im Kindergarten. Ziele, Formen, Methoden. Norderstedt: BoD.

Tomasello, M./Todd, J. (1983): Joint attention and lexical acquisition style. First Language, 4, S. 197 – 212.

Tophinke, D. (2003): Sprachförderung im Kindergarten – Julia, Elena und Fatih entdecken gemeinsam die deutsche Sprache. Weinheim: Beltz.

Tracy, R. (2008): Wie Kinder Sprachen lernen. Und wie wir sie dabei unterstützen können. 2. Aufl. Tübingen: Francke Verlag.

Trautmann, C./Reich, H.H. (2008): Pragmatische Basisqualifikationen I und II. In: Ehlich, K./Bredel, U./Reich, H.H. (Hrsg.): Referenzrahmen zur alterspezifischen Sprachaneignung. Bonn/Berlin: Bundesministerium für Bildung und Forschung, S. 41–48.

Ulich, M. (2003): Literacy – Sprachliche Bildung im Elementarbereich. In: Kindergarten heute. Heft 3, S. 6–18.

Ulich, M./Mayr, T. (2003): SISMIK. Sprachverhalten und Interesse an Sprache bei Migrantenkindern in Kindertageseinrichtungen (Beobachtungsbogen und Begleitheft). Freiburg: Herder.

Ulich, M./Mayr, T. (2004): SISMIK: Sprachverhalten und Interesse an Sprache bei Migrantenkindern in Kindertageseinrichtungen. Freiburg: Herder.

Ulich, M./Mayr, T. (2006): SELDAK. Sprachentwicklung und Literacy bei deutschsprachig aufwachsenden Kindern (Beobachtungsbogen und Begleitheft). Freiburg: Herder.

Uysal, T./Roehner, C. (2009): Diagnose von Sprachverhalten und Sprachkompetenzen von Migrantenkindern mit SISMIK und CITO. Eine vergleichende Analyse in Fallbeispielen. www2.uni-wuppertal.de/FB3/paedagogik/vergl_erziehngsw/roehner/Beitrag%20Uysal_Roehner.pdf (Abruf: 21.10.2009).

Vygotskij, L.S. (2002): Denken und Sprechen. (Original 1934) Weinheim: Beltz.

Weinert, S./Lockl, K. (2008): Sprachförderung. In: Petermann, F./Schneider, W. (Hrsg.): Angewandte Entwicklungspsychologie. Göttingen: Hogrefe, S. 91–134.

Wieler, P. (1997): Vorlesen in der Familie. Fallstudien zur literarisch-kulturellen Sozialisation von Vierjährigen. Weinheim: Juventa.

Zehnbauer, A./Jampert, K. (2005): Sprachliche Bildung und Sprachförderung im Rahmen einer ganzheitlichen Elementarpädagogik. In: Jampert, A./Best, P./Guadatiello, A./Holler, D./Zehnbauer, A.: Schlüsselkompetenz Sprache. Sprachliche Bildung und Förderung im Kindergarten. Konzepte, Projekte und Maßnahmen. Weimar/Berlin: verlag das netz, S. 33–37.

Zimmer, D. (2003): So kommt der Mensch zur Sprache. Über Spracherwerb, Sprachentstehung und Sprache & Denken. 7. Aufl. München: Heyne.

Zwengel, A. (2005): Ich kann's! Stärkung der Erziehungskompetenz von Müttern mit Migrationshintergrund. Vortrag auf dem 6. Bundeskongress Soziale Arbeit 22.–24.9.2005 in Münster www.bundeskongress-soziale-arbeit.de/AG_9_ich_kanns.pdf (Abruf: 11.11.2009).

Anhang: Förderplan

Name des Kindes:

Zeitraum der Förderung:

Sprachbereiche	Diagnose: Stärken	Diagnose: Defizite	Zielbestimmung	Fördermaßnahme Zeitraum	Evaluation, Konsequenzen
phonetisch-phonologisch					
semantisch-lexikalisch					
morphologisch-syntaktisch					
pragmatisch-kommunikativ					
weitere Beobachtungen im Kindergarten					
Kind-Umfeld-Analyse					